Wiard Lüpkes
Seemannssprüche

Wiard Lüpkes

Seemannssprüche

ISBN/EAN: 9783954272570
Erscheinungsjahr: 2013
Erscheinungsort: Bremen, Deutschland

© maritimepress in Europäischer Hochschulverlag GmbH & Co. KG, Fahrenheitstr. 1, 28359 Bremen. Alle Rechte beim Verlag und bei den jeweiligen Lizenzgebern.

www.maritimepress.de | office@maritimepress.de

Bei diesem Titel handelt es sich um den Nachdruck eines historischen, lange vergriffenen Buches. Da elektronische Druckvorlagen für diese Titel nicht existieren, musste auf alte Vorlagen zurückgegriffen werden. Hieraus zwangsläufig resultierende Qualitätsverluste bitten wir zu entschuldigen.

Coverfoto: Rainer Sturm/pixelio.de

Seemannssprüche.

Sprichwörter und sprichwörtliche Redensarten

über

Seewesen, Schiffer- und Fischerleben

in den

germanischen und romanischen Sprachen.

Gesammelt, geordnet und erk

von

W. Lüpkes,
Pastor zu Marienhafe in Ostfriesland.

Berlin 1900.
Ernst Siegfried Mittler und Sohn
Königliche Hofbuchhandlung
Kochstraße 68—71.

Seiner Excellenz

General=Feldmarschall Grafen v. Waldersee

Oberstkommandirenden des ostasiatischen Expeditionskorps
der verbündeten Mächte

beim Antritt der Chinafahrt

ehrerbietigst zugeeignet.

Geleitwort.

Nachstehende Sammlung von Marine=Sprichwörtern ist ein mit gütiger Erlaubniß der Redaktion veranstalteter Sonderabdruck der betreffenden Artikel in der „Marine=Rundschau", 10. Jahrgang 1899, Heft 7 ff. und 11. Jahrgang 1900, Heft 1 ff. Daraus erklärt sich die Beigabe der Berichtigungen und Ergänzungen, indem einerseits während der länger bemessenen Zeit des Erscheinens eigene Studien noch Manches zu Tage förderten, und andererseits aus dem Leser= und Freundeskreise Zuschriften eingingen. Mag das dem Buchcharakter in der Form ein wenig schaden, in der Sache ist es ein Gewinn. Daß übrigens die Sammlung auch so noch auf Vollständigkeit keinen Anspruch erheben kann, ist mir von vorn= herein klar.

Aus dem artikelweisen Erscheinen der Arbeit erklären sich auch manche Wiederholungen in den Bemerkungen zu den Sprichwörtern der verschiedenen Sprachen; zumal bei einer — zunächst grundsätzlich ausgeschlossenen — vergleichenden Zusammen= stellung würde in dieser Hinsicht vielleicht Manches fehlen können. Es sei hierbei noch besonders auf das Schlußwort hingewiesen.

So möge nun diese Sammlung glücklich vom Stapel laufen und in ihrer Weise eine gewisse Seegeltung erlangen, soweit die Kiele, vor Allem der deutschen Kriegs=, Handels= und Fischereiflotte, das Meer durchpflügen. Allen Lesern aber sei gewünscht: Rüüm Hart, klaar Kimming!

Marienhafe, 20. August 1900.   L.

Inhaltsverzeichniß.

	Seite
Geleitwort	V
Inhaltsverzeichniß	VI

Seemannssprüche.

I.
In den germanischen Sprachen.

Vorwort ... IX
- I. Niederdeutsche ... 1
  - Anhang I. Einige hochdeutsche ... 25
  - = II. Ostfriesische Volksreime und Räthsel, das Seewesen betr. ... 26
  - = III. Ostfriesisch-holländisches Gemeingut ... 31
- II. Holländische ... 37
  - Anhang: Aeltere friesische ... 62
- III. Englische ... 63
  - Anhang I. Schottische und Irländische ... 80
  - = II. Aus Shakespeare ... 82
  - = III. Amerikanische ... 83
- IV. Isländische ... 83
- V. Norwegische ... 90
- VI. Schwedische ... 103
- VII. Dänische ... 112

Ergänzungen und Berichtigungen.

- I. Zu den niederdeutschen ... 118
  - Zu Anhang I: Hochdeutsche ... 122
  - Abhandlung über „Gott segne unsern Strand" ... 131
  - Zu Anhang II ... 134
  - Zu Anhang III ... 135
- II. Zu den holländischen ... 136
  - Anhang II: Nordfriesische ... 139
  - Anhang III: Vlämische ... 140
- III. Zu den englischen ... 141
  - Zu Anhang I: Schottische ... 144
  - Zu Anhang III: Amerikanische ... 145
- IV. Zu den isländischen ... 145
  - Anhang I: Altnordische ... 146
  - Anhang II: Von den Faroer ... 147
- V. Zu den norwegischen ... 147
- VI. Zu den schwedischen ... 149
- VII. Zu den dänischen ... 150
- Zum Gebete vom Strandsegen. Von Dr. L. Perels ... 155

II.
In den romanischen Sprachen.

Vorwort ... 159
- I. Lateinische ... 161
- II. Französische ... 165
- III. Italienische ... 171
- IV. Spanische und portugiesische ... 185
- V. Sprichwörter in den weniger verbreiteten romanischen Sprachen ... 189

Seemannssprüche.

I.

In den germanischen Sprachen.

IX

Vorwort.

Unsere Zukunft liegt auf dem Wasser. Wir Deutschen sind in das Zeichen des Wassermanns und der Fische eingetreten. Das Deutsche Reich hat den Dreizack in die nervige Faust gefaßt. Auf allen Gebieten macht sich das schon jetzt bemerkbar. Die deutsche Handelsflotte ist die zweitgrößte der Welt und folgt unmittelbar auf die englische. Die Kriegsflotte wird nach einem festen Plan ausgebaut; das Interesse und Verständniß für sie wird gepflegt und gefördert von dem kräftig aufstrebenden Deutschen Flottenverein. Die Hochseefischerei nimmt einen ungeahnten Aufschwung. Die überseeischen deutschen Kabel mehren sich, bald wird wieder eins über den Atlantik hin gespannt. Die kolonialen und missionarischen Aufgaben, Interessen und Erfolge nehmen einen immer größeren Umfang an. Die Deutsche Gesellschaft zur Rettung Schiffbrüchiger hat bedeutende Leistungen aufzuweisen an Nord- und Ostsee. Die evangelische Seemannsmission geht den Söhnen unseres Volkes, welche die See befahren, nach, daß sie in ihrem versuchlichen Leben — besonders in den Hafenstädten — bewahrt bleiben und dem deutschen und christlichen Namen in der Ferne keine Schande, sondern Ehre machen.

Die Zeiten der Hansa kehren einigermaßen für uns wieder. Im Wettbewerb der Völker um die Güter der Kultur steht Deutschland mehr und mehr in den vordersten Reihen. Darauf müssen wir uns nun auch nach allen Seiten hin einrichten. Die Hafen- und Kanalbauten, die Bewilligung der nöthigen Mittel dazu — das ist nur das Eine. Unser ganzes Denken und Fühlen muß gleichsam vom Salzhauch des Meeres durchweht werden. Der Friese, hat Jemand gesagt, fühlt sich nicht mehr wohl, wenn die Seeluft seine Nüstern nicht mehr füllt. Aber vom Fels zum Meer müssen alle Deutschen etwas ahnen von dem wonnetrunkenen Ruf: Thalatta, Thalatta! Altes, heiliges, ewiges Meer!

Die Phönizier, die Griechen, die Normannen, die deutsche Hansa, Venedig, die Spanier, die Holländer, die Engländer haben nacheinander das Meer beherrscht. England ist jetzt stolz auf seine Seeherrschaft: Rule Britannia! Aber es sieht schon mit Amerika im Bunde etwas neidisch auf einen aufstrebenden Nebenbuhler, auf Deutschland. Lernten doch die germanischen Völker mehr gemeinsam fühlen! Wir sind ja Blutsverwandte hüben und drüben rings um das Mare Germanicum, German ocean. Wir haben ja eine herrliche mittelalterliche Dichtung, die uns Alle an den Küsten dieses Meeres angeht, die Kudrun. Und auch jenseits des Atlantik unter den Stripes und Stars, dem Sternenbanner der Union, leben Millionen deutsche Brüder, germanische Vettern. Vergessen wir das doch trotz vorübergehender Verstimmungen und Reibungen nie! Aus dem hohen Norden schöpfen wir die Kunde über den Glauben unserer heidnischen deutschen Vorfahren und wir fühlen uns sofort dadurch urverwandt.

Doch nun näher zur Sache! Vorstehende Gedankengänge haben mich für die Idee begeistert, dem seit alters auf die See gerichteten Denken und Fühlen der germanischen Nationen nunmehr, da die Zeitströmung bei uns besonders darauf hindrängt, näher zu treten in der Erforschung ihrer Volkssprichwörter und sprichwörtlichen Redensarten. Es heißt geradezu einem Volke den Puls fühlen, wenn man auf seinen Sprichwörterschatz, die Lebensphilosophie der großen Masse, achtet. Die Schwierigkeiten waren nicht gering. Zunächst schon die Erlangung der nöthigen stofflichen und sprachlichen Hülfsmittel. Aber einmal im Ernst ergriffen, ließ die Idee sich auch durchführen. Es hat sich mir auch hier wieder bewährt: Where there is a will, there is always a way. Ich fand für die Arbeit Verständniß und Interesse, infolgedessen Bereitwilligkeit, dieselbe zu fördern, auf alle Weise und bei jeder Gelegenheit. Vor allen Dingen muß ich das dankbar bezeugen von der Gesellschaft für bildende Kunst und vaterländische Alterthümer in Emden, in der ich zuerst mit einer Arbeit über „Das Meer und die Verhältnisse des Meeres im ostfriesischen Volksmunde" hervortrat. Später nahm dieselbe noch kürzere Darbietungen aus meiner holländischen, dann englischen, endlich nordischen Sammlung entgegen. Durch die lebhafte Antheilnahme, welche meine Arbeit dort fand, wurde mir nachhaltige Anregung gegeben, auf dem betretenen Wege weiterzugehen. Herr Marineoberpfarrer Goedel, dem ich meine Absicht mittheilte, hatte die Güte, mich auf eine einschlägige Monographie des Sprenger v. Eijck, Predikanten te Rotterdam, aufmerksam zu machen. Die Sprachen um die Nordsee hinsichtlich der betreffenden Sprichwörter weiter verfolgend, fand ich besonders in der Phraseologia Anglogermanica von Haußner 1798 reiche Ausbeute. Die Benutzung derselben verdanke ich der Freundlichkeit des Herrn Senators Eiben zu Norden, des langjährigen verdienstvollen Direktors der Norder Dampfschiffsrhederei.

Damit war nun meine Sprachweisheit auch ziemlich zu Ende. Aber ein Gespräch mit einigen Männern der erwähnten Emder Gesellschaft gab mir Anregung, meine Sammlung jedenfalls auch auf die nordischen Sprachen auszudehnen. Herr Konsul Bernh. Brons jr. hatte infolge seiner persönlichen Beziehungen nach Norwegen hin die Gelegenheit, die besten Sprichwörtersammlungen in norwegischer, später auch schwedischer und dänischer Sprache zu erlangen, und die große Güte, wofür ich hier öffentlich meinen Dank abzustatten nicht verfehle, mir dies Material zu überlassen. Die nöthigen Wörterbücher erhielt ich aus der mir von der Verwaltung zu bequemer Benutzung geöffneten Norder Stadtbibliothek, die von dem weil. Geh. Kommerzienrath Jan ten Doornkaat=Koolman her einen bedeutenden Vorrath davon hat. Mühsam arbeitete ich mich in die Sprachen so weit ein, daß ich die Auswahl aus den allgemeinen Sammlungen für meinen besonderen Zweck treffen und die ausgewählten Sprichwörter auch verstehen konnte.

Inzwischen war mein ursprünglicher Plan noch mehr über sich selbst hinausgewachsen. Hatte ich den Gedanken gehabt, die Sprichwörter der die Nordsee umwohnenden Völker über das Seewesen zu sammeln, so weiterhin: der die Nordsee und

Ostsee umwohnenden germanischen Völkerschaften. So kamen nun also zu den niederdeutschen Sprichwörtern von der Nordseeküste die von den Ostseeküsten. Dafür bot mir das nöthige Material besonders Rudolf Eckart „Niederdeutsche Sprichwörter", Braunschweig 1893, worin die Ursprungsgebiete der einzelnen Sprichwörter wenigstens theilweise angegeben sind.

Die letzte Etappe, das Programm meiner Sammlung zu erweitern, war, daß es nun heißen sollte: Sprichwörter über das Seewesen, Schiffer- und Fischerleben in den germanischen Sprachen. Standen mir doch auch einige altfriesische (von der Göttinger Universitätsbibliothek erhielt ich dafür Reijner Bogermans Friesche Rijmspreuken), einige wenige altnordische, amerikanische und dazu die hochdeutschen Sprichwörter zu Gebot. Endlich gelang es mir, von der Kieler Universitätsbibliothek eine bedeutende Isländische Sprichwörtersammlung zu erhalten, in die ich mich mit allerdings ungenügenden Hülfsmitteln einigermaßen hineinarbeitete. So ist die nun vorliegende Sammlung ihrem äußeren Umfang nach zu Stande gekommen. Innerhalb dieses Rahmens ist die Bearbeitung der einzelnen sprachlichen Abtheilungen — besonders was die Erläuterungen anbetrifft — nicht ganz gleichmäßig. Aus verschiedenen Gründen. Die niederdeutschen, holländischen, englischen Sprichwörter bedurften im Hinblick auf die in erster Linie in Betracht kommenden Leserkreise weniger einer sprachlichen als Sach- und Sinnerklärung, letztere nach gewisser im Lande selbst geschöpfter Erfahrung und Mittheilung. Dagegen verlangten die Sprichwörter in den vier nordischen Sprachen in erster Linie eine genaue Uebersetzung. Eine Sinnerklärung war nach den Erklärungen in den früheren Abtheilungen daneben meist überhaupt überflüssig. Eine solche ist in allen Abtheilungen nur auf Grund bestimmter Bezeugung gegeben, die zum Theil persönlich vermittelt wurde. Die hochdeutschen Sprichwörter kommen mehr oder weniger durch die ganze Sammlung hin bei den Erklärungen zur Geltung. Nur habe ich noch eine kleine besondere Beigabe nach Borchardt-Wustmanns „Sprichwörtlichen Redensarten" gemacht, besonders um auf dies äußerst interessante Werk hinzuweisen.

Die Sammlung wollte auch gesichtet und geordnet sein. Was die Sichtung angeht, so glaubte ich hier die Grenze der Bestimmung „über das Seewesen, Schiffer- und Fischerleben" nicht allzu eng und ängstlich ziehen zu sollen. Eine gewisse Weitschaft war schon mit Rücksicht auf die Verschiedenartigkeit der Quellen geboten, die theils mehr nach Seiten des Schiffer-, theils des Fischerlebens hin ihr Schwergewicht hatten. Wo dies besonders stark hervortrat, mußte ich nach Ausgleichung suchen. Bei Sprenger v. Eijck z. B. ist das der Fall: derselbe bringt nichts über das Fischerleben. Da haben mir die holländischen Wörterbücher, besonders das von van Dale, gute Dienste geleistet.

Für die Aufeinanderfolge der Sprichwörter im Einzelnen empfahl sich die alphabetische Anordnung nach den das Seewesen, Schiffer- und Fischerleben betreffenden Stichwörtern.

In der Rechtschreibung habe ich mich nach den Quellen gerichtet, dieselbe ist daher nicht ganz gleichmäßig.

Es sei mir noch ein Wort zur persönlichen Rechtfertigung gestattet, weshalb ich mich einigermaßen berufen fühlen konnte, diese Arbeit in die Hand zu nehmen.

Zunächst ist die Bearbeitung volksthümlicher Stoffe im Allgemeinen mir nichts ganz Ungewohntes. Seit 1884 habe ich zwischen Zeiten einzelne bezügliche Artikel und besonders 1888 ein Büchlein „Alte Heimathklänge" veröffentlicht, habe auch dauernd mein Augenmerk auf derartige Sachen gelenkt.

Für das Meer speziell habe ich eine besondere Liebe von einem viereinhalb= jährigen dauernden Aufenthalt auf der ostfriesischen Nordseeinsel Juist her. Dort habe ich schon eine eingehendere Arbeit gefertigt über „die Bibel und das Meer" und an Ort und Stelle Gemeindegliedern und Badegästen in zehn Bibelstunden vorgetragen. Ich hoffte, damit auch der Seemannsmission und der Gesellschaft zur Rettung Schiff= brüchiger einen wenigstens mittelbaren Dienst zu leisten.

Im Zusammenhang mit den von höchster Stelle gegebenen Anregungen und mit den auf das Seewesen gerichteten Zeitbestrebungen unseres Volkes mag nun auch diese gewiß von vielen Mängeln behaftete Arbeit hinausgehen, um an ihrem Theile das Interesse für maritime Dinge auch über den nächsten Leserkreis hinaus zu fördern.

Sprichwörter und sprichwörtliche Redensarten über Seewesen, Schiffer- und Fischerleben in den germanischen Sprachen.

I. Niederdeutsche.

Quellen:

Rudolf Eckart, „Niederdeutsche Sprichwörter und volksthümliche Redensarten". Braunschweig 1893.
Kern und Wilms „Ostfriesland, wie es denkt und spricht". Norden 1869.
Jan ten Doornkaat Koolman, „Wörterbuch der ostfriesischen Sprache". 3 Bände. Norden 1879 bis 1884.
Karl Dirksen, „Ostfriesische Sprichwörter und sprichwörtliche Redensarten". Ruhrort 1889 ff. I., II. Heft.
„Sammlung ostfriesischer Sprichwörter." Emden 1892. Bei Woortman.

Bei den Sprichwörtern deuten die angehängten Buchstaben auf die Ursprungsgebiete hin. Altm. = Altmark, Br. = Bremen, H. = Holstein, Han. = Hannover, Ham. = Hamburg, Kö. = Königsberg, Me. = Mecklenburg, O. = Ostfriesland, Ol. = Oldenburg, Po. = Pommern, Pr. = Preußen, R. = Rheinland, W. = Westfalen, Wa. = Waldeck.

Auf Grund dessen kann man die Sprichwörter auch in solche von der Nordsee= bezw. Ostseeküste eintheilen.

1. Nu sü, we (wie) dat Bêst sik quält, sâ de Feling (Westfale), do har he en Al in't Water smeten to versüpen.

Die zahlreichen Felings=Geschichten Norddeutschlands stellen sich den Abderitenstreichen des Alterthums, den Schildbürgereien und Eulenspiegeleien an die Seite.

2. Dat Für wil wol Ale braden. Br.

Wenn nur Aal, Fisch, Proviant überhaupt da ist! Es wird schon gehen! Vergl. 122, 123.

3. Dat möt'n wendet werden (muss man gewöhnt werden), sêde de Fruw to den Ale, dar trecket se em de Hûd af. O.

Wenn der Aal sich unter dieser Prozedur krümmt und windet. Wenn Jemandem, wie wir sprichwörtlich sagen, die Haut über die Ohren gezogen werden soll.

4. Man kan nich wêten, wâr de Ale löpt, sê'r (sagte da) de Junge, dô hadde he de Fuke (Fischreuse) in't Wagenspôr (Schörstên, Götegatt) sett't. O.

Man muß jede Gelegenheit wahrnehmen, jede Möglichkeit im Auge haben. Hier ist eine Unmöglichkeit als Möglichkeit angenommen, um jene Regel recht drastisch zu machen.

5. Dat leste Anker holt as Pik und Smeer. O.
Anchora sacra! Nothanker ist der schwerste, der bis zuletzt aufbewahrt wird.
6. 't Anker holt as 'n Klip (Fels). O.
Dieser Vergleich ist näherliegend als der in der vorigen Nummer.
7. He ligt vöör sien leste (auch: beste) Anker. O.
Es geht mit ihm zur Neige, zu Ende. — Auch wohl von Trinkern gesagt, indem „Anker" zugleich ein gewisses Flüssigkeitsmaß ist.
8. Hä es esu (ebenso) fett we 'ne span'schen Anker. R.
Ironisch. Auch wohl: Als'n Ankerstock. Ebenso im Holländischen.
9. Ik well wol 'n Ante op't Wâter setten un sehen, of se schwemmt. W.
Wenn man Jemanden nur in sein Element setzt, dann wird er sich selbst zu helfen wissen.
10. Wan de Anten Wâter seiet, dan töert (zittert) 'ne de Aes. W.
Wie dem Lamm beim Saugen der Schwanz vor Behagen zuckt; „dat Hart klukt mi as'n Lammersteert".
11. Versiupet se, so versiupet se, hadde de Biuer sagt, da hadde junge Anten op't Water satt. W.
Vergl. Nr. 1. Die jungen Entlein können gleich schwimmen wie die Hühnerküchlein gleich picken.
12. Dat is 'n rechter Entenschnack. H.
Daher „Zeitungsente" für unwahre Berichte.
13. An de Bakken un Banken! Bak = Essschüssel (der Schiffer).
Ruf zur Schiffsmahlzeit.
14. Wat to Backbord inkummt, mut to Stürbord üt (linke bezw. rechte Seite des Schiffs). O.
Wasser, was auf Deck schlägt. Dann: Ich will es (ihn) schon los zu werden wissen. Vergl.: Een van Backbord na Stürbord, van Osten na Westen stüren.
15. Dat is man Ballast vöör de Mage. O.
Unnütze Last, Beschwer.
16. He het hum bät (eigentlich: am Köder — engl. bait — oder Angel haben; überlisten). O.
Auch: Zum-Besten haben.
17. 't Schip is mit Man un Mus bleven (ausgeblieben, verunglückt). O.
Man beachte die im Sprichwort überhaupt so beliebte Alliteration. „Mit Man un Mus" ganz und gar, so daß wo möglich „geen Taal of Teelen" wieder davon gekommen ist.
18. Et is genge Böcken esu (kein Bückling so) mager, et brout (brät) doch si Fettchen drüs. R.
Bei Allem ist noch irgend etwas Gutes. Vergl.: So mager as'n Böcken, as'n Raiger (der die Speisen wieder ausbricht — „he kozt sük wie en Reiger" — und in einem üblen Geruch steht).
19. Up 'n annern Bôg (Bug des Schiffes, dann: Seite) leggen. Han.
Vergl. die entsprechenden holländischen Sprichwörter. Es auf eine andere Weise versuchen; sich anders besinnen.
20. 'n Man over Boord: is 'n Freter minner. O.
Schiffersprache!

I. Niederdeutsche.

21. Waagst du dien Leven, dan wage ik mien fief Daler, see de Schipper, do wul de olle Mutte (Mutterschwein), de he köft har,' mit Gewalt over Boord fallen. O.
Vergl. Nr. 11.

21a. He is 'n blikken (von Blech) Pantje an Boord; gau heet, gau kolt. O.
Von einem halben Kerl, der kein fixer Schiffer ist.

21b. He is 'n natten Want an Boord. O.
Want ist der doppeldäumige Fausthandschuh der Schiffer; ein nasser wärmt nicht, ist unnütz, daher das Bild (Gleichbedeutend mit Nr. 21a).

22. He geit an Bord, wie en alde Kâr (oder: en alt Möhlepêrd). Meurs.
Mit Schwerfälligkeit, Unlust ans Werk gehen.

23. 't Boot springt as 'n Hund in de Rogg. O.
Wird gesagt, wenn ein Boot in unruhigem Wasser („holl Water") hüpft und die Ruderarbeit und Lenkung dem Schiffer schwer wird, indem Ruder und Steuer oftmals das Wasser nicht berühren.

24. So geht 't gôd, segg Jahlbeck, un ligt mit 'n Rüggen in 'n Boot. M.
Von einem faulen Schiffer, von faulen Leuten überhaupt.

25. Fieffünger, dat is 'n Bootshake, seggen de Schippers. O. (Schipslüd. Ha.).

25a. Mine fîve holdet so gôt as en Bôtshake. Br.
Von starken Effern auf Schiff angewandt, die gern mit der fünfzinkigen Naturgabel zufassen und festhalten, was sie einmal erwischt haben.

26. Tor Not is 'n Bôtsmann gôt.
Als Ehemann — sonst wird auch gesagt: „Seemann geen Mann", weil so wenig häuslich.

27. Holt't Mûl, seggt de Katt tô 'n Bratfisch. Pr.
Wenn er's Maul beim Schmorgeln aufsperrt; auch: Wenn die Katze ihn heimlich verzehren will.

28. Dat is so liek as de Weg na Bremen; oder: Liek ut geit de Weg na Bremen. O.
Ironisch. Auch wenn ein Kind schief oder ohne Interpunktion schreibt, gesagt.

29. Wenn me't öwer de Bremmen (Bramsegel) gohn lätt, dann geit et te wît. Meurs.
So weit darf man's nicht gehen lassen. Das geht doch zu weit!

30. In de April verloor Hartog Alba sien Bril. O.
Am 1. April 1572 ging ihm die Seefestung Briel (Brill, Brielle) verloren. „Op een April, op een April: Duc d'Alva verlor zyn bril" konnte man am 1. April 1872 (bei der Säkularfeier) in Holland viele tausend Mal singen hören. In letzterer Form annähernd auch in Halbertsma Lexicon Frisicum S. 110: Op den 1. April — Verlor Duc d'Alva syn Bril.
An Herzog Alba sollen erinnern die Dukedallen (Anlegepfähle für die Schiffe in den Häfen) — doch siehe Doornkaat Koolman: Ostfr. Wörterb. I., 355. Goebel: „Marine-Rundschau", 1895, Nr. 10: Mit Ebbe und Fluth auf- bezw. untertauchende Pfähle.

31. Wen dat Wôrd 'n Brügg wêr, so full he oder ik daröver. H.
Vergl. die Sage von der Brücke, auf der jeder Lügner ein Bein bricht.
32. God is Emdens Brüg un Haven und Seilwind.
In Latein auf dem alten Ember Hafenthore.
33. De Brader is 'n But wert. O.
Zunächst vom Schiffskoch; dann überhaupt: Wer arbeitet, der soll auch essen. Du sollst dem Ochsen, der da drischt, das Maul nicht verbinden.
34. Strem di, Olle, salt But eten. O.
Räuspern vor Wohlbehagen.
35. He stremt sük, as wen he But eten het. O.
36. Stremt jo, Olle; hej But eten? O.
Infolge nicht ganz überwundener Gräten.
37. He mag Bütte (Scholle) schümen (abschäumen). H.
Geringe Arbeit thun, weil er zu nichts Anderem gut ist.
38. Nu kön wi Bütt schümen, so lêr wi Fisch kâken. H.
Vom Zusehen. Kâken = Kochen; sonst auch Kaken vom Fisch: Aufschlitzen und die Eingeweide herausnehmen („Kakmestje").
39. Nu is de Butte gallet.
Nun ist die Sache verdorben. Vergl. holl. „de Botten vergallen", eigentlich: beim Ausnehmen des Butts die Gallenblase zerbrechen und dadurch den Fisch ungenießbar machen.
40. God beware Dam un Dieken, | Siel un Bolwark un derglieken. O.
Bei Wassersnoth gebetet.
41. Et is nich deep bi em.
Von Verstand oder Gefühl, auch Geld und Gut.
42. Laat 't susen, laat 't brusen, | De Soden van de Diek:
De Pannen van de Husen, | 't maakt de Arbeiders riek. O.
Sehr arbeiterfreundlich gedacht.
43. Overdaad | Deit nargends goot
As vöör Dieken un Dammen. O. (Oder: dögt nargends to as to ..)
Overdaad = übertriebener Luxus, Aufwand.
44. Dat brengt (oder: smit) geen Soden an de Diek (oder: Wall'). O.
So viel wie: Das bringt wenig Gewinn, das „fleckt", hilft nicht.
45. He is so riek as de Kaiser up de Diek. O.
Wor nix is, het de Kaiser sien Recht verloren. Riek im Sinne von mächtig; nämlich: ohnmächtig, wie ein Xerxes, ein Kanut der Große, ein Philipp II. (Armada 1588: Deus afflavit et dissipati sunt) erfahren mußten. Bis hierher und nicht weiter, hier sollen sich legen deine stolzen Wellen, kann nur der sprechen, der noch „größer (mächtiger) in der Höhe" als Wind und Wellen. Pf. 93, 3. 4. Ev. Marc. 4, 39. 41.

46. Ik bin so riek as Hey van de Diek; de het söven Bedden: dre sünd van Stro un de annern sünd net (genau, grade) so. O.
Der Deicharbeiter (Dieker, Diekstifter) pflegt besonders sein Mittagsschläfchen auf dem ersten besten Strohschober, seinem Arbeitsmaterial, zu halten.
47. Har Fresland geen Diek, | Dan har't geen siens gliek. O.
Hätte es keinen Deich nöthig, so könnte man „mit silbernem Pflug ackern"; aber hätte es thatsächlich keinen, so wäre es nicht mehr es selber, so wär's verloren. Darum wird der

I. Niederdeutsche.

Deich schon in alter Zeit „de goldene Hoop (Reif)" oder „gouben Halsbaan (Halsband)" genannt. Halbertsma Lexicon Frisicum, S. 305. Vergl. „Spatenrecht" der alten Friesen.

48. **Falt de Snej in de Sliek, | Dan is binnen dre Dag Is an d'Diek.** O.
Auch: Falt de Snäj in be Dret, het't Fresen geen Gebret.

49. **He et as 'n Dieker.** O.
Das „Besticken" der Deiche mit Stroh ist anstrengende Arbeit (vergl. de Vries und Focken Ostfriesland, Land und Volk, S. 43 ff.), und diese sowohl wie der lange Aufenthalt in der Seeluft erregt den sprichwörtlich gewordenen Appetit.

50. **Wat? ligt buten Dieks.** O.
Wenn ein Kind mit „wat"? nachfragt statt mit höflichem: Was gefällig?

51. **Enen an 'n Diek jagen.** H.
Weit wegjagen.

52. **He is over 'n Diek gaan.** H.
Verschwunden, gestorben.

53. **Fäl Köpp, fäl Sinn, sä de Bûr, as he mit 'n Fôr Kôl fan 'n Dîk ful.** H.
In vielen verschiedenen Formen.

53a. **Wan dei mi den Dîk (Fischteich) ankicket, stearwet de Fiske.** W.
Vom „bösen Blick" des Neidischen.

54. **Döör de Keel geit vööl, see de Schipper, do har he sien Dremastschip versopen.** O.
„'t Halsgat is man eng un kan doch wol 'n Dreemastschip hendöör". „All sein Silber und all sein Gold ist ihm durch die Kehle gerollt." Englisch: „Er hat ein Loch unter der Nase, und all sein Geld läuft da hinein".

55. **'t is, as wen der 'n Dremastschip offaren sal.** O.
Wenn viel Umstände, Weitläufigkeiten gemacht, Vorbereitungen getroffen, Bagagestücke mitgenommen werden.

55a. **He het sien Schaapkes (Saken) saken up't Dröge brogt.** H.
Zu „Schaapkes" vergl. „Schaap" als altostfriesische Münze.

55b. **He sit up d' Drögte.**
Wie ein Schiff auf Strand: In Verlegenheit.

55c. **He sit hoog un droög.**
Wohl geborgen.

56. **De Drummel bullert in de Dullert.** O.
Der Dollartbusen (1277 eingerissen, wobei viele Ortschaften zu Grunde gingen) ist gefährlich zu befahren. Dollart gleichbedeutend mit dem insularen „Dellert" (Thalsohle).

56a. **Einen overdümpeln.** P.
Jemand über den Löffel barbieren.

57. **'t geit der nargens maller heer as in de Welt un — up't Eiland.** O.
Die „Eilande" (Inseln) liegen gleichsam „buten de Welt", weil außer dem Kontinent.

58. **Haaskemöj, mien leve Kind, wat is 't 'n Eilandslevend!** O.
Eiland erinnert an „Elend", altfries. s. v. a. Ausland, Verbannung. Die Insulaner der Nordsee lebten früher, wenn die Schifffahrt stockte, und in langen Wintern in sehr dürftigen Umständen, fristeten das Leben mit Miesmuscheln, getrocknetem Fisch u. dergl.

59. Achter'nander an as de **Eilanders** un de Gosen. O.
Achternannen as de Olenländer Göse. Ham.

Im „Gänsemarsch". — Die Insulaner sind „Jeder für sich" zu gehen gewohnt beim Absuchen des Strandes. Sie werden hier den Gänsen an die Seite gestellt; sie waren früher als einfältig verrufen. Cabovius Müller erzählt in seinem Memoriale linguae frisicae 1691 darüber allerlei Anekdoten (Ausgabe von Kükelhan S. 58—59). Kern und Wilms „Ostfriesland, wie es denkt und spricht", S. 4.

60. He kumt hum in't **Faarwater**. O.
Er kommt ihm in die Quere.

61. He is in sien **Faarwater**. O.
Entweder = Nr. 60 oder „sien" reflexivisch gefaßt: Er ist in seinem Element, vergl. „up sien Dräve".

62. Midden in't **Fahrwâter**! so råkt 'n nich up 'n Grund. Ol.
Auch in dieser Beziehung gilt: Medius semper tutissimus ibis. Uebertr.: Man muß nicht zu „kantig" (eckig) sein. Das „milieu" ist allerdings eine zweifelhafte Regel. Möglicher Sinn aber auch: Grade durch!

63. Dat is recht mîn **Fârwâter**. H.
Mein Element! Das ist meine Welt.

64. Lechtmes moot de **Färman** faren: Is of geen Is. O.
Alte Schifferregel. Reminiscenz an die uralte feierliche Eröffnung der Schifffahrt um Lichtmeß (Isidis navigium) — wie Martini der Endtermin der Schifffahrtssaison im Herbst. Von Lichtmeß bis Martini braucht der Schiffer nur einfache Prämie an die Assekuranz zu zahlen, sonst doppelt.

65. Alle Dage sünd kin **Fangeldage**. Ol.
(Et senn net alle Tä Fangtä. Henneberg.)
Alle Dage sünd wol Eteldage, man geen Fangeldage.

66. Wen der anders nix is, dan is de Krabbe (Krebs, Garneele) ook 'n **Fis**. O.

67. De Mussel is good **Fis**, | Wen der anners nix is. O.

67a. Robben (Roddôg) is ön god **Fisch**, wenn nix anders to hebben is. H. Oder: Röddög is ôk gôd **Fisch**, wenna süs nix is. Me.

Krabbe wird die Garneele der Ostsee genannt, die gekocht dunkeler rothes Aussehen hat als die Nordseegarneele. — Muffel ist in erster Linie die Miesmuschel (Mytilus edulis). — Robben zunächst Seehund, vielleicht ist aber der „Roche" gemeint. Robbög = Rothauge, Leuciscus rutilus. Brehms Thierleben, VIII, 292. Englisch: roach = Plötze. Vergl. Anhang II, Nr. 21—22, die Räthsel von der Garneele. An der Wasserkante heißen übrigens „Fis" alle Schalthiere des Meeres: „'t Fis is der noch in" (in der Muschel).

68. So gesund un frisk as 'n **Fis** in 't Water. O.
Ach wüßtest du, wie's Fischlein ist so wohlig auf dem Grund, du stiegst herunter, wie du bist, und würdest erst gesund.

69. Fis eet de Minsk as he is. O.
Fisch ist leichte Speise.

70. Ungefangen **Fiske** | Sünd neet goot to Diske. O.
Besser ein Sperling in der Hand als eine Taube auf dem Dache. 't Wisse geit vöör't Unwisse! Vergl. Nr. 71.

70a. Bueter bi de **Fiske** hewwen. W.
Gut zu leben haben.

I. Nieberdeutsche.

70b. Fis wil swemmen. O.
Auf Fischspeise regt sich der Durst und gehört sich ein guter Trunk.

71. Is nix so ungewiss (oder: ungewisser) as 'n ungefangen Fis. O.

72. Een sit achter de anner heer as Fis (de Fissen) in't Water. O.
Im Kampf ums Dasein. Vergl. „der Hecht im Karpfenteich".

73. Chrischan, lot de Katt de Fisch stahn. Po.

73a. Da, Katt, hest ôk en Fisch. Me.
Jedem etwas! De spart vöör de Mund (bes. Fisch), spart vöör Kat un Hund.

74. He ös danau wie de Katt nau'm Fischke. Pr.
„Helsch", gierig, heiß nach, auf etwas.

75. De Fisch möcht de Katt wol, se mag sik men blôt de Föt (Poten) nich natt maken. Me.
Wer sich nichts gefallen läßt, sich's nicht sauer werden läßt, kriegt nichts. Man muß etwas einsetzen und wagen, um zu gewinnen.

76. Dor stân wi Fische, säd de Steckling tô de Snick (oder: Snoeke).
Vom Gernegroß. gesagt.

77. He grêp den Fisch bi'n Kop an.
Vergl.: „Den Stier bei den Hörnern fassen". Einen Vogel mag man beim Schwanz fassen und halten können, aber nicht einen Fisch.

78. Fösch? Möt de Nös op em Disch. Pr.
Um zu riechen, ob sie noch frisch sind oder um genau nach den Gräten zu sehen.

79. Dat wör noch so e Föschke for em. Pr.
Das war etwas, ein gefundenes Fressen für ihn. Dat was noch en „Pret" (Lust, Genuß)!

80. Man mut nich êr Hâl Fisch rôpn, bet man se in 'n Sack hett. H.
Die Nürnberger hängen Keinen, bis sie ihn haben. Halte, was du hast — aber erst muß man wirklich sicher „haben". Hebben is wis, Krigen is mis.

81. Vör'n Schilling Fisch, seggt Huddelbeck, un ôk noch ûtsöken. Me.
Das ist nicht nach dem Sinn des Fischhändlers.

82. Dat is 'n harde Fisk to flömen (abziehen). Ha.
Schwer abzuziehen, zuzubereiten. Mit dieser Sache, Person, ist schwer fertig zu werden.

83. Den Fisch de Keven (Kiefer, Kiemen) sên. H.
Untersuchen, ob sie noch frisch sind: Die Kiemen müssen blaßroth, nicht hochroth sein. — Trau schau wem!

84. Em ös tômôd wie em Fisch op em Land. Pr.
(Gegensatz zu 68; Pendant zu 195.)

85. Man wêt nich, ob man Fisk o'r Flesk an em hett. (Ein' wett ne, aw ein' Fisch o'r Flesch an em hät.)
Man weiß nicht, wie er denkt, wie man mit ihm dran ist.

86. Mit de Fischblâs! H.
Da wird nichts daraus.

87. Fisken und Jagen giewt (mâkt) hungrige Magen un fluedrige Blagen (Kinder); oder: — nakelige Blagen un liige (leere) Mistenstîen (Miststellen). W.
Bringt wenig Gewinn, besonders wenn Wichtigeres (Haus- und Feldarbeit) darüber versäumt wird.

8 Sprichwörter und sprichwörtliche Redensarten über Seewesen, Schiffer- und Fischerleben.

87a. Grip Fischer! sünd Schneppe. Pr.
88. Fischer sünd Plümp'r, un wenn se nix krêgn, sünd arm Stümpr. Altm. (Oder: Plümpers — Stinkers. H.)
Plümper = plumper Mensch.
89. Mit Fiskôhren tôhörn.
Ueberhaupt nicht zuhören; mit hörenden Ohren nicht hören. Antonius von Padua soll den Fischen gepredigt haben, als die Leute ihn nicht anhören wollten.
90. Wann de Fiskeraiger et Water opflüget, dann hält he Water. W.
Dann schilt er aufs Wasser, weil er nicht schwimmen kann.
91. Ok'n Fischtog, söä de Prêster, as hä vör'u Altaor 'n Boarsch met 'n Schnupdôk ût de Tasch röäten har.
Wohl an einen von einem Parochianen gelieferten oder geschenkten Fisch (Fastenspeise) zu denken.
92. Hei ös e Fiskedûdel. Pr.
Ein kleiner, korpulenter, munterer Mensch.
93. Frêten mi de Fisch, kam ik up'n Disch; lat ik mi verkülen (begraben), denn mut ik verfôlen (verfaulen, verwesen). Po.
Galgenhumor der Schiffer.
94. Drêdägige Gäste un Fischke, de süht me nit gêrne bî Dischke. Wa.
Oder: En dreidägigen Gast — Is ümmer keine Last,
Owwer en dreidägigen Fisk — Stinket op'm Disk. W.
Ein mehrtägiger Gast bringt „Quast" (Last), wird „quastig" — aber nicht immer.
95. Mäken, wenn d' all Fisch koaken kast, denn kast jo ûk all Doag' frigen. Po.
Wo Fisch tägliche Speise ist. Fisch gut kochen, ist eine Kunst.
96. Wat schât öm rucken Mann ein Auge, dei den ganzen Duik vull Fiske hät. W.
Was schadet's, daß er nur ein Auge hat, da er doch so guten Fang gethan?
97. Dat schmeckt nich na Fisch noch Flêsch.
Man weiß nicht, was man daraus machen soll. Oder wenn etwas gar nicht, „nach nichts" schmeckt.
98. De Sommers fischen geit un Winters Finken fleit: dâr't nich gôd in de Küok to steit. H.
Da giebt's wenig und schlechte Kost.
99. En Suemer, gued vöer Enten un Fiske, is slecht vöer den Biuer. W.
Ein sehr regnichter Sommer. Vergl. englisch: It's nice weather for ducks = es ist nettes Wetter für Enten, d. h. es regnet Bindfaden.
100. 't is doch gôd afgân, säd Riedel, kam von 'n Fischen un har nix kregen.
Es ist doch wenigstens nicht gegangen wie im „Fischer" Goethes: Halb zog sie (die Wassernixe) ihn, halb sank er hin und ward nicht mehr gesehn. — Auch ein Trost!
101. De Buk mälken un inner Heië (Heide) fisken, bringet nix in. W.
Drastisch von unnützen Bemühungen, überflüssiger Arbeit. — 102 Ebenso.

I. Niederdeutsche.

102. Up 'm Drügen is kein gaud fischen.
103. Hei is en Flêtbangel. Ham.
Ein ungeschliffener Mensch.
104. Dat falt in't Fleth. Hamb.
Das ist vergeblich.
105. Na hogen Floden kåmt lage Ebben.
Im Geldbeutel, im Handel, im Besuch öffentlicher Veranstaltungen. — Auch wohl in dem Sinn: Himmelhoch jauchzend, zum Tode betrübt.
106. Enen flott krigen.
Einen zu etwas bereit machen, umstimmen zum Günstigen.
107. Alle Frachten lichten, see de Schipper, do smeet he toerst sien Fro aver Boord. (Oder: 't Nödigste erst, see . . . Ostfr. — . . Frû äwer Bûrd. Me.)
108. Stå wis, Schipper, säd Hinz, dor smêt he em oewer't Gangspill (oder: un smêt em oewer Bôrd).
Schiffersprache wie Nr. 20. Gangspill = Schiffswinde für die Ankertaue oder Ketten.
109. En gôdet Geliûn (Galion: Schiffsschnabel) ziert dat Schöpp. Pr.
Großer Giebel (Gesichtserker) ziert das Haus — zum Trost für Großnasige.
110. Dor gaan wi Fisken mit'nander hen, har de Genaat (Garneele) tegen de But segt, do trukken se mit'nander döör de See.
Der Butt verzog darauf verächtlich das Maul über den kleinen Gernegroß; zur Strafe ist es ihm auf der Seite sitzen geblieben. So das Volk!
Oder: Dar faar wi Fissen mit'nander hen, har de Stiefelstag tegen de Genaat segt; ober auch: Dor sünd wi grote Fissen all', sä de Genaat tegen de Walfis.
111. He het 'n Gehögen (Gedächtniss) as 'n Genaat. O.
112. He het 'n Genaatenverstand (oder: Granatenverstand). O.
So kurzes Gedächtniß, so wenig Verstand!
113. He begript er so väl van ass d' ole Mutt' van't Gannatstrîken (Garneelenfang). Ol.
Das Schwein kann wohl Garneelen fressen, aber nicht fangen. Siehe: de Vries und Focken, Ostfriesland, S. 238, über den Garneelenfang an der ostfriesischen Küste.
114. Endlich kömmt man doch ön e Höcht (in die Höhe), säd de Gringel (Gründling), wie hei an e Angel hung. Pr.
Es ist ein „in die Höhe Kommen" wie des Diebes am Galgen. „Noch ein solcher Sieg und ich bin verloren!" an dies Pyrrhus-Wort denkt man unwillkürlich.
115. Up Môrd un Dôdslag in Grönland! Ha.
Trinkspruch der Walfischfänger: Auf guten Fang!
115a. Ik möt de Sák up 'n Grund kåmen, sä de Stêrnkiker, do ful he in den Sôd. Me.
Auf den „Stêrnkiker" sieht das Volk nicht ohne Verachtung, sofern er auf dem Festlande immer mit dem Blick in den Wolken weilt. Auf See hat's schon mehr Sinn!
115b. O du Grund ohne Bodden! Pr.
Bei Ueberraschungen.
116. Van lütjen Visken wårt de Hekede grôt. Br.
Vergl. 72. Soviel als: De een sien Doot (Doot), is de anner sien Brot.

117. **Wat de Häkt doch dün is, säd de Fischer, do harr he 'n Al in de Hand.**
Quidproquo. Jedes nach seinen Verhältnissen!

118. **Wenn de Hêkt in de frêe Elw schwämmt, denn bitt he un fritt, wat em in de Quêr kumt; wenn he awer bi 'n Amtsfischer in 'n Kasten sitt, denn lât he de Karpen un Kruschen (Karauschen) herankämen un deit jum nix. Ha.**
Der Gewaltthätige ist unter den Augen der Oberen ein Wolf in Schafskleidern; ein Lamm, das kein Wässerchen getrübt hat. Auch kann man an die Stelle des Jakobusbriefs (3, 7) denken: Alle Natur der Thiere und der Vögel und der Schlangen und der Meerwunder werden gezähmet und sind gezähmet von der menschlichen Natur.

119. **Snît dik nich, et is Hechtsuppe. Ha.**
Dabei kann man sich leicht in seinen Gräten schneiden. Sei vorsichtig!

120. **Dat du de Hâlung (Zugwind) krigst! H.**
Halung das vom Zugwind gewirkte Böse (Gicht, "bi slage be Duvel un plage be Gicht!"). Vergl.: He sitt in de Halung (ist in übler Lage, im Kreuzfeuer); ik krêg be Halung = ich erschrak mich.

121. **West is de Hamborger êr best, Ost is de Lübecker êr Trost. H.**
Dann können die Schiffe daselbst am besten „binnen kommen".

121a. **Achter de Hâmen fisken.**
Hâmen = Angel. Vergl. 177.

122. **He braadt sien Härings gern bi andermans Für. O.**
Er pflügt gern mit fremdem Kalbe, schmückt sich mit fremden Federn, läßt Andere die Kastanien für sich aus dem Feuer holen.

123. **Sien Häring braadt dor neet. O.**
Sein Glück blüht dort nicht. Er ist da nicht willkommen.

124. **Wenn eck nich to Hûs ben, kann eck denn ük kame, säd de Päkelhering. Pr.**
Als Hûs ist die Tiefe des Meeres vorzustellen. (Vergl. norw. Hysebygdi = Schellfischhaus, Tiefe.) Trost bei schlechtem Fang.

124a. **Alle Meddag Moss, alle Awend en Päkelhering. Pr.**
Elender Tageslauf!

125. **Me maut nit är Häring raupen, bit me 'ne am Stiärte hiät. W.**
Vergl. 80 — da noch sicherer: Im Sack.

126. **Wann me de Heringe fänget, sind de Fiske weae (weg). W.**
Denn: „Mitgegangen — mitgefangen — mitgehangen" würde es sonst heißen.

127. **He kann noch kainen Haering van der Röster bören. W.**
So schmächtig, schwächlich ist er.

128. **He ös en ûtgesagener Häringskopp. Pr.**
So dürr.

129. **Pfui Diwel smît Hering', dat de arme Lüd Fösch krige on de ôle Wîwer Böckling. Kö.**
Fösch = frische Fische, Böckling = geräucherter Hering.

130. **'t Norder Heff (Wattenmeer) bullert. O.**
Wenn die Brandung an die Küstenbeiche schlägt, hört man das Getöse weit in's Land hinein. So viel wie: Es ist ein Sturm im Anzug.

I. Niederdeutsche.

131. Tiedsgenoog is in 't Heff (Watt) bleven.
Wer immer noch Zeit genug zu haben vermeint, verspätet sich und kann leicht zu Schaden kommen wie Einer, der bei Ebbe durch's Watt geht und wegen seiner Saumseligkeit von der Fluth überrascht wird. „Nur noch fünf Minuten" kostete dem Prinzen Lulu schließlich das Leben.

132. Allbot (all Baat = Beitrag, Gewinn) helpt, säd de Mügg', dor p— se in 't Haff (oder: in de Ems). Ostfr.
In den verschiedensten lokal gefärbten Wendungen. Sinn: Vööl Vietjes maken een Bült.

133. 't hangt in de Kant as't Hilgland. O.
Von einer hängenden Wand.

134. Holland in Noot. O.
Wenn die Deiche durchgebrochen sind. In äußerster Noth ist man auch schon dazu übergegangen, vor dem Feinde die Deiche zu durchstechen, die Schleusen zu öffnen. Der Ruf „Holland in Noth!" mag sich auch beziehen auf die Zeit der spanischen Bedrückung unter Herzog Alba oder auf den holländischen Krieg Ludwigs XIV. Vergl. Borchardt=Wustmann, Sprichw. Redensarten, 573; Karl Dirksen, Ostfries. Sprichw., I, 98; Kern und Wilms, „Wie das Volk spricht", Nr. 43.

135. He geit der van döör as'n Hollander. O.
(Vergl. Holland, Seeland loop ut, mit dre Katten in de Snut.)

136. He is so dül as 'n Isbor. O.
Wie ein hungriger Eisbär.

137. He ligt in Jaffa. O. — He geit na Rötterdam. O.
Jaffa erinnert an „jappen" (letzte schwere Athemzüge holen) und Rötterdam an „rötten", verwesen. Es geht mit ihm zu Ende. Vergl. 168a.

138. Mien lest Kabüs' | Brengt all' mien Geld und Goot ho Hüs'. O.
Kabüs = Schiffsküche, wo zugleich der Aufbewahrungsort für Werthsachen gedacht wird. Omnia mea mecum porto. Zugleich Schlafkammer für den Schiffskoch: Letzte Ruhekammer — nichts: Nackend werde ich dahinfahren.

139. Het het 'n Kaper up de Küste. O.
Kaper, Freibeuter (vergl. Kapern, Kaperbref, Kaperschip). Er hat einen gefährlichen Nebenbuhler, Konkurrenten.

140. 't is nog geen Kapstörting. O.
Kapstörting: Wassersturz über die „Deichkappe" bei hoher Sturmfluth. Die Sache ist noch nicht so sehr gefährlich.

141. Lër du mi Karpen kennen, min Vader wer sülwst en Fischer. H.
Wor'n bi groot worn is, dat höft een nüms leren.

142. Rüm Hart, klär Kimming!
Rüm = raum, weit, frei, aufgeräumt; Kimming = Horizont. — Sylter Trinkspruch.

143. En oll Klipp un 'n nie Schipp is doch nich veel nütt. Me.
Von ungleichen Ehen: Alter, harter Mann und junge, unerfahrene Frau.

144. 't Endje steit noch eben in d' Klüs'. O.

145. 't Endje is hum to d' Klüs ('t Klüsgat) uut slipt. O.
Klüs, Klüse, Klüsgat (siehe Doornkaat Koolman, Ostfries. Wörterbuch, II, 289f) sind die beiden Oeffnungen vorn am Schiff, durch welche die Ankerketten oder Ankertrossen (dicke Taue) geführt werden. „Slipt" die Kette oder Trosse aus der Klus, so hat das Schiff den Anker verloren. Nr. 144 von Sterbenden, 145 von einem soeben Gestorbenen. — Vergl.

12   Sprichwörter und sprichwörtliche Redensarten über Seewesen, Schiffer- und Fischerleben.

Kette stechen für „übergeben" (bei Seekrankheit). Jeder Brechanfall ist einem Kettenwurf oder Tauschlag vergleichbar. Danach könnte die Bedeutung auch sein: Eben vor der Seekrankheit stehen, seekrank sein.

146. Dor steit Wind up't Water — nu kumt Kohlt'. O.

So sagen die Schiffer, wenn bei Windstille und spiegelglatter See plötzlich in der Ferne sich die Wellen kräuseln und verkünden, daß eine Briese im Anzug ist. Kohlt = kühler, frischer Wind.

147. He is goot to Koptein: he het gode (oder: lange, grote) Schunken (Beine). O.

Gut zum Balanciren und Feststehen auf schaukelndem Schiff, auf glattem Verdeck.

148. Mit sien Kopteinskup is 't uut. O.

Mit seiner Herrschaft ist's zu Ende. Er muß abdanken.

149. Yes Keptèn (engl. Aussprache), monk (mache) Lûken to!

Bei hohem Seegang, in äußerster Gefahr gerufen.

150. Lange Reis' gift gnurrig Volk, sä de Kaptein, wer den Dag in See west, harr'n de Katt un de Hund sik vertörnt H.

Vergl.: „De staan fül as Kat un Hund". Uebrigens denke man an das meuternde Schiffsvolk des Kolumbus vor der Entdeckung Amerikas.

151. Dat Weder ward god, de Mând vertehrt alles, harr jener Kaptein seggt, da harr (scil.: he) de Mând dat ganze Vörmarsseil vertehrt. H.

Das Wetter, so tröftet er sich mit leidigem Trost, wird so gut, verheißt so gute Fahrt, daß das Vormarssegel bald wieder eingebracht werden kann.

152. Wat frögt de Krev darna, wenn du em versöpst. Me.

Vergl. 1, 11: Er kann schwimmen. Du mußt ihm mit ganz anderen Mitteln kommen, um ihn empfindlich zu strafen, zu züchtigen.

153. Dat is 'n anner Ort Krêvt, säd de Düwel, dôr härr he sîn Grossmôder in de Rüs (Fischreuse) fongen.

Derartige ἄρρητα haben wir nur wenige zugelassen.

154. So raut (roth) as 'n kaukeden (gekochter) Kriewet (Krebs). W.

So roth wie ein Krebs vor Scham, Aufregung, Hitze.

155. Sik van den Krabbenwagen äwerführen laten. Me.

Den Krebsgang gehen: rückwärts, schief.

156. De is mit Krabbenwâter döft (getauft).

156a. Dat is je 'n Krappenploog!

Das ist ja ein wirrer Haufe! Auch von etwas, womit man nicht vorwärts kommen, was man nicht auseinander kriegen kann.

156b. He supt as 'n Kreng.

Wie ein Fischkadaver. (Auf Wangeroog z. B. Silichkreng = Seehundskadaver. Doornkaat Koolman, II, 355.)

157. Kuffen un Smakken | Hoekers un Bui(y)sen
      Sünd Waterbakken; | Sünd Seemannsbuisen. O.

Kuffen und Smakken sind oben offene Schiffe, die keinen tiefgehenden Kiel haben und deshalb bei stürmischem Meere viel Wasser übernehmen. Hoeker (auch Holt) und Buise sind größere Fischerfahrzeuge für die hohe See (Heringsbuise, Logger). a) Kuf, Seeschiff von breiter plumper Bauart mit zwei Masten und rundem Spiegel; sie sind den Smakken ähnlich, doch meistens größer und unterscheiden sich von diesen hauptsächlich dadurch, daß der Besan-

I. Niederdeutsche.

mast nicht wie auf den Smakken niedergelegt werden kann, sondern feststeht. b) Hoeker, Kauffahrteischiff (vergl. Holk = Winkel, Kramladen). c) Buise, starkgebautes Schiff mit einem Mast, der um die Hälfte weiter nach hinten als nach vorne steht.

158. Kuffen un Smakken Prunkers up de Ree (Rhede)
Sünd Waterbakken: Un Dwarsdrivers (Quertreiber) up See. O.

Sehen nach etwas aus, wenn sie vor Anker liegen; auf See sind sie schwer zu lenken, besonders wenn sie viel Wasser übergenommen haben.

159. Hei heäd op ên Rad lâen (geladen). W.

Ein Schiff geladen — zugleich schief geladen: von Betrunkenen.

160. He hett sine vulle Ladung. P.

Von Einem, der sich toll und voll gesoffen.

161. He krêg de vulle Ladung. O.

Ladung oder Lage (Geschützreihe), übertragen: Schelte, den ganzen Guß Regen und dergl.

162. He is in Lägerwall P.

An seichtem Ufer, im Nachtheil des Windes, kommt nicht gut vorwärts.

162a. Dat löpt dôr de Läsch. R.

Läsch = Schilf. Das läuft auf den Sand, das mißglückt, geht schief.

163. Noch kên Land sên. P.

Ueber den Erfolg ungewiß sein, das Ende noch nicht absehen.

164. De Schôlmêster lêke (laichen). Pr.

Wenn die Schullehrer in den Ferien auf ihren Reisen zusammentreffen, so ist das auch vielfach ein „fruchtbares" Zusammensein.

165. Se trekken mit'nander an een Lien. O.

Sie handeln gemeinschaftlich.

166. Enen an't Lîntjen krigen. H.

Einen zum Besten haben. „De an be Lien trekt, be fart mit".

167. 't geit as 'n Lire. O.

Wie eine Schiffswinde, die mit einer Kurbel gedreht wird.

168. He kan wol Lüb'ck un Hambörg up. O.

So reich sie auch sein mögen.

168a. He sügt ut as de Dood van Lübeck (Ypern).

Erinnert an Holbeins Todtentanz in der Marienkirche zu Lübeck — ähnlich in Basel und Ypern.

169. He fort mit as de grote Mast. O.

Er fährt mit, ohne selbst thätig einzugreifen. Vergl. 21a. b. 24. Auch von dem, der als „Babegast", Passagier mitfährt.

170. Schöpper, Schöpper ohne Mast,
Hol de Katt bim Zagel (Schwanz) fast. Kö.

Daß es nicht stürme! Vergl.: „In be Meert rört be Kat sien Steert." „Et geschach in einem Merz, bat he ber schubbe sinen Sterz mit Hagel und mit Winden".

171. „Ik hol mi an de Mast", sä de Matros, as hum in Seenot (Schiffbruch) een toreep: „Hol di an Got". O.

Falsche Stützen! Im weitesten Sinn von Allem, was dem ersten Gebot zuwider neben Gott gestellt wird. Auf Gott vertrau, nach oben schau!

172. 'n Dübbeltje kan mal rullen, see de Matrose, de to Amsterdam een fun (fand) un up't Kaap een verloren harr. O.

Bei Amsterdam auf dem Schiff wiedergefunden, am Kap (der guten Hoffnung) im Sturm trotz des „Verdrags in Schippers Knapsak" verloren — natürlich ebenfalls auf dem Schiff. Vergl. Doornkaat Koolman, Ostfries. Wörterb., II, 584. Ueber den Ursprung dieses Wortes vergl. die Abhandlung von Breusing in der „Weserzeitung" vom 18. Juli 1879. — Das „malle rullen" überhaupt soll drastisch ausgedrückt werden.

173. Ik un Snuk flogen over't Meer: Snuk bleef weg un ik kwam weer. O.

Eine Art Zauberspruch zum Vertreiben des lästigen Schluckauf.

174. De „Mesten" komen neet over't „Meer". O.

Je mehr er hat, je mehr er will.

175. Leve Kinder un Mevekinder sünd (oder: is) nich to troen. O.

Verzärtelten und auf See geborenen Kindern ist nicht zu trauen. Ersteren nicht hinsichtlich ihrer Charaktereigenschaften, letzteren nicht hinsichtlich ihrer Herkunft. Vergl. „Undine". Wie auf dem Festlande der Storch, so soll auf See und auf den Inseln die Möve die Kinder bringen.

176. He is dermit behangen, as sunte Jacks mit de Mussels.

Die Jacobsmuschel (Pecten jacobaeus), Jacobsmantel wird häufig, am Hute befestigt, von den Wallfahrern mitgebracht. Das erinnert uns nebenbei an die im Mittelalter so häufigen Wallfahrten (besonders auch der Friesen zur See) nach St. Jago di Compostella. Darüber Näheres mitgetheilt von Dr. Pannenborg, „Ostfries. Monatsbl.", Bd. III, Heft 4. und 11.

177. He moot achter 't Net fisken. O.

Vergebliche Arbeit thun. Zu spät kommen. Vergl. 121 a.

177a. De nix krigt, de fiskt achter 't Net.

178. He hett em in sin Nett kregen. P.

Er hat ihn zu einer Partei, Meinung hinübergeholt.

179. He is vor dat erste Nett nich fangen. O.

Er ist ein erfahrener, listiger, geriebener Mensch.

180. Dat heet Delen na Noorwegen stüren. O.

So viel wie: Eulen nach Athen, Wasser in den Rhein, ins Meer tragen — von einer überflüssigen Sache. Vergl. English Proverbs by James Mair S. 12: „To carry sant to Dysart and puddings to Tranent, the meaning of which is plain enough, is a Scottish proverb, we should say; and yet it is only a Scottish form of the English saying: „To carry coals to Newcastle"; or the French and German: „To send water to the sea"; or the Dutch: „To send fir to Norway"; or the Asiatic: „To carry blades to Damascus". The imagery is varied in the different countries: the idea, that to do so — and — so is foolish and superfluous, is the same.

181. De Noordsee is 'n Moordsee. O.

Für die Schifffahrt gefährlich — zum Theil nur des Reimes halber gebildet.

182. Se hed 'n Schwad as 'n Orlogschip (Kriegsschiff). O.

Schwad = übertriebener Luxus: He föhrt 'n bröd Schwatt. Theodor Eckart, Niedersächs. Sprichw., Sp. 474. Man denkt sonst auch leicht an Betrunkene, die „swajen", oder an eine Frau mit besonderer „Suade".

183. Hei heat den Pegel vull. W.

I. Niederdeutsche.

184. He pegelt gern. P.

Pegel ist das Zeichen an der Wand größerer Trinkgefäße. Vergl.: En goben Pegel supen. Dann: Das Maß zum Messen des Wasserstandes bei Meeren, Seen, Flüssen. Davon: Picheln = trinken, peilen = abmessen. Ausführlicheres siehe Goebel, „Marine-Rundschau", 1893, Heft 7 und 8, 1895, Heft 10.

185. De Schipper bepikt sien Schip mit Pik, mit Pik bepikt de Schipper sien Schip. O.

Ein Schibboleth.

186. He stremmt sök wie e Pukis (Kaulbarsch). Pr.

Die Kaulbarsche haben Zähne oder Stachel am Rande des Kiemendeckels, womit sie bei Verfolgung durch Raubfische einen Ton geben können (?); sich anstrengen wie ein Barsch an der Angel.

187. Dat was so 'n Rakefahrt. P.

Fahrt aufs Ungefähr („rakebeves"), aufs Gerathewohl, wenn der Schiffer im Nebel oder unbekannten Fahrwasser sich befindet. Auch: Ein Treffer, wobei mehr Glück als Weisheit im Spiele ist.

188. He sit bi'm Roder. P.

Er lenkt die Sache.

189. Êrst in de Bôt, dann Köre vun Remm . .

Erst das Nöthigste; jedes zu seiner Zeit!

189a. De Kop is 't Roer van 't Schip. O.

Vergl. Jacobusbrief 3, V. 3 und 4: Siehe die Pferde halten wir in Zäumen, daß sie uns gehorchen, und lenken den ganzen Leib. Siehe die Schiffe, ob sie wohl so groß sind, und von starken Winden getrieben werden, werden sie doch gelenkt mit einem kleinen Ruder, wo der hin will, der es regiert. Also ist auch die Zunge ein kleines Glied (das Haupt auch) und richtet doch große Dinge an.

190. He dröömt van Roggeneier. O.

Die Eier des Stachelrochen, vom Volk Spêgel genannt, gelten als sehr geringwerthig und sind wegen ihres fischigen Geschmackes wenig beliebt. Siehe Doornkaat Koolman, Wörterb., I., 382. be Vries und Focken, „Ostfriesland" S. 134. Sinn ähnlich wie: He het Musenüsten in be Kop, ist zerstreut.

190a. He rojt. O.

Er schwankt hin und her, ist betrunken.

191. Dat di de Sâlhund (Seehund)! twe Kinner up ênmal H.

192. Du rechter Sâlhund! H.

Merkwürdig das l in Sâlhund = Seehund, vergl. aber auch das Wangerooger: silichkreng (Seehundskadaver); norw.: selen = Seehund. Hier in der Verwünschung könnte man an den Teufel als „Seelenhund", Cerberus, denken.

193. De Eilanders lopen vööltieds a) up Sanden und Stranden, b) döör Dünen un Dollen (Düenthäler, auch Slopp, Glopp genannt). O.

Zu beachten die Alliteration! a) Nach Strandgut. b) Nach Eiern.

194. Ook Schelfis, ook Schelfis?

„De half gaar (verröt) is, de half gaar (verröt) is"? O.

Ruf der Fischweiber, spottender Gegenruf der Kinder; auch wohl: De in Botter braben is?

195. Net so fris (frisch) as 'n fangen Schelfis. O.

Ironisch, Gegensatz zu Nr. 68.

16 Sprichwörter und sprichwörtliche Redensarten über Seewesen, Schiffer- und Fischerleben.

196. Van unnern Schelfis, Schull un But! O.
Wenn vorn am Schiff Grund „gepeilt" wird und der Kapitän nun schilt und „but" (grob) wird.

197. Hum word van sîn Wîf nix upscheppt as Stäkröven, Stikelstaggen un Schelfisk. O.
Von einer stichelnden und scheltenden Xantippe.

198. Der kumt geen beter Schip an de Wal as der offart. O.
Vergl. dem Sinne nach „Stürt 'n Katte na Engelland: se fall as Katte werum kömen". W. „Es ging ein Gänschen u. s. w."

199. Geit der ook'n Schip (Roggschip) van de Wal, der kumt 'n anner (beter, Weiteschip) weer binnen (an). O.
Niemand und nichts ist „unersetzlich"; van de Wal gaan, afjahren, „absegeln" = sterben, mhd.: Diu hinfatt = Tod. „Herr, nun lässest du deinen Diener in Frieden fahren." Borchardt-Wustmann, Sprichw. Redensarten, 2. Auflage, Nr. 13. Auch bett. untreuer Kunden von Geschäftsleuten, von Bewerbern, die einen Korb bekommen, von Insulanern in Rücksicht auf Strandungsfälle gesagt. Man muß sich in das Unvermeidliche mit Würde fügen. Navigare necesse est, vivere non necesse est. (Inschrift auf dem Bremer Schifffahrtshause.)

200. Geen beter Schip as 'n holten un dat up't Water. O.
Etwa, wenn man Einen in Gefahr des Ertrinkens sieht, halb ironisch gesprochen. — Eine gewisse Bekräftigung in komisch-drastischer Form. — Vergl. umgekehrt die Redensart bei schlechtem Wetter: Jetzt auf See und kein Schiff unter den Füßen! „Un bat up't Water —": möglichst weit vom Lande ab.

201. Ik bin lever mit 'n ollen Wagen up't Land, as mit 'n näj Schip up See. O.
Die Achse ist immerhin noch sicherer als der Kiel auf dem unbeständigen Element. Unter Umständen ist übrigens grade ein neues Schiff gefährlich, weil noch nicht erprobt; gar leicht bleibt ein Bolzenloch offen, wodurch ein neues Schiff in Gefahr des Sinkens geräth.

202. 't (oder: he) slingert as 'n olt Schip. O.
Ein Schiff, das manchen Sturm erlebt, „krengt" leicht, geht etwas auf eine Seite liegen.

203. De dürn Schäp ligt meist Tüd op 'n Drög'n. H.

204. Dür Schäp stähn an't Land. Altm.
Kostspielige Frauenzimmer bleiben leicht unverheirathet; überhaupt: Was theuer ist, findet nicht leicht Absatz.

205. En Schip vull sûre Appeln. H.
Eine dicke Regenwolke, ein traurig dreinsehendes Gesicht, geneigt zu weinen.

206. Et is ên dêpgânde Schipp. Ha.
Es ist ein verschwenderischer Mensch.

207. Hof um de Maan, | Man Hof um de Sünn', [üm. O.
Dat kan noch gaan; | Dor schreien Schippers Froen un Kinner
Auch: Dor schreien Schippers Wifen üm; oder: Is Unweers Künn' (Kunde, An= kündigung). So in „Lütje Volksmäärwikker". Norden. Braams. 1888. Vergl. Lüpkes „alte Heimathklänge", S. 77, Nr. 7 nebst Erkl., S. 95. Mondhof und Bei- (Neben=) Sonne ver= künden Sturm und Unwetter auf See. In der Provinz Preußen hat das Sprichwort die Form: De Hoff öm de Män, bei mag vergan; awer de Hoff öm de Sönn', denn grint (trauert, weint) Wiw on Kind dröm.

I. Niederdeutsche.

208. 't geit mit 'n Verdrag as Schippers Knapsak. O.
Wird von verwickelten Sachen gesagt. Des Schiffers Schubsack muß wegen seiner Klettereien in den Wanten besonders hergestellt sein, damit nichts herausfallen kann.

209. Mal Schipper, mal Törf. O.
Weder Schiffer noch Torf taugt etwas. Eins ist nach dem Anderen. Vergl. 265f.

210. Schipper, pas up! O.
„Pas Achtung!" sagt Braesig. „Uppassen is be Böskup" — besonders bei der Schifffahrt: Passe auf Kurs, Nüchternheit, Sparsamkeit, um recht vorwärts zu kommen.

211. Ik vergeef di't, Jan, | Man denk du der an —
Segt de een Schipper tegen de ander. O.
Beim Namen Jan erinnern wir daran, daß Schiffer und Insulaner die „rasende" See gern Jan Rasmus (= Woban, Neptun) nennen. Daher dann auch Eigennamen wie Raß (Rorbernen), Rasmus (Schweben). Vergeben, aber nicht vergessen! Es bleibt ein Stachel zurück.

212. Dat Schipp steit wael (wohl), dar ein erfaren Schipper inne is.
Aufs Staatsschiff zu übertragen.

213. De Schipper mut op de Hiss (Ungefähr) fahren.
Vergl. 187.

213a. „De't weet, mut't seggen", dor höört de Schipper sien Volk up.
Wer den Kurs, die Lage weiß — bei völliger Unkenntniß der Situation infolge von Nebel oder Beschädigung des Kompasses; also ein Kommando in äußerster Verlegenheit, bei Gefahr für Schiff und Mannschaft.

214. Wer sük as Schöpperke utgöfft, mot ôk als Schöpperke fohren. Kö.
Wofür sich Einer ausgiebt, dafür wird er genommen. — Was sich Einer einbrockt, das muß er auch ausessen.

214a. Schippers Goot holt Ebb un Floot. O.
Auch: Koopmans Goot, Geld un Goot — nimmt ab und zu, da giebt's immer Verlust und Gewinn.

215. We (wer) in beschêdener Tid nich schepet, de betert den Schaden. Ha.
Eile mit Weile. Allerdings: Faß' die Gelegenheit beim Schopf, schmiede das Eisen, weil es heiß ist, aber blinder Eifer schadet nur. Es muß auch für das Schiffsvolk und für das Schiff Zeit zur Erholung geben. Kann auch als faule Entschuldigung des Säumigen aufgefaßt werden.

215a. Elk moot sien Schipsdüüpte weten. O.
Jeder muß wissen, wie viel Aufwand er machen kann, was seine Mittel leiden. Vergl. Nr. 206.

216. Se is so falsk as Schum up't Water. O.
Das Weib gleicht vielfach Aphrodite, der Schaumgeborenen, mit seiner Neigung und Abneigung.

217. Hai vergeht wie Schum ône Water. R.
Vergehen wie Schaum ohne Wasser, s. v. a. ohne Spuren zu hinterlassen, sehr schnell. Vergl. Schaum ohne Bier! Vergehen wie Schnee vor der Sonne. Allerdings täuschten sich

Sprichwörter und sprichwörtliche Redensarten über Seewesen, Schiffer- und Fischerleben.

die Politiker in Wien über die „Schneemajestät" aus dem Norden, Gustav Adolf, der nach ihrer Meinung wie Schnee vor der Sonne vergehen würde, wenn er weiter nach dem Süden vordringe.

218. He meent, hum kan geen See to hoog lopen. O.

Er steht vor nichts still, vor keinen sich aufthürmenden Schwierigkeiten, Hindernissen, Gefahren.

219. He het de See bloot bullern höört. O.

Do is he al umkeert. Auch wohl: He het be Wulf (die heulende, rasende See) seen — do is he al bang worden.

220. Gott Loff hier, harr de Schipper seggt, as he wedder midden up See was.

Anstatt Gott für glückliche Heimkehr zu danken. Der Seemann fühlt sich zu Lande eben vielfach, wie der Fisch auf dem Trockenen, ist da nicht in seinem Element.

221. Wenn de See de Tähne speilt (spült), heft se den Rachen åpen. Pr.

Wenn die Wellen weiße Schaumkronen haben, hat die See ihren Schlund geöffnet, ist ihr Schlund ein offenes Grab.

221a. In de Beker verdrinken meer as in de See. O.

Im Becher ertrinken mehr als in See.

222. Seefahre ös nich Zocker locke. Pr.

Seefahren ist nicht so angenehm, bequem wie Zuckerlecken. Es kostet viel saure Mühe und wird oft durch Sturm und Nebel versalzen.

223. Seemansleven — Fremansleven. O.

Vergl. Nr. 220. Das Seemannsleben vereinigt größte Gebundenheit (durch die Schiffsordnung) mit der größten Freiheit von häuslichen Sorgen.

224. Du büst (He is) 'n olt unrüstig Seeschip. O.

Sagt man von alten „hävigen" Leuten, überhaupt von solchen, die kein „Sitzfleisch" haben, wie ein Seeschiff immer in Bewegung ist.

225. Man moot altied 'n Oog in't Seil hebben. O.

Bei einer Bootfahrt: Um das Segeltau rechtzeitig anzuziehen oder fieren zu lassen; auch beim Steuern auf großen Schiffen, besonders wenn „beim Wind" gesteuert wird. — Man muß alle Umstände, die Zukunft im Auge haben.

226. Alle Seils bisetten. O.

227. Mit 't stånd Seil. O.

Aus allen Kräften, mit ganzem Nachdruck.

228. Vöör de Wind is goot seilen. O.

229. Strömdâl und vor de Wind is gôd seilen.

Wenn Alles „mitläuft", ist's keine Kunst, vorwärts zu kommen.

230. Land blift Land, Sand lopt to'n Siel (Schleuse) nich ût.

Hypotheken auf Ländereien sind die sichersten, weil dieselben ihrer Substanz nach bleiben. Trifft jedoch bei Küstenland nicht immer zu, kann zu „Unland", ja zu Meeresboden werden.

231. He het hum in 't Sleeptau. O.

Vergl. Nr. 178.

232. De Slupe het vööl Geld verleert. O.

„Verleert" im Sinne von verteert (durch Reparaturen auf dem Helling).

I. Niederdeutsche.

233. Spök'n gahn.
Von unruhiger See.

234. 't is, as wen 'n olt Schip van de Stapel lopt. O.
So viel leerer Lärm, unnützes Aufsehen, Weitläufigkeit, Schwierigkeit wird von Jemand gemacht. Vergl. 55, 202. Doornkaat Koolman, Wörterb., III, 300 f.: He stapelt der hen as'n olt Mannetje.

235. Hei heft êr wat op en Stâpel gesett. Pr.
Er hat sie geschwängert. Vergl. holl. Trinkspruch auf eine glückliche Niederkunft: Het wel aflopen van het scheepje!

236. Stint, Stint, Stintfis! (Spirling)
„Stinkst al wen de lebendig bist." O.

Ruf der Fischweiber — spottende Antwort der Kinder. In der That ist der Geruch des Stints nicht fein, wenn er auch noch lebendig ist, wie viel weniger, wenn er nicht mehr frisch ist!

237. He waagt sien Levend as 'n Stint. O.
Wie ein Stint, der an dem Köder beißt. Wie Einer, an dessen Leben nicht viel gelegen ist, weil er so unbedeutend. „As'n Stint" wird in vielen Verbindungen gebraucht.

238. He haut ön, wie de Pristanier ön e Stint. Pr.
Pristanis, ein Roche in Haifischgestalt. Brehms Thierleben, VIII, 381 f. Derselbe jagt nahe am Boden auf kleine Fische, Krebse und Weichthiere.

239. Wat rörst d' mank de Stint, säd de Fischerfrû. Meenst du, dat se gröter wärden? Ha.
Wenn Jemand beim Kaufen von Fischen die größten aussuchen will.

240. Wenn man wat hören will, so mot man na'n Hamborger Stintmarke gân. Han.
Das Maul, die Grobheit der „Fischweiber" ist sprichwörtlich.

241. Elk wat van de Stokfis! see de Jung, do nam he't all'. Ostfr.
„Elk wat", also auch mir was: Egoismus! Statt dessen gilt's theilen, und zwar nicht, wie die Kälber das Heu, oder so, daß man selbst den Löwentheil gewinnt.

242. Stokfis mit Knul (Sellerieknollen),
Erdappels dorbi | Gode Knapperie!

Fastenspeise. Vergl. Hebel, Schatzkästlein, S. 204 (Recl. Ausg.). „Am Samstag aß schon der Lutherische mit seinem Bruder Fastenspeise. Bruder, sagte er, der Stockfisch schmeckt nicht giftig zu den durchgeschlagenen Erbsen."

243. He is so dum as 'n Stokfis. M.
Der vor Dummheit sich fangen ließ und das Maul aufsperrt.

244. Mer send Stockfêsch. R.
Wir sind dumm gewesen (oder: sind steif, oder mager).

245. Stockfisch mit Fûstbotter, hest du't prövt? Wo nich, so wil'k di 't geven. H.
Von Stockschlägen und Maulschellen.

246. An Stockfesch- un Aedäppelsdag (Freitag), sagen de ärm Lüd, esse mêr de Aedäppel met gekreiztem (mit dem Kreuzeszeichen geweihten) Olg (Oel) un de Stockfesch setzen dröm eröm. R.

Am Fastentage essen wir die Erdäpfel (Kartoffeln) mit geweihtem Oel, und wir sind selbst die (magern) Stockfische, die (bei Tisch) darum herumsitzen.

247. So tâg as en Stockfisch. H.

So zäh wie ein Stockfisch: Vom Fleisch, von zähen Leuten u. s. w.

248. Du sast grönen und blöen (blühen) as 'n Stockfisch in Norwegen. H.

Ironisch. Der Stockfischhandel Norwegens (Stapelplatz: Bergen) mit den katholischen Südländern (für die Fastenzeit) ist allerdings „grünend und blühend".

249. Meven in 't Land: Unweer voor de Hand (Störm up See). O.

Bei Anzeichen des Sturms und hohen Wasserstandes fliegen die Möven auf Atzung landbeinwärts.

250. He is 't Stür van 't Schip. O.

Er hat das Regiment.

251. Dat is 'n Schip sünder Stür. O.

Vom einzelnen Menschen, der nicht Herr seiner Leidenschaften; von Haushalt und Wirthschaft ohne Ordnung; vom Staat ohne starke Regierung.

252. Nix over('t) Stür! O.

Nichts „vermanöven", umkommen, über Bord gehen lassen! — Alles mit Ruhe und Bedacht!

252a. To Stür komen. P.

Zu statten kommen.

253. Over de Stür (buten Stür) gaan (komen, raken). O.

Aufgeregt, fassungslos werden.

253a. De beste Stürlü (oder: klöökste Schippers) sünd an Land (staan an de Wal).

Proten is goodkoop, man Doon is 'n Ding. Ironisch gemeint: Urtheilen, Kritisiren ist leicht, aber Bessermachen ist schwer. 'n Lepel vul Daat is beter as 'n Schepel vul Raat.

253b. Ik see di mien Levend neet weer, see de Stürmansfro; do snof se sük ut, un höör Man gung up de Reise (Seereise).

Quibproquo; das Spiel des Gedankens liegt in dem „bi", welches im Sinne der Frau wohl wirklich auf den Mann bezogen werden soll, im Sinne des Scherzes auf den Nasenschleim (Snötbel).

253c. Nu is de Sündflôt vör de Döhr, säd de Mügg, un p— bi't Regenwetter.

(Vergl. 132.)

254. He kan neet duken of swemmen.

Er weiß weder aus noch ein; ist unrettbar verloren; hat kein Auskommen mehr; ist in unhaltbarer Lage; ist schiffbrüchig in übertragenem Sinn.

255. Haug Klemmer (Klimmer, Kletterer) und deipe Schwemmer weret (werden) nich olt. W.

Der Krug geht so lange zu Wasser, bis er bricht. Wer sich muthwillig in Gefahr begiebt, kommt darin um.

I. Niederdeutsche.

256. Strômup is quâd swemmen. Ol.

Vergl. 229. Auch in übertragenem Sinn: Es hält schwer, gegen die Zeitströmung, das öffentliche Urtheil, aufkommen.

257. Dei kan swemmen as 'n blêien Kugel. Me. (Oder: as 'n Bakstên, O.; as 'n Mölenstên, 'n Büdel vul).

Ironisch von Solchen, die gar nicht schwimmen, sich nicht oben halten können. Vergl. 254. Gegentheil: as 'n Pille = Ente.

258. He wellt nit eher swemmen, bis en't Water innen Hals stigt. W.

Wenn's eigentlich schon zu spät ist, wenn man in Gefahr des Ertrinkens ist. Zu lange mit dem Ergreifen von Maßregeln warten. Was du thun willst, das thue bald. Man muß es nicht bis aufs Aeußerste kommen lassen.

259. Dat is 'n Tau sünder Knüt (oder: Knôpen = Knoten). O.

Es ist kein Halt daran, kein Verlaß darauf, wie ein Tau ohne Knoten leicht durch die Hand, aus der Hand gleitet. Vergl. Karl Dirksen, Ostfries. Sprichw., Heft I, Nr. 121; „'n Knüt in de Draat (im Faden, mit dem genäht wird) is Ulenspegels Naat."

260. He sleit ut 'n Taue.

Vergl.: „He sleit buten den Strengen", wie ein wildes Pferd, zum eigenen Schaden. Er geräth aus der Fassung.

261. Dat wil bi em nich todiken (ausreichen). Ol.

„Todiken" eigentlich: eine Lücke (im Deich) ausfüllen.

262. Dat Schip drivt vöör Top un Takel. O.

Soviel wie segellos (aber nicht, wie Doornkaat Koolman angiebt, auch steuerlos) vor bloßen Masten nebst Stengen, Spieren und Tauwerk. Auch: Wenn ein Schiff vor starkem Wind ohne weitere Hülfsmittel (Großsegel) dahinfährt.

263. Se set't daran, wat Top unde Seil liden kan. Lübben.

Alles was ihre Kräfte, Mittel, Vermögen nur irgend leiden können. Alles daran setzen, um Alles zu gewinnen oder Alles zu verlieren; Alles daran wagen.

264. Mit Toll un Moll. O.

Mit Zoll, Emballage und Schiffsfracht; mit allen Unkosten, mit Allem, was drum und dran hängt.

265. Een Törfschipper is slimmer as veer Jöden. O.

266. De erlekste Törfschipper is noch de oolkste (übelste) Bedreger. O.

Ihr Ruf ist nicht fein. Die Torfprobe („Stahl") ist gewöhnlich besser als die Ladung, die geliefert wird; oben im Schiff ist der Torf gewöhnlich besser als unten; auch beim Messen des Torfs kommen Betrügereien vor.

267. Ongse Herrgott liest ene senken, evver (aber) net verdrenken. R.

Wenn die Noth am größten, ist Gottes Hülfe am nächsten. Gott läßt nach seiner Treue nicht versuchen über Vermögen. I. Korbr. 10,13.

268. Stille (De stillste) Waters hebben deepe (de deepste) Gründen. O.

Stille Wasser sind tief. Vergl. 278 f., 282. Je seichter dagegen — z. B. in der Nähe von Inseln und Sandbänken — das Wasser ist, um so mehr braust und schäumt es (Brandung). Dann in übertragenem Sinn.

269. He het altied de Mund boven Water. O.
270. He het 't Niffke (Schnäbelein) al weer boven Water. O.

Gegensatz zu 268. Erinnert an die Frösche in der Maienzeit. Wenn Einer wegen vorlauten Wesens soeben erst „geduckt" ist (wie die Schiffsjungen bei der ersten Fahrt über die „Linie" — d. h. den Aequator — untergetaucht werden) und doch bald wieder gelbschnäblig breinredet.

271. Altied de Kop boven Water hollen! O.

Immer Muth behalten, wenn die Sache auch schief geht! Kop boven't Water as'n Rubbe (Seehund), der alle paar Minuten über Wasser Luft schöpfen muß.

271a. He kumt weer boven Water.

Er geht noch nicht zu Grunde, kommt noch wieder empor.

272. 't Water het geen Balken, seggt de Jud.

Um Furchtsamkeit auf dem Eise, auf Schiff zu entschuldigen. Um Lichtmeß soll Moses die Balken unter dem Eise wegnehmen.

273. Hä said so fromm eût, as wen hä noch nui (nie) en Weäterken flaumed (getrübt) hädde. M. Oder: slaumed (schlämmen, trüben). Han.

Wie das Lamm in der Fabel vom Wolf und Lamm das Wasser wirklich nicht getrübt hatte; von solchen, die „vorne lecken und hinten kratzen"; Gottes Wort im Mund haben und den Schalk im Herzen, Nacken.

274. Dai lätt ôk gärne Guodes (Gotts) Water uöwer Guodes Lant goan (laupen). R.

Er läßt Alles gehen (laufen), wie es geht — ohne Hand anzulegen! Guodes Lant — Land, wie Gott es geschaffen, woran keine menschliche Arbeit geschieht.

275. St. Peter smitt 'n hêten Stên in 't Water.

Am 29. Juni fängt das Wasser an, warm zu werden, so daß man baden kann.

276. He is dar so wilkamen as dat Water in 't Schip. P.

Wenn man lieber Jemandes Rücken als Gesicht, „lever sien Hacken as Tonen" sieht, lieber sein Gehen als sein Kommen.

277. As 't Water over de Korven gaet, so sall men't Schipp osen (ausschöpfen). O.

Wenn's zu weit gekommen ist, dann nützt Alles nicht mehr. Es gilt rechtzeitig vorbeugen.

278. De stillesten Wâtere brêket de dêpesten Löchere. Wa.

Wer in der Stille wirkt, wirkt am nachhaltigsten. Vergl. 268.

279. Dêpe Wâter sleipe sachte. W.

Von ähnlicher Bedeutung wie in der umgekehrten Form (siehe 268, 282) — nur daß dies meist angewandt werden wird, wenn viel Geräusch von Jemand oder von einer Sache gemacht wird. Leere Tonnen machen am meisten Lärm. Viel Geschrei und wenig Wolle.

280. Et is kein Water so klar, et fläumet (trübt) sik. W.

So giebt's auch kein ungetrübtes Glück, Frieden. Vergl. „Ring des Polykrates" von Schiller: Des Lebens ungemischte Freude — ward keinem Irdischen zu Theil.

281. Kên ful Water ûtgetn, êhr man rein wêr het.

Man muß nichts wegthun, abschaffen, ehe man Ersatz, Deckung dafür hat, ehe man Besseres an die Stelle setzen kann.

281a. Met 'ner Rau (Rute) in't Wâter slâen. W.

Der bekannte „Schlag ins Wasser", wie ihn z. B. Xerxes buchstäblich that nach der Zerstörung der Brücke zwischen Sestos und Abydos, um das Meer zu strafen.

I. Niederdeutsche.

282. Stille Water fleitet deip. GG.
Siehe zu 268, 278 f.

283. 't Water tärt, säd jen Fro, und tred äwern Rönnstên. H.

283a. Se geit to Water. Ha.

284. Wenn man sik an't Water sett't, löppt ên ôk mal 'n Fisch to Nett.

Wenn man nur überhaupt thätig ist, giebt's auch einen Gewinn. 't slumpt doch 'mal. Wirf nur dein Netz aus, immer wieder, wenn du auch einmal die ganze Nacht gearbeitet und nichts gefangen; hernach giebt's vielleicht um so mehr. Luc. 5, 1—11. Petri Fischzug. Gieb mildiglich dein Segen, daß wir nach deinem Geheiß nur gehen auf guten Wegen, thun unser Amt mit Fleiß, daß Jeder seine Netze auswerf' und auf dein Wort sein Trost mit Petro setze; so geht die Arbeit fort.

285. Bi em is hôg Water. P.

286. Wâtersnôd is slimmer as Fürsnod. H.
Denn dem Wasser kann man nicht entlaufen. Auch hinterläßt es Schaden für Land und für Gesundheit.

286a. He dragt in de ene Hand Für un in de andere Water.
Von Zwiespältigen, Doppelzüngigen, Unzuverlässigen.

287. Lei (träge) Eibohm het'n Liekdoorn an de Foot:
Wen de hum drükt, gift't Watersnoot. O.
Thatsächlich sind Hühneraugen vielfach Weerwicker, Wetterpropheten. — Besonders Träge achten auf jedes kleine körperliche Unbehagen.

287a. He is 'n rechten Waterröt (Seelöwe). O.
Wasser ist sein Element, von Schiffern und tüchtigen Schwimmern.

288. Dat raakt geen Wal of Kant an. O.
Oder: Dat raakt an geen Rant of Kant. O.

Weit gefehlt, wie wenn ein geworfener Gegenstand zwischen Schiff und Ufer ins Wasser fällt. Die Forderung, das Angebot kommt nicht bei; „Kumt neet tech of naaft". Auch von einem Schiff, welches keine Landmarke hat. (Weniger zutreffend: Es geht durch alle Klippen [Hindernisse] sicher hindurch.)

289. Schittobje is 'n Walfisch. Pr.

290. He weet wat van Wanten. O.

Wanten hier im Sinne von Tauwerk, Strickleiter auf dem Schiffe (sonst auch: wollene Fausthandschuhe). Doornkaat Koolman, Wörterbuch III, 510. Wird von Jemand gesagt, der weit in der Welt herumgekommen ist, viel erlebt und erfahren hat, überall Bescheid weiß, wie ein erfahrener Seemann. Vergl. den homerischen Ausdruck von Odysseus: Πολύτροπος ἀνήρ (vielgewanderter Mann).

291. Alle Wind de Got givt. O.
Wunschwind, guter Segelwind, kommt von Gott.

292. 't geit neet altied vöör de Wind. O.
Nicht immer nach Wunsch.

293. Dat geit vöör de Wind in't Gasthuus (Armenhaus). O.
Wenn Einer es gar nicht schnell genug durchbringen kann, was er hat. Gasthuus ist im niederdeutschen Sprichwort immer mit Armenhaus zu übersetzen, nicht — wie Rudolf Eckart thut — mit Hospital, Krankenhaus.

294. **He krigt de Wind van vöörn.** O.
Wird übel aufgenommen, bekommt Schelte, eine Garbinenprebigt.

294a. **Dem koddrige kömmt de Wind ömmer von väre.** Pr.
Kobbrig = klatterig, Mensch mit zerrissenen Kleidern. Vergl. Leve Lü und klatterige Lü bliven overall an hangen.

295. **Alle Winden hebben Weerwinden.** O.
Jede starke Aktion, Wirkung, Druck fordert Gegenaktion, Gegenwirkung, Gegendruck heraus. Jedes Ding hat zwei Seiten, sein Für und Wider. Doornkaat Koolmann, Wörterbuch III, 543.

296. **Mit Vul- un Näj-Maan**
   Mut de Wind na't Westen,
   Of de Welt (de Lucht) mut basten (bersten). O.
Tendenz zu fallen beim Barometer.

297. **Unbestännigen Wind: bestännig Wädder.**
Wenn der Wind nicht weiß, was er will, dann wird der Regen noch aufgehalten.

298. **Dat geit mit vullem Wind.** P.
Das geht flott von statten.

299. **De stân sik as Wind un Sandbarg.** P.
Wie Wind und Düne: sehr feindlich; wo Einer herrscht, da ist der Andere nicht zu finden. Sein oder Nichtsein, das ist die Frage zwischen beiden; sie führen einen (Konkurrenz-) Kampf auf Leben und Tod, Kampf ums Dasein.

300. **Ostwind mit Regen**
   Dürt dre Dage of negen (oder: dürt ook negen). O.

301. **Westwind mit Mist (Nebel) | Het Oostwind in de Kist.** O.

302. **Oostwind is 'n Königskind.** O.
Wetterregeln der Schiffer. „In be Kist hebben" s. v. a. im Faß haben, mit sich bringen.

303. **Südwestwind mit Stof (oder: Smut) —**
   Noordwest mit 'n Dönnerslag. O.
Wird vielfach davon begleitet.

304. **He süth ût, as wenn't in Nordwesten leit (blitzt, wetterleuchtet).**
Vergl.: He süt ut as 'n Grummelschur. — Wenn das Auge vor Zorn, Aufregung Blitze schießt.

305. **Dei mott en scharp Mess (Messer) hewwen, wei (wer) Wind** snîen will. W.
Das ist so schwer wie Don Quixotes Kampf gegen Windmühlenflügel. Man kann nicht gegen den Wind, nicht mit dem Kopf durch die Wand.

306. **Nôrdost is de Schipperfrôn ehr Trôst,**
   Nôrdwest is de Schippers ehr best. Lü.
Wird in Lübeck gesagt. Der Nordost bringt die Schiffer heim; der Nordwest treibt sie fort (vergl. 220). Oost — West: 't (t') Hus best. — Vergl.: English Proverbs by James Mair, S. 13: Englisch: Home is home, be it ever so homely. — Schottisch: Hame is a hamely word. — Französisch-italienisch: To every bird its nest is fair. — Spanisch: The reek of my own house is better than the fire of anothers. — Italienisch: Home my own home tiny though thou be, to me thou seemest an abbey. My home, my mother's breast. Tie me hand and foot, and throw me among my own.

307. 't is 'n olt **Wrak**. O.
Von alten gebrechlichen Leuten, von „Schiffbrüchigen" in übertragenem Sinne.

308. Dat wier 'n goden **Zog** (Tog), seggt Klei: fîf Poggen un ên Hêkt. Ha.
Ein guter Fang, wenn auch manches Werthlose dabei ist. — Man muß Alles von der besseren Seite aufnehmen.

Anhang 1.
Einige hochdeutsche Sprichwörter und sprichwörtliche Redensarten.
(Nach Borcharbt-Wustmann, „Sprichwörtliche Redensarten". Leipzig. Brockhaus. 1894.)

1. **Absegeln** = sterben. B.-W. 13.
Man hat zur Erklärung auf die altgermanische Sitte hingewiesen, die Leiche einem Schiff anzuvertrauen und dies ins Meer hinauszustoßen. Wahrscheinlich ist der Ausdruck aber nur eine Abwandlung des sonst gebräuchlichen „abfahren" (mhd.: hinvart = Tod) und des volksmäßigeren „abkutschiren, abrutschen".

2. Der **Charybdis** entfliehen und in die **Scylla** gerathen. B.-W. 230.
Vom Regen in die Traufe kommen.

3. Das **Ei des Columbus**. B.-W. 277.

4. Gesund wie ein **Fisch** im Wasser.

5. Stumm wie ein **Fisch**.

6. Frische **Fische**, gute **Fische**. — Faule **Fische**?

7. **Fisch** will schwimmen. — Er schwimmt wie ein **Fisch**.

8. Man weiss nicht, wie der **Fisch** (**Aal**) läuft.

9. Nicht **Fisch** noch Fleisch.

10. Im Trüben (ist gut) **fischen**. Vergl. B.-W. 363—367.

11. a) **Holland** in Noth! — b) Durchgehen wie ein Holländer. B.-W. 573, 574.

12. Den **Krebsgang** gehen. B.-W. 696.

13. Das **Meer** austrinken wollen. B.-W. 807.
Unmögliches versuchen; auch von einer langwierigen Arbeit, deren Ende man nicht absieht. Franz.: C'est la mer à boire. Der h. Augustin erklärte das Meer ausschöpfen für nicht unmöglicher als das Geheimniß der Dreieinigkeit zu ergründen.

14. **Schiffbruch** leiden. B.-W. 1028.
Das Leben der Menschen und Völker wird oft einer Wanderung, oft einer Fahrt verglichen, besonders gern einer Schifffahrt. Da segelt Einer mit kühner Zuversicht, mit vollen Segeln aus dem heimathlichen Port, aber bald wird er von den Stürmen hierhin und dorthin geschlagen. Er hat Mühe, gefährliche Klippen zu umschiffen, an denen er scheitern kann, und wie Mancher leidet Schiffbruch, wie Manchem erfüllt es sich nicht, in den stillen Hafen eines ruhigen Lebensabends einlaufen zu können.

Sprichwörter und sprichwörtliche Redensarten über Seewesen, Schiffer- und Fischerleben.

Das Bild ist in der Litteratur ungemein häufig verwerthet worden; hier nur zwei Beispiele, ein altes und ein neueres. In einer Schweizer Satire aus dem Anfang des 16. Jahrhunderts auf die Krankheit der Messen jammert der Papst: „Jetz rint unser schiff an allen orten, wir sind verloren", und der Kardinal stimmt ein: „Ja herr, ich förcht, es helf kein verstopfen; wir hand gegenwind und sind uns alle ruder brochen".

Kosinsky malt („Räuber", III, 2) sein grausames Schicksal, das ihn dem Räuber Mohr in die Arme geführt, mit den Worten: „Ich habe Schiffbruch gelitten auf der ungestümen See dieser Welt, die Hoffnungen meines Lebens habe ich müssen sehen in den Grund sinken."

15. Einen ins Schlepptau nehmen. B.-W. 1040.
16. Vor Jemand die Segel (Flagge) streichen.

Nachgeben, sich für überwunden erklären, sich vor Einem demüthigen, wie ein Schiff, das sich dem Feinde ergiebt, die Segel streicht, einzieht. Ebenso lateinisch: Vela contrahere.

17. Mit vollen Segeln fahren.

Alle Mittel ins Werk setzen, um seinen Zweck zu erreichen. Vergl. die Worte des Vaters Miller in der ersten Scene von „Kabale und Liebe": „Da geht ihm ein Licht auf, wie meinem Rodney, wenn er die Witterung eines Franzosen kriegt, und nun müssen alle Segel dran und darauf los."

18. Alle Segel aufspannen.
19. Er setzt alle Segel bei.

Er setzt alle Kräfte dran. Lateinisch: Navibus et quadrigis.

20. Gegen den Strom schwimmen. B.-W. 1158.
21. Den Mantel nach dem Winde hängen. B.-W. 787.
22. Oel auf die Wogen giessen. B.-W. 889.
23. Wasser in den Rhein tragen. Vergl. B.-W. 1218—1224.
24. In den Wind schlagen. B.-W. 1237.

Im Uebrigen finden sich die hochdeutschen Sprichwörter und sprichwörtlichen Redensarten durch die ganze Sammlung hin in den Erklärungen.

Anhang II.

Ostfriesische Volksreime und Räthsel, das Seewesen betr.

(Eigene Sammlungen nach dem Volksmunde, wie solche auch für die ostfriesischen Sprichwörter neben den genannten Quellen in Betracht kamen.)

1. Dor geit 't hen in Gotts Naam,
Arm hen, riek weer.
Alle Wind de Got givt.
En Stüver in de Büle:
Allerwegen, wor wi komen,

Heb wi Teergeld.
Bedenk uns Got mit 'n Vaderunser,
Dat wi uns beholen un neet verlesen.
't Lest — 't Best:
Vader, Söön, hilge Geest!

Ostfriesischer Steuermannsspruch bei der Abfahrt in See, beginnend und schliessend nach Art der alten Kreuzleise bei den Wallfahrten (zur See) — wie unsere Väter sie besonders häufig nach St. Jago bi Compostella unternahmen.

2. Dor achter gröne Bometjes,
Dor lag 'n engels Schip,
De Franzmann was gekomen,
Was net so gek (ebenso gescheidt)
as ik.
Eben was ik Koptein gewest,
Un nu bin ik Soldaatje,
Nu moot ik up de Schildwach staan,
Un kiken döör de Gaatjes.

Bezieht sich auf den Schmuggel während der Kontinentalsperre Napoleons gegen England, wobei ein Schiffer von einem französischen Douanier abgefaßt wird.

3. Olle Want, Want, Want,
An de Waterskant;
Schillk' in de Hoot
Un Mussel(s) in de Foot;
Olle Want, Want, Want,
Olle Want is doot.

Unter „Olle Want" ist ein alter Schiffer zu verstehen, dem die Zeichen seines Gewerbes anhängen.

4. Kofjedik,
Mien Man un ik,
Wi beiden man allene.
As 't Schip versunk,
Mien Man verdrunk,
Do was ik weer allene.

Von Kindern gesprochen, während schwimmende Kaffeekörner eins nach dem anderen in der Tasse untersinken.

5. Snüfke, Snüfke, wor woonst du?
„Up d' Dullertdiek."
Wat deist dar?
„Eiersöken."
Wat vöör een sal ik hebben?
„'t fuulste" (oder: „'t schoonste").

Vergl. „Correspondenzblatt für niederdeutsche Sprachforschung", VII, 8, S. 89 f. ein ganz ähnliches aus Hinterpommern. Das Söhnchen faßt des Vaters Nase oder auch umgekehrt (wenn das Näschen einer Reinigung bedarf) und dabei werden die Verse gesprochen.

6. Seemantje, Seemantje,
Help mi over 't Water!
Ik kan der neet overkomen,
Dat Water fangt an to stromen.

7. Alle mien Ennetjes swemmen over
't Water,
Ik kan der neet overkomen,
Dat Water fangt an to stromen.
„Dann sal'k jo der over dragen."

Ein sinniges Spiel von Kindern, die sich an beiden Seiten eines Weges, einer Straße gegenüberstehen. Bei Nr. 7 denkt man unwillkürlich an eine Henne, die Entenküchlein ausgebrütet hat.

8. Schipke van Mariken
Leet sien Seilke striken
Boven in de Top, Top, Top.
Geeft mi wat in de Rummelpot!

Martini-Kinderreim. Vergl. Lüpkes „Heimathklänge". Emden 1888. Haynel. S. 56 f.

9. Schipper, wult du seilen,
Foorman, wult du weilen:
Ebenda S. 58 f.
Set dat Seil man up de Top;
Geeft mi wat in de Rummelpot.

10. Dudei Dogge,
Dor kumt 'n Schip mit Rogge,
Dor kumt 'n Schip mit Weitenbroot.
Dor worden unse Kinder van groot.

Beim Wiegen gesungen, sofern die Wiege einem Schiffe ähnlich schaukelt.

11. Hubber dubber dup — Mien Man is komen.
„ „ „ Wat het he brocht?
„ „ „ 'n Schip vull Spellen.
„ „ „ Wat sölen se gellen?

Hubber dubber dup — 'n halven Stüver.
„   „   „   Dat is to vööl.
„   „   „   'n Oortje (¹/₄ Stüber).
„   „   „   Se sünd all' verköft.

Beim sogenannten Hucevorssen, dem Schaukeln mit dem Stuhl (um Kinder in Schlaf zu bringen) gesungen.

12. ... Wor sööl wi de Ossen un | Van Brabant,
Kojen herhalen? | Dor stuvt dat Sand ...
Van Engelland,
Beim Bumbamspiel gebraucht.

13. Achter 't Karkhof stuvt dat Sand, | Van Engelland na Brabant,
Kan wol stuven na Engelland, | Van Brabant nach Jüffersand ...
Abzählreim.

14. Berend Butje, de wul faren | De Weg was krum,
Mit sien Schipke na Polaren: | Do ging Berend Butje weer um.
Oder: Berend Butje was to dum, | Do mus he mit sien Schipke weer um.

Der ostfriesische „Peter in der Frembe". „Na Polaren" heißt entweder nach der Polargegend (Nördliches Eismeer), wohin im 18. Jahrhundert die Borkumer viel auf Walfischfang fuhren („Ostfr. Monatsbl.", III, S. 10 bis 17; V, S. 441 f.), oder nach Polen, wie es früher bestand, also etwa nach dem Hafen von Danzig, um Jütland herum, durch Slager Rak, Kattegat, Belt (großer bezw. kleiner), Sund. Es lautet wohl auch: Over de Baren (= Wellen, besonders Sturm- oder Brandungswellen) und dann mit dem zweiten Schluß.

15. Arten, Bonen, Gört | Hol em der an:
Sleit de Hunger doot. | Amsterdam,
Morgen, Man, | Rotterdam,
Janever in de Kan! | Hol stief, hol an.

Schifferspruch beim Stapellauf. Die erste Hälfte bezieht sich auf Schmaus und Trunk zur Feier des Stapellaufs, die zweite Hälfte auf den Kurs des zu Wasser zu lassenden Schiffes.

16. Wangeroog de Schone, | Tessel ligt in 't Seegat,
Spiekeroog de Krone, | De Lü van de Heller segt dat.
Langeroog is 'n Botterfat,
Balterm is 'n Sandstat (Sandfat), | 17. Wangeroog het 'n hoge Toren,
Norderney dat Roverland, | Spiekeroog het sien Naam ver oren,
Juist is dat Toverland, | Langeroog is noch wat
Börkmers melken Kojen | Baltrum is 'n klene Stat (Sandfat),
Un bruken Drek to Brand. | Norderney fret sük half sat,
Röttemoog dat Eierland, | Up de Juist
Münkeoog dat Beierland. | Bünt alle Kojen güüst.
De Amelander Schalken | (Oder: Up Norderney
Heff stolen dre Balken | Da gift 't noch 'n Sleef vul Brey.
's Avends in de Maneschien: | Man koom wi up de Juist,
De Galg schal höör Wapen sien. | Sind alle Kojen güüst)
Terschelling staat 'n hoge Toren, | Un koom wi up Börkem,
't Vlyland heft sien Naam verloren. | Dor steken s' een mit Förken.

18. Rottum is 'n kleen Eiland,
Schiermonnikoog is welbemant,
Amelander Schalken
Stolen dre Balken
Wel's Avends in de Maneschien:

Dat sal höör Wapen in de Flag wol sien.
Terschelling staat 'n hoge Toren,
Vlyland heft sien Naam verloren.
Tessel is 'n groot Seegat:
De Kreien van de Helder de seggen dat.

16 bis 18. Matrosenlieder beim Gangspill (Winde). Eine nähere Deutung des Einzelnen ist von mir versucht „Eala frya Fresena" (Beilage der „Ember Zeitung"), 1894, I, Nr. 2, und „Ember Zeitung", 1890, Nrn. 118 und 119.

19. Gröön is dat Land,
Root is de Kant,

Wit is de Strand (Sand):
Dat sünd de Farven van't Hilg'land.

Vergl. Nr. 133 der Sprichwörter.

20. De Domine van Urk,
De sul in Schokland preken:

Döör't Rasen van de See
Har he sien Text vergeten.

Urk — Scholland: kleine Inselchen im Zuyder See. Vergl. Spurgeon, Kunst der Illustration, S. 22: Erzählung über Augustins Vergessen des Gegenstandes, über den er predigen wollte (von John Flavel).

21. Een Fis, een Fis,
Un doch geen Fis,
De in de Nordsee fangen is.

Tein Benen un een Staart,
Doch is 't Fisje van goder Art.

22. Een Fis, een Fis, een wunderlieke Fis,
De bi de (op het) Fal van Urk gefangen is,
Het Haar en Baart
En Kop en Staart,
Dat liekt ook en Fis van Art
(oder: 'n Stüvertje te sien is 't wart).

Räthsel von der Garnele, dem kleinen Seekrebs.

23. Seilen mit „Noordwind",
Flak voor de Wind,

Norden ligt 't an:
Raad reis (einmal), wo is de Wind dan?

„Noordwind" ist der Name des Schiffes, der Wind ist südlich.

24. Root ligt de Klümpkes
In de witte See.
Kanst du dat raden
Bi'n Köpken Thee?
De witte See in de Thee,
De Klümpkes staat in de Snä (Schnitt).

25. Root ligt de Klümpkes
In de witte See.
Kanst du dat raden,
Dan verspreek ik di de Ee;
Kanst du dat raden in söven Wäken,
Dan wil ik di de Ee verspreeken.

Butter in der Buttermilch. Nr. 25 enthält die Fassung des „Correspondenzblattes des Vereins für niederdeutsche Sprachforschung", VII, 8, S. 68.

26. Mien Moder Swartflak!
Un wen mien Moder Swartflak neet meer kan,
Dan moot Vaders Pülsak der an.

Swartflak: die schwarzflackernde Schiffslampe. Pülsak ist die Trankrüsel, woraus die Lampe wieder gefüllt wird.

27. Trekt mit alle Man,
Laat jo 't dor neet suur bi warden,
Wen der ook föör 'n Maal
En Pund anhangt.
Seht, wo he geit,
Seht, wo he sleit,
Je höger dat he geit,
Wo beter dat he sleit.
Hoog in de Top
De Pool (Mütze) wol van de Kop
(Oder: De Paal [Pfahl] wol of sien Kop!)

Hoog in de Rull',
Stokfis mit Knull',
Erdappels dorbi,
Gode Knapperie!
Wil di noch en Spaas vertellen,
Dat sal Jederman gefälln.
Hoch in de Scheren,
Dat het de Meister gern.
Hoog in de Wedd'
Un dan noch 'maal insett!

28. Hoiho! Nu man to! Bört up mit alle Man!
Faat hum wis un holt hum fast,
Dan kumt he feller (schneller) an!
Laat hum fiern! So geit he goot!
Haut hum up sien hoge Hood!
Bumsfallera, dor was he ja!
Dat erste Kroos verdeent!
  Heer mit d' Fless un heer mit 't Gles,
De 't erelk mit uns meent.
Wat wult du Buur dor achter staan?
Kum mit dat Fat man heer vandan!
Dat Fat, dat Fat — dat Fat het Nat,
Dat Nat, dat Nat — wel mag noch wat?
Bumsfallera! dor was he ja!
Al weer 'n Kroos an de Kant.

27, 28. Rammlieder an der Küste bei Wasserbauten.

29. Störtebeker un Gütje Mecheel,
De roovden beide likedeel
To Water un ook to Lande,

Bit dat et Got van Hemel verdroot:
Do mussen se liden grote Schande.

Dazu noch: 't is 'n Marienhafer (See=) Rover. Im festen Thurm zu Marienhafe hatten die „Likedeler" Störtebeker und Gödeke Michael ihren Vergeort. Ferner: Indien (wenn) be Wolde=Duinen sonden spreken, so zoube 't be Börkmers an Geld niet ge= breken. Dieselben sollen einen von Störtebeker im Stich gelassenen Schatz enthalten. „Ostfr. Monatsbl.", IV, S. 1 bis 14. Claus Störtebeker und Gödeke Michael waren berüchtigte Freibeuter an den Nordseeküsten am Ausgang des 14. Jahrhunderts. Die Hamburger führten sie 1402 nach einer Seeschlacht (Lied darüber in des „Knaben Wunderhorn": Die Seeräuber, Reclam'sche Ausgabe, S. 407. „Ostfr. Monatsbl.", 1884, S. 136 bis 144) gefangen und köpften sie.

30. Wenn wij Water hadden,
Wullen wij Wien drinken,

En daar wij geen Water hebben,
Moet wij Water drinken.

Ein Schiff mit Wein von Bordeaux kommen geräth auf eine Sandbank. Darauf sagt der Kapitän dieses Räthsel.

1. Niederdeutsche.

31. Törn uut: ('t) is Quartier — in Gods Naam.
Auch englisch. So hieß es früher bei Ablösung der Wache. (Alle 4 Stunden wechselt dieselbe, deshalb „Quartier".)

32. Dat is een,   Dat is veer —
    Dat is twe,   Dat is vöör de Koptein sien Fro
    Dat is dre —   Un vöör de Kinder,
    Dat is vöör de Koptein,   De he noch hebben sal.

Beim „Ballastscheten" werden diese Verse nach eintöniger Melodie halb gesprochen, halb gesungen.

33. a) Et pons est Emdae et portus et aura deus.
Inschrift auf Embens altem Hafenthor: Gott ist Embens Brücke, Hafen und Segelwind.

    b) Gods Kerk verfolgt, verdreven,
        Heft God hier Troost gegeven.

Inschrift an der Großen Kirche zu Emden unter einem Schifflein, worin Religionsflüchtige (zu Albas Zeit) landen.

Anhang III.

Vorbemerkung: Auf Grund meiner ins Plattdeutsche übertragenen holländischen Sammlung hatte Herr Lehrer O. Leege, Insel Juist, die Güte, sich auf meine Bitte mit einem hochbetagten Altschiffer, Jann Onnen Visser, der früher unsere Nordseeküsten lange befahren hat, in Verbindung zu setzen, um festzustellen, wie viel Gemeingut wir mit den benachbarten Holländern haben. Ich war zu dieser interessanten Feststellung veranlaßt durch die Bemerkung des Lootsenkommandeurs Laarmann, Emden, daß die von mir am 26. Juli 1898 in der „Emder Gesellschaft für Kunst und Alterthümer" vorgetragenen holländischen Sprichwörter fast durchgängig auch unseren Schiffern geläufig seien, wie sie sich denn auch fast von selbst ins Plattdeutsche übertragen. Lehrer Leege, dem ich auch sonst einiges Material verdanke, nahm sich der Sache mit lebhaftem Interesse an und machte mir eingehende Mittheilungen über seine Resultate, aus denen ich das Folgende wiedergebe. Man wird bemerken, daß die Grenze zwischen Plattdeutsch und Holländisch hier vielfach fließend ist; deshalb hat dieser Abschnitt hier seine richtige Stelle als Uebergang zu den darauf unmittelbar folgenden holländischen Sprichwörtern. Naturgemäß ist nur das hier abgedruckt, was neben den holländischen Sprichwörtern noch etwas Besonderes, feine Nüancirungen hat, auch, Einiges, was sonst noch nicht mitgetheilt ist.

1. Roopt eer nich van Aal, eer ji hum in d' Sack hebben.
Er möchte noch wieder entschlüpfen – von jedem noch ungewissen Fang, Gewinn.

2. 't Anker up!

3. Jungs, ligt 't Anker!
Auf Matrosen, die Anker gelichtet!

4. He is uns eenzige Werpanker.
Wurfanker, ein (kleinerer und tragbarer Anker, der namentlich zum Bugsiren eines Schiffes ausgebracht wird, mit dem ein Schiff vertäut wird. Gott ist unsere einzige Zuflucht.

5. 't Anker houd niet.

6. 't Anker is doorgegaan.
Wenn der Anker Grund bricht (gebrochen hat), Jemand (etwas) keinen Halt hat.

7. Het Anker is gekat't.
Katten (vom Anker): festmachen, einhaken. Auch: ferkatten. Katanker ist ein kleiner mit mehreren scharfen Klauen versehener Anker, welcher zur Verstärkung eines anderen gebraucht

wird, wenn der Grund steil ist oder sonst zum Halten des Ankers untauglich. Nach Bobrik „Allgem. nautisches Wörterbuch mit Sacherklärungen", S. 15, heißt das Befestigen dieses Kat-ankers (auch bloß Katte genannt) an einen anderen Anker das Verkatten.

8. He het sien beste Ankertau up 'n Soller.
Er hat das beste Tau zu Hause gelassen. Bei Schiffsunfällen gebräuchlich.

9. 'n Sgipp up Strand: 'n goode Baak vöör 'n ander.
Des Einen Unglück ist die beste Warnung für Andere.

10. 'n Baak vööruut!
Ein Zeichen, worauf geachtet werden muß.

11. Met Verannern van d' Diepte verset't man de Baak.
Man muß sich in veränderte Umstände schicken, nach den Verhältnissen richten.

12. He is 'n overflodige Ballast.

13. D' Ballast is uut de Weg.
Von einem unnützen Menschen, bezw. wenn ein solcher gestorben ist oder sonst das Feld geräumt hat. — He is der over as be Sirop over be Gört. Er ist wie das fünfte Rad am Wagen.

14. He is bewimpelt.
Von einem Betrunkenen.

15. Wij komen merkaar (malkander) dwars vöör de Boog.
Wir kommen einander ins Gehege, in die Quere.

16. He seilt over een Boog.
Er segelt einen bestimmten Kurs, geht einen Weg gerade weiter, macht keine krummen Wege.

17. He versögt 't over alle Boogen.
Er versucht's auf alle Weise, weiterzukommen, sein Ziel auf alle mögliche Weise zu erreichen.

18. He het 'n Kop as 'n Booj.
Auch: As 'n Ankerbooj, Fiskerbooj. Er hat einen dicken, rothen Saufkopf.

19. He wendt 't over Stürboord (oder: Backboord).
Er macht eine Schwenkung (nach der rechten bezw. linken Seite).

20. He fallt (raakt) over Boord.
Er verunglückt, unterliegt im Kampf ums Dasein.

21. He raakt achter 't Want (de Püttings) over Boord.
Er kommt (bei dem Unternehmen) gänzlich zu Fall wie ein Schiffer, der sich im Tauwerk (bezw in den Ketten) verwickelt, fängt und dabei über Bord fällt.

22. He goojt hum over Boord.
Er wirft ihn (wie eine kleine, nichtsnutzige Sache) weit bei Seite.

23. He het vööl over Boord fahren.
Er hat viel vergeudet.

24. He het hum van Stürboord na Backboord jagt.
Van een Enn na't anner. Er hat ihn als einen Narren behandelt.

25. 'n Keerl over Boord: 'n Fräter minner.
Des Einen Noth, Tod ist des Andern Brot.

26. 's Avends root, | 's Mörgens goot Weer an Boord.
Wetterregel, kann übertragen auf körperliches Befinden, Gemüthsverfassung.

27. De vöör (de) Hund an Bord kumt, moot Bunken kluven.
Wofür man sich ausgiebt, dafür wird man genommen, danach wird man behandelt.

I. Niederdeutsche.

28. He krigt hum te faten in d' Boot.
So daß er ihm nicht entschlüpfen kann, ihm herhalten muß. Vergl.: Er drückt ihn in die Ecke.

29. D' eerst in d' Boot, Köör van Remen.
Der kann sich das Beste auswählen, wer zuerst am Platz ist.

30. D' eerst in d' Boot, de achterste Remen.
Zuhinterst ist der beste Platz im Boot, wo für gewöhnlich der Schiffer selbst sitzt. Ehrenplatz.

31. Boy is Kaptain.
Umgekehrte Welt: Das englische „boy" wird von unseren Seeleuten nicht bloß vom Schiffsjungen, sondern auch als vertrauliche Anrede gebraucht: To, Boys! Drauf und dran, Jungens!

32. He fahrt Braamseil boven Braamseil.
Er will so hoch hinaus als es eben geht.

33. Wi kregen 'n Branner (Branding) over.
Wir kriegten einen Gehörigen (zunächst: Sturzsee) über.

34. Branding vööruit, houd of!
Halte ab, es ist Brandung vorn!

35. He raakt in d' Branden.
Er geräth in die Brandung, in Gefahr des Schiffbruchs. Auch übertragen.

36. He het sgoon Deck maakt.
Wenn einer Purgantia gebraucht hat, im Spiel Alles gewonnen hat. Vergl. englisch: to sweep the decks.

37. Du salt een uutdokken.
Wenn Schiffe die Docks verlassen, hat der Schiffer viel zu zahlen. Daher: einen ausgeben, austhun, zum Besten geben. Auch holländisch nach Spr. van Eijck: Hy zal het moeten op (uit-) dokken. Etwas wieder zurückgeben, etwas an den Tag bringen.

38. He drait by.
Er giebt nach.

39. 'n Dredekker van Wief!
Von korpulenten Frauenspersonen.

40. He let sik up Gods Gnade wegdriewen.
Von sorglosen, unbekümmerten, gleichgültigen Menschen, mit denen es bergab, stromab geht.

41. He (Elk) mut up sien eegen Feren driewen.
Help yourself!

42. He sit up d' Dröögde (up 'n Drögen).
Er sitzt fest wie ein aufgelaufenes Schiff.

43. Noch 'n Glaasje up de Fallreep!
Trinkspruch beim Abschied.

44. Hoge Floden: läge Tieden.
Es geht im Menschenleben und mit Allem, was darin vorkommt, auf und ab. Es kann ja nicht immer so bleiben hier unter dem wechselnden Mond. Sub luna omnia caduca.

45. Houd de Fock uut!
Um durch den Wind (schwierige Umstände) zu kommen, muß man alle Kräfte anspannen.

46. Wat do ji dor in d' Gangboord to liggen?
Zu Faulenzern.

47. Wahrt jo vöör de Giek, Grootseil komt over!
Daß ihr keinen Schlag mit dem Giekbaum (keinen Schicksalsschlag) bekommt. Macht euch auf Alles gefaßt. Das Blatt kann sich bald wenden.

48. He bohrt hum in d' Grund.
Er vernichtet ihn.

48a. He sit an de Grund.
Er kann nicht weiter.

49. Stille Water: deepe Gründen.
Stille Wasser sind tief.

50. Stille Water geven deepe Gründen.
Stille Wasser reißen tiefe Löcher. — Stille Naturen wirken oft mächtig, haben große Erfolge, führen viel im Schilde.

51. Te dumm, in d' Haven te seilen.
Im Hafen, in den Hafen zu segeln ist allerdings nicht immer am leichtesten, Sinn aber: nicht einmal bei günstigen Gelegenheiten weiterkommen.

52. He ligt in 'n seker Haven.
Er liegt in einem sicheren Hafen — vor Anker. Er ist gut aufgehoben, außer Gefahr und Noth.

53. Noch även um de Hook komen (oder: He is —).
Mit genauer Noth der Gefahr entrinnen (bezw. entronnen).

54. He liggt in Jaffa.
Er liegt in den letzten Zügen.

55. Wen 't rägent in de Kajuit, dann drüpt 't in d' Roow.
Roow (siehe Doornkaat, III. 48, röf 2) Verschlag auf dem Hintertheil von Schiffen für das Schiffsvolk. Ist der Kapitän schlecht gelaunt, dann hat die Mannschaft darunter zu leiden.

56. Ik sal hum wol kalfatern (verbrêwen).
Ich soll ihn wohl zurechtkriegen wie ein zu dichtendes Schiff. Verbrêwen oder ferbreewen ist gleichbedeutend mit kalfatern. Doornkaat Koolman, Ostfries. Wörterb., I, 442. Der große Kalfaterhammer „Klouwer" wird zu Vergleichungen gebraucht: 't is 'n Klouwer van Jung, Os, um die Größe und Stärke anzudeuten.

57. 't is net so swart, as wenn man in 'n Kambuis kumt.
So schwarz und rußig wie in einer Schiffsküche.

58. 't raakt geen Wal of Kant.
Oder: 't sit nargens an fast. Von „losem" Geschwätz.

59. Passt up, is 'n Kaper an d' Küst.
Passe auf, es giebt Nebenbuhler, Nachstellungen, die dir etwas „wegkapern".

60. 't Sgipp wort kielhaalt.
Oder: 't Sgipp wort over be Kant haalt. Früher, bevor man Trockendocks benützte, wurden die Schiffe, welche kalfatert werden sollten, neben ein anderes Schiff („Kielholler") gebracht und vermittelst schwerer Taljen übergeholt, so daß der Kiel sichtbar wurde.

61. He wordt kielhaalt.
Oder: He mut hensen (Hensa = Krug). Er muß etwas austhun, zum Besten geben.

62. Is 'n Kink in 't Tau.
Das Tau ist unklar, hat eine Verschlingung. Es tritt ein unerwartetes Hinderniß ein.

I. Nieberdeutsche.

63. a) Dien Kumpass is verdrait.
  b) Dien Kumpass het Miswiesning.
So sagt man spottweise zum Schiffer, wenn er falsch steuert. Dann übertragen von Betrunkenen.

64. De räkent up sien Kumpass.
Der weiß Bescheid.

65. He sit an de Lägewall.
Fast gleichbedeutend mit „up 'n Drögen". Er ist im Hintertreffen, nicht auf der Höhe.

66. He laweert (krützt).
Er kreuzt, wendet sich (mit seinem Reden, Handeln) bald so, bald so.

67. He is uut de Liek.
Er ist aus der Fassung. Liek ist das Tauwerk, mit dem die Segel eingefaßt sind.

68. Sgipper, mag ik mitfahren,   De Jung, de leep in 't Lientje,
  Will ik helpen trekken.   Bet (bit he) an sien Plaats.
Der Junge fragt bezw. bittet, ob er mitfahren kann; er verspricht dafür, das Schiff (Trekschuite) ziehen zu helfen. Der Schiffer läßt ihn „in 't Lientje lopen" bis an seinen Bestimmungsort. Nachher heißt's an den sich Beschwerenden: De in 't Lientje lopt, saart mit.

69. Up 'n goode Loods kan man vertrauen.
Von zuverlässigen Menschen, auf die man „an kann".

70. Et is der niet dieper, sä de Loods, door (do) smeet he sien Loot in d' Waskbalje.
Aus Versehen oder um einen Scherz zu machen. Vergl. holländisch „do peilde hij Gronb".

71. He holt meer Luuf as de anner.
Er übertrifft ihn in der Fahrgeschwindigkeit, weil seine Segel mehr, besser Wind fassen. Er übertrifft ihn, kommt ihm zuvor.

72. Wo word de Mast upgehaalt? Met 'n sware Takel upgehieft.
Das Mastaufholen ist eine schwere Anstrengung, aber es giebt doch Mittel, um es fertig zu bringen. Hiefen (up=hiewen) = heben (aufheben) mit Anstrengung. Unitis viribus!

73. Wel nich uppasst, moot voor de Mast.
Matrosenstrafe, an den Mast gebunden zu werden. Boontje frigt sien Loontje.

74. He vaart voor de grote Mast.
Er fährt mit, ohne selbstthätig einzugreifen, ohne etwas zu gewinnen. Vöör Spek un Broot mitlopen. 't gift overal grote Hopen, de vöör Spek un Bonen (vöör 'n Stük Spek) mitlopen.

75. Twee (groote) Masten up een Sgipp is een te vööl.
Einer muß das Regiment haben. Niemand kann zween Herren dienen.

76. Hoog van Masten, klein van Lasten.
Prahler haben nicht viel in sich, hinter sich, sind schlechte Bezahler.

77. Ik heb hum (mien Söhn) ofsgäpt.
Ich habe ihn abgefertigt, von meinem (zur See abfahrenden) Sohn Abschied genommen.

78. He het sien Diepte peilt.
Er hat sein Aeußerstes versucht, untersucht, wie viel es leiden kann.

79. De Piksgrabber het ook Pik an de Büksen.
Pech ist Schiffers Ehr'. So entschuldigt sich der mit Pech behaftete Matrose. Uebertragen auf den, welcher zu viel Sitzfleisch hat, den Dreh nicht finden kann. Auch: Womit man umgeht, das hängt Einem an.

80. De Pumpen klingen as Klokken, en het Speck is geel as Dukatengoud: un noch willen se neet bij mijn Mann fahren.

So klagt die Schiffersfrau, Kapitänsfrau, wenn ihr Mann für sein undichtes Schiff (Seelenverkäufer, worauf die Pumpen klingen) und bei verdorbenem, schlechtem Proviant (ranzigem Speck) keine Matrosen finden kann. — Die ersten Verse allein auch wohl spöttisch von dem Seemann gesprochen, der ein schlechtes Schiff getroffen hat.

81. Reems na binnen!
82. Jungs, bargt jo Reems!

Kommando, die Ruder einzunehmen.
Wenn man sein Ziel erreicht hat oder doch Alles nichts hilft, nichts zu machen ist.

83. He maakt de Reven loos.

Wenn sich's Wetter bessert. Es kann etwas mehr leiden.

84. Hum gait 't as Ulenspêgel, he mag bloot roijen, wenn de Wind van achtern en de Stroom tegen is.

So sagt man von einem faulen Ruderer. Der Wind erfaßt das Blatt des Ruders und führt es nach vorn, während die entgegengesetzte Strömung es wieder rückwärts führt. So kommt man nicht weiter, geht eher zurück, bleibt auf demselben Fleck, wie ein Nichtsthuer.

85. De Bessem up het Roor (setten)!

Sollte früher in Holland ein Schiff verkauft werden, so steckte man einen Besen auf das Steuer. Schlagt es nur los. Etwas „verkloppen".

86. 't Roor is 't Hoofd van 't Sgipp.

Das Steuer ist die Hauptsache auf dem Schiff, lenkt das Schiff wie der Kopf den Menschen.

87. Hum geit geen See te hoog.

Er steht vor nichts still.

88. De dürt nich na See.

Von einem Angstmeier.

89. Daar (d'r) verdrinken mehr in 'n Glas as in de See.

Mehr in dem kleinen Glase als in der großen, weiten See.

90. Dat har hum d' ('t) Seil wol kosten kunt.

Das hätte ihm wohl an die Naht gehen können, dabei hätte er um sein Vermögen, seine Existenz kommen können. Bei gefährlichen Unternehmungen, waghalsigen Spekulationen. Wer sich muthwillig in Gefahr begiebt, kommt darin um.

91. Unner de Schar van 't Seil is goot sitten (roijen).

Unter dem Schatten des (gespannten) Segels ist gut sitzen (rudern). Unter günstigen Umständen, bei guten Gelegenheiten kann man sich bene thun, gut und leicht weiterkommen.

92. Groot Sgipp, deep Water.

Ein Haushalt mit viel Umschlag, mit großer Hofhaltung erfordert einen tiefen Geldsack.

93. Gah neet t' Sgipp sünner (ohne, vergl. „sonder") Hartbroot (Schiffszwieback)!

Versieh dich wohl mit Allem, was du nöthig haben wirst bei diesem Plan, Unternehmen. Sorge wohl für den Proviant, das tägliche Brot, wenn du einen Hausstand gründest, ein Weib nimmst.

94. Man mut de Tröss vieren laten.

Man muß manchmal nachgeben, fahren lassen, was man nicht halten kann.

95. He is weer an Upperwall.

Vergl.: He is weer up de Kluten kamen. Es geht ihm wieder besser.

96. He holt sük an Upperwall.
Er hält sich an die Großen, ist ein Streber, will hoch hinaus.
97. De Wind fangt an te sgralen (sgralt).
Der Wind (das Glück, Schicksal, die Umstände, Verhältnisse) läuft gegen.
98. De Wind ruumt.
Der Wind läuft besser.
99. De Wind löpt reumer.
Wir schöpfen mehr Luft, kommen besser vorwärts, weil die Umstände uns mehr begünstigen.

II. Holländische.

Quellen:

J. P. Sprenger van Eijk (Prediakant te Rotterdam): Handleiding tot de Kennis van onze vaderlandsche Spreekwoorden en spreekwoordelijke Segswijzen bijzonder van de Scheepvaart en het Scheepsleven ontleend. Rotterdam 1835.

van Daale: Nieuw Woordenboek der nederlandsche Taal. 's Gravenhage, Leiden, Arnhem 1872.
Califch: Deutsch-holländisches und holländisch-deutsches Wörterbuch. 2 Bände. Amsterdam 1851.

1. De admiraal heeft geschoten.
Der erste Schuß des Admiralschiffes, Flaggschiffes, eröffnet den Seekampf, giebt das Zeichen zum Angriff. Daher: der feierliche Anfang ist gemacht; das Essen kann beginnen — nach dem Toast, Willkommen.

2. Men heeft hem afgescheept.
Man hat ihn (zu Schiffe) entlassen, Abschied genommen, sich von ihm losgemacht.

3. Hij ligt het anker.
Er bricht auf, wandert aus, verzieht.

4. Hij laat er zijn anker vallen.
Er legt sich hier vor Anker, läßt sich hier nieder.

5. Het anker onzer hoop is in een vasten grond gehecht.
Vergl.: „Anker der Hoffnung", Hebr. 6, 19. Daher dann auch: Ich habe nun den Grund gefunden, der meinen Anker ewig hält. Gemeint ist im Sprichwort: Gott.

6. Hij is ons eenig plecht-anker.
Nothanker (anchora sacra, spare-anchor) auf dem plecht (Verschlag vorn — vöörplecht — auf dem Schiff). Gott ist unsere einzige Zuflucht — in höchster Noth.

7. Het anker is doorgegaan.
Wenn der Anker keinen Grund gefaßt hat und das Schiff anfängt, zu treiben. Er hat keinen Halt mehr.

8. Hij maakt van zijn neus een anker.
Von Einem, der vornüber in den Sand fällt, auf die Nase fällt. Norwegisch: die Nase zum Stab machen. Er ist auf den Kopf gefallen, sieht nicht weiter, als seine Nase lang ist.

9. Hij gelijkt de ankers, die altijd in het water zijn en leert nooit zwemmen.
Schon in einer Sprichwörter-Sammlung von 1549. Wolfram v. Eschenbach im „Parzival": Doch seine Anker (im Wappen Gamurets) fanden Raum in keinem Land und

38 Sprichwörter und sprichwörtliche Redensarten über Seewesen, Schiffer- und Fischerleben.

Landessaum: sie wurden niemals eingeschlagen. Als eine Wendung zum Bessern eingetreten: Wie faßte nun mein Anker Grund und mir des Leibes Hafen gab! — Er kommt trotz aller Gelegenheit nicht fort.

10. Hij heeft het anker achter de kat gezet.
Kat = Pfahl auf dem Quai zum Vertäuen des Schiffes. Er hat seine Schäfchen auf dem Trocknen, hat sich zur Ruhe gesetzt, ist „Altschiffer" geworden.

11. Hij is zoo vet als een Spaansch anker (als een ankerstok). Auch: 't zit er zoo vet op als . . . .
Ironisch für: sehr mager. Englisch: „As lean as a rake", so mager als ein Zaunstecken, blutarm.

12. Een schip (wrak) op strand is een baak in zee (baken op zee).
Des Einen Unglück ist für Andere eine Warnung.

13. De baken komen uit.
Man kommt einer Sache auf die Spur. Das Geheimniß kommt an den Tag.

14. Als het diep verloopt (de tijen veranderen), verzet men de bakens.
Man muß je nach den Umständen seine Maßregeln treffen. Umstände verändern die Sache.

15. Men moet zien, hoe het gebakend is.
Man muß sehen, wie es mit der Sache bestellt ist.

16. Hij is een (onnutte) ballast.
Bei dem Tode solch eines unnützen, lästigen Menschen wird gesagt:

17. Dat is een ballast uit den Weg.
Auch von einer Sache: die Schwierigkeit ist weggeräumt.

18. Hij meent, dat hem geene baren (zeeên) te hoog kunnen (zullen) gaan.
Vom vermessenen, verwegenen Gesellen. „Die Berge haben Tannen, wir haben hohen Muth, auch uns gehört die stolze, wogende Meeresfluth."

19. Hij bewimpelt het.
Er verschleiert, beschönigt es.

20. Hij spreekt onbewimpeld.
Ohne Hehl, gerade heraus. Plattdeutsch: He windt der geen Dookjes um.

21. Hij heeft het bezeild.
Er hat sein Ziel erreicht (zunächst: durch Segeln).

22. Men kan geen haven (reede) met hem bezeilen.
Man kann nicht mit ihm fertig werden. Von launischen, im Umgang unverträglichen Menschen.

23. Men kan niet altijd bezeilen hetgeen men bestevende.
Man kann nicht immer durchsetzen, was man beschlossen hatte, im Schilde führte.

24. Tot het blok veroordeelt worden.
Eine harte Matrosenstrafe. Daher: He het 'n Büngel an 't Been.

25. Men komt hem dwars voor den boeg.
Man kommt ihm in die Quere — wie wenn Schüsse über den Bug hin gegeben werden, um ein feindliches Schiff bei Hafensperre, Blockade zurückzuhalten.

26. Hij zeilt op éénen boeg.
Er hält einen Strich, Kurs, Gang inne; er bleibt sich immer gleich.

II. Holländische.

27. Hij wendt het over eenen anderen boeg.
Er verändert seinen Kurs; versucht es auf eine andere Weise.

28. Het moet over dien boeg gaan.
Auf diese Weise muß es angelegt werden.

29. Hij wendt het over alle boegen.
Vergl.: bôgseren, bugsiren. Er versucht es auf alle Weise.

30. Hij heeft een hoofd als een boei.
Boje: rund, meist roth; daher von einem dicken, zorngerötheten (unbeugsamen) Kopf.

31. Booi is kaptein.
Der Schiffsjunge (englisch: boy) maßt sich das große Wort an. Auch von Dienstboten gesagt und in dem Sinne: het gemeen speelt den baas (das gemeine Volk, Pöbel, hat die Oberhand).

32. Hij valt over boord (raakt het boord kwyt).
Er verliert seine Existenzmittel (wird, ist betrunken).

33. Hij raakte achter de puttings over boord.
In demselben Sinne: uit de achterste puttinge vallen = rettungslos verloren sein. — Puttinge sind starke Ketten, welche von den Jüffern an den Rüsten nach der Seite des Schiffes hinab reichen, und womit die Mastwände an dem Schiffsbord befestigt sind. — Doornkaat Koolman, „Wörterb. d. ostfries. Spr.", II., 781.

34. Hij smijt hem over boord.
Er setzt ihn ab, bringt ihn um sein Amt, Stellung — im Kampf ums Dasein.

35. Hij heeft veel over boord (stuur) gevaren.
Er hat viel im (See-) Handel verloren, beigesetzt.

36. Hij is weer aan hooger boord.
Er ist (nach wirthschaftlichem Rückgang, Krankheit) wieder hoch gekommen.

37. Wat doet hij in het gangboord te liggen?
(Gangbord, worauf man vom Vorder- zum Hintertheil des Schiffes geht. Von Jemand, der Einem im Wege ist.

38. Hij (men) heeft hem van stuurboord naar bakboord gezonden.
Jemand von Pontius zu Pilatus schicken. Jemand fortwährend nutzlos, um gleichgültige Dinge, hin- und herschicken.

39. Een man over boord: een eter te minder.
Matrosen werden oft ohne persönliches Interesse vom Kapitän angeheuert und abgemustert. Daher dann diese Schiffersprache! Wenn Jemand stirbt, an dem nicht viel gelegen ist.

40. Des avonds rood: 's morgens goed weer aan boord (in't boot), zegt de varensgezel.
Uebertragen: Wer Abends aufgeräumt zu Bette geht, wird Morgens in guter Laune aufstehen, mit dem rechten Bein aus dem Bett springen.

41. Daar mede moet hij mij niet aan boord komen.
Damit muß er mir nicht kommen. Für das Anliegen habe ich kein Ohr.

42. Hij houdt zich aan hooger boord.
Auf dem segelnden Schiffe ist immer eine Bordseite höher als die andere. Er hält sich an die, von denen er am meisten Vortheil erwartet. Von Strebern, die immer erst „nach oben" sehen.

43. Hij krijgt hem in zijn boot.
Von Jemand, der einen Andern zu seiner Denkweise, Partei hinüberholt.

44. Van de boot komt men in de schuit.
Vom kleineren Fahrzeug ins größere. Mit Kleinem fängt man an, mit Großem hört man auf; vom Leichteren zum Schwereren. Das kleine Anlage=, Betriebskapital ist ein Mittel, zu größerem zu gelangen. „Doch bleibt man immer noch auf dem ungewissen Meere," Spurgeon.

45. (Die) eerst in de boot (springt ober: is), (heeft) dan keur van riemen.
Wer am ersten da ist, kann seinen Platz, die Waare auswählen. De eerst kumt, maalt eerst. First come, first served. Auch: Erst das Wichtigste; das Weitere wird sich schon finden.

46. De botten vergallen.
Eine Sache vergällen, verderben. Plattd. Nr. 39.

47. Hij voert bram boven (op) bram.
Das höchste Segel auf dem Fockmast, besonders auf den spanischen sogenannten Karaken gebräuchlich. Er prahlt, macht viel Aufwand, Aufsehen.

48. Wij kregen een brander aan boord.
Brander = Brandschiff, bestimmt, ein feindliches Schiff in Brand zu stecken. Siehe Schiller, „Belagerung Antwerpens", über deren Herstellung und Gebrauchsweise. Auch: Brandungswelle. Wir waren in großer Gefahr.

49. Het is een brander, houd af!
Es ist ein Brander, halte ab! Warnungsruf in äußerster (See=) Gefahr. Cave canem!

50. Hij geraakt in de branding.
Er geräth in die Brandung, Ver=(Unge=)legenheit.

51. Van de branding in den maalstroom geraken.
Auch: Van de wal in de sloot. Vergl.: Maalstroom van verwarring: außerordentlich große Verwirrung. Vom Regen in die Traufe kommen. Incidit in Scyllam, qui vult vitare Charybdim.

52. Eenen vlugtenden vijand moet men eenen gouden brug bouwen.
Baue dem fliehenden Feind eine goldene Brücke, damit er nicht in einen Verzweiflungs= kampf getrieben werde, bei dem Alles noch wieder auf dem Spiele steht.

53. Dit breekt dammen en dijken door.
Diese Sturmfluth, Eisgang (Aufregung) reißt Alles vor sich nieder (mit sich fort, reißt alle Ordnung ein).

54. Hij draait (legt) bij.
Er dreht das Schiff in die Windrichtung — übertragen auf Jemand, der von seiner Meinung, Bosheit, zurückkommt, der seinen Widerstand aufgiebt, einem Anderen (einer anderen Partei) beipflichtet.

55. Dat is een driedekker.
Von einer großen starken Frauensperson gesagt. (Englisch): She is a well rigged frigate.

56. Hij zit op het drooge.
Zunächst: mit dem Schiff. Er ist in Verlegenheit, kann nicht fortkommen, bleibt stecken. „Am Präsidium sitzt ein Greis, der sich nicht zu helfen weiß."

57. Hij doet het met een druil.
Druil = kleines Bootssegel, dann: kleiner Schlaf. Hij is een druil (= oor): er ist eine Schlafmütze. Von Personen, die Alles langsam, schläfrig, betreiben. Vergl. englisch: Hy does it with a wet finger.

58. **Waar de dijk het laagst is, loopt het water het eerst over.**
Verluste, Schicksalsschläge, treffen kleine Leute zuerst, am empfindlichsten. Sie haben am wenigsten Schutz, Rückhalt.

59. **Hij jaagt (zet) hem aan den dijk.**
Er bringt ihn in Noth, beraubt ihn seiner Existenzmittel.

60. **Hij laat het maar drijven (vlotten en dryven, op Gods genade dryven).**
Er läßt es gehen, wie es geht. Vergl.: Plattd. Nr. 274.

61. **Hij laat hem op zijne eigene riemen (wieken) drijven.**
Auf seinen eigenen Riemen (Flügeln) treiben, ihn sich selbst überlassen. Er läßt ihn seiner eigenen Meinung folgen, läßt ihn aus dem Schlepptau, von seinen eigenen Mitteln bestehen.

62. **Werelds goed is eb en vloed.**
Die weltlichen Dinge, Güter, sind beständigem Wechsel unterworfen, darauf ist nicht zu trauen.

63. **Na hooge vloeden laage ebben (tijen).**
Auch umgekehrt: Nachdem längere Zeit niedriger Wasserstand geherrscht hat, steigt die Fluth nachher um so höher. „'t Water sport", heißt's dann an der Wasserkante. Sinn: Nach großem Vortheil, gutem Gelingem, kommt manchmal großer Nachtheil, Mißlingen. Und umgekehrt: Nur Geduld! es wird schon besser werden.

64. **Men stuurt een kat naar Engeland, en zij zeit maauw als ze te huis komt.**
Auch Plattdeutsch: Art läßt nicht von Art. Naturam expellas furca, tamen usque recurrit. Von unverbesserlich Dummen, Unzufriedenen.

65. **Hij heeft de fok opgezet.**
Fok = Mast und Segel vorn auf dem Schiff. Man kann ohne Jock beim Segeln nicht fertig werden; so auch Manche beim Lesen, Nähen nicht ohne Brille. Daher sprichwörtlich in letzterem Sinne.

66. **Hij moet de fok uithouden.**
Entlehnt vom Mann auf dem Vordersteven, der beim Wenden des Schiffes das Focksegel mit Anspannung aller Kraft gegen den Wind festhalten muß. Er muß in seiner schwierigen Stellung, Lage, ausharren und sich standhaft vertheidigen, sich durchschlagen.

67. **Hij helpt (boort) hem in den grond.**
Ein Schiff so „teistern" (ansegeln), daß es sinkt. Er vernichtet ihn, so daß keine Hoffnung mehr für ihn bleibt.

68. **Ten grond gaan.**
Untergehen, bergab gehen, arm werden; von der Kraft, Lebenskraft: abfallen.

69. **Hij zit aan den grond (aan laager wal).**
Er sitzt auf dem Trockenen, sitzt fest — ist arm, ohne Geld, kann sich nicht helfen.

70. **Vuile gronden bederven de kabels.**
Kabel = dickes Ankertau, Trosse. Aehnlichen Sinnes wie: Een schürft (räudig) schaap maakt er veel. Die bij de Kreupelen woont, leert hinken. Böser Umgang verdirbt auch gute Sitten. Sage mir, mit wem du umgehst . . .

71. **Stille waters hebben diepe gronden.**
Zunächst von Flüssen. Dann von den großen Schweigern. Man denke an Wilhelm von Oranien (taciturnus), Moltke. In schlechtem Sinne von solchen, die hinterhaltig sind (wat in de Mauen — Aermel — hollen: 't achter de Oren hebben).

72. Dit woordje raakte grond.

Das Wort traf, saß!

73. Wacht u voor (pas op) de gijk!

Gijk = das drehbare Ende (dann vom Ganzen) der Gikbôm genannten Stenge oder Spiere, welches sich am Maft in einem Ringe dreht und das Drehen und Wenden des Gikbôms und der an diesem befestigten Segel ermöglicht. Doornkat Koolman, „Wörterb. d. oftfrief. Sprache", I., 626. — De stok of kloet, die de bezuan uitzet. van Eijck. — Es ist der Warnungsruf beim Laviren wie bei uns zu Lande: Ree! Ein artiges Geschichtchen darüber wird von Friedrich dem Großen erzählt, der das Wort im Scherz zur Unzeit rief, als er es eine Zeit lang aus dem Munde des oftfriesischen Schiffers gehört hatte, worauf derselbe ihm bedeutete, daß er an Bord allein das Kommando habe. — Gefahr, von dem Gikbaum getroffen zu werden, ist auch vorhanden, wenn man vor dem Winde segelt und nicht gut gesteuert wird. Im übertragenen Sinn überhaupt: Hütet euch vor Unfall, macht euch auf einen Umschlag, eine Wendung des Glücks, auf Wechselfälle gefaßt!

74. Hij is naar de haaien.

Er ist verloren, wie ein über Bord Gefallener, nach dem die Haifische schnappen, die Hyänen des Meeres.

75. Er zijn haaien op de kust.

Es ist Gefahr vorhanden. Im Kampf ums Dasein ist des Einen Tod des Anderen Brot.

76. Zijn haring wil hier niet gaar braden.

Er ist da nicht willkommen, hat da kein Glück.

77. Ik zal er kuit of haring van hebben.

Ich werde es wagen, unternehmen — was auch davon kommen mag; mag's glücken, gelingen, Gewinn bringen oder nicht. Melkkuit ist der Hoden des Milchners (männlichen Fisches), Körlkuit ist der Eierstock des Rogeners (weiblichen Fisches).

78. Het tonnetje riekt altijd naar de haring.

Man verräth immer, von welcher Zunft, Abkunft man ist, welche Erziehung man gehabt hat.

79. Hij is leelijk ten haring gevaren.

Auf dem Heringsfang fallen viel Unbilden, Verluste an Gut (Netzen) und Blut vor und ist oft wenig Gewinn. Daher dies Bild für: er ist schlecht dabei weggekommen.

80. Alle havens (heiningen) schutten wind.

Häfen (und Hecken — Alles, was hoch ist) können segelnden Schiffen den Wind nehmen (schutten = aufhalten, zurückhalten), sie in Lee bringen. Man muß oft in seinem Beruf, seinem Verdienft, seinen Absichten darunter leiden, wenn auch Andere kommen, die mit uns dasselbe im Auge haben, dasselbe Ziel verfolgen.

81. Hij komt in behouden haven.

Er kommt in sicheren Hafen, in Sicherheit, an einen sicheren Zufluchtsort.

82. Hij bereikt de haven zijner begeerte.

Er erreicht das Ziel seiner Wünsche.

83. Hij is op eene vreemde haven geweest.

„Vreemde haven" ist ein Hafen, der mit dem embargo (Hafensperre) belegt ist, ein blocirter Hafen, in dessen Bereich das betreffende Schiff als gute Prise gekapert werden darf. Er hat unerlaubten Verkehr (besonders gegen das 6. Gebot) gehabt.

84. Hij is op goede haven geweest.

Er ist an einem Platz, in einer Stellung, in einem Hause gewesen, wo er's gut gehabt, großen Gewinn davon getragen hat.

85. De een staat aan den helmstok (stuurboom), de andere aan den boeg.

Mit dem helmstok (siehe Doornkaat Koolman, „Oftfrief. Wörterb.", II., S. 86 b unter helm 3) wird das Steuerruder gedreht; derselbe befindet sich also an dem Hinterende des Schiffes, gegenüber dem Bug. — Der Eine wirkt mit dem Anderen, Jeder auf seine Weise, zusammen, um die Sache (unitis viribus) durchzusetzen.

86. Hij gaat (is) den hoek om.

Er geht um die Ecke (hoek besonders eine hervorstechende Landspitze), er hört den Kuckuck nicht wieder (nicht mehr) rufen. Er ist verloren, gestorben.

87. Hij is het hoekje te boven.

Er hat — wie das Schiff eine gefährliche Landzunge mit Kreuzen, Laviren — die schwere Krankheit überstanden, die schwierige Lage, Sache überwunden.

88. Holland is in last.

Holland in Noth! Plattd. Nr. 134.

89. Hij is al in Jaffa (ligt op het gijpen).

Er liegt in den letzten Zügen. Wie Acco (siehe Freibank, Bescheidenheit, „von Ackers" 154,18 bis 164,2. Ausg. Reclam, S. 125f., 188f.), so war auch Jaffa (Japho, Joppe) ein Landungsplatz der Kreuzfahrer, von wo Mancher „die Rückkehr vergaß". — Tuinmann, der verdienstvolle Sammler holländischer Sprichwörter und der „Zedenzongen" dazu, erklärt jedenfalls richtig: Jaffa ist für gijpen (plattd.: gapen. jappen) eingesetzt. Weiland: gijp. gijpen: scheeps woorden ('t zeil gijpt), nach Wind schnappen, Wind zu fassen suchen (das Segel faßt Wind — bei schlechtem Steuern vor dem Wind — und droht plötzlich umzuschlagen, wodurch das Boot leicht zum Kentern kommt).

90. Hij zal de kaap niet halen.

Van Eijck erklärt es speziell vom Kaap de Goede Hoop. Da nahmen die Ostindienfahrer gewöhnlich frisches Wasser und Proviant ein. Wehe, wenn das Schiff zu wrack oder der Schiffer zu krank war, um das Kap anzulaufen! Besser allgemein Kaap = hoekje, Nr. 87, Klip, Nr. 107. Von Jemand, der sein Ziel nicht erreichen, von seiner Krankheit kaum loskommen wird.

91. Zoo grof als een kabel.

Kabel = das dicke Ankertau, Tau (Trosse) zum Bugsiren, Vertäuen, Schlepptau. Von Grobianen in Wort und That.

92. De derde streng maakt den kabel.

Vergl.: Pred. Sal. 4,12. Eine dreifältige Schnur reißt nicht leicht entzwei. Tres faciunt collegium. De derde man brengt de praat (Vergnügen, plattb.: Geselskup) an.

93. Hij kapt van den kabel.

Er greift sein Kapital an, braucht mehr als sein Einkommen (die Zinsen seines Vermögens beträgt. Er zehrt ein.

94. Dat is een kabel op zolder.

Zolder = (Haus- oder Scheunen-, Korn-) Boden. Plattd.: Soller, Getreide-, Trockenboden. Biblisch: Söller. Nur das Tau, das man an Bord hat, nützt Einem. Wenn Etwas, dessen man sich bedienen müßte, nicht zur Hand ist.

95. Er is nog kabel op zolder.

Es ist noch Vorrath, Vermögen, Rückhalt da. Es sind noch Mittel und Wege übrig, die man versuchen müßte.

96. Daar is een kink in de kabel.

Kink = omkrulling. Schlag im Tauwerk. Vergl.: Kinkerlitzchen, Einwendungen, Umschweife. Von unklarem Tauwerk. Die Sache hat einen Knoten, Haken. Es ist eine unerwartete Schwierigkeit eingetreten.

97. 't komt er wel eens eene kink in den kabel.

Es tritt wohl mal ein Hinderniß ein, es läuft nicht Alles so glatt ab.

44 Sprichwörter und sprichwörtliche Redensarten über Seewesen, Schiffer- und Fischerleben.

98. Hij kroop in het kabelgat.

Kabelgat = das Loch, der Verschlag, wo das Tauwerk aufgerollt liegt, bezw. das von dem aufgerollten Tauwerk selbst gebildet wird. Von feigen Soldaten, die aus Furcht vor den „blauen Bohnen" das deck of honour (Feld der Ehre) verlassen, Drückebergern.

99. Als het in de kajuit regent, dan druipt het in de hut.

In der Kajüte hinten auf dem Schiff ist der Kapitän, in der Hütte — einem Verschlag vorn auf dem Schiff — das niedere Schiffsvolk. Wenn der Kapitän auf den Steuermann schilt, läßt dieser es die Anderen entgelten. Wenn die höher Gestellten, höheren Stände, die Herrschaften erzürnt, übler Laune sind, leiden, müssen die Uebrigen es entgelten, werden in Mitleidenschaft gezogen.

100. Ik zal dat wel kalefateren.

Kalfatern = ein Schiff mit Pech und Theer bestreichen, „teeren un smeeren", dichten, ausbessern. Aehnlichen Sinnes: Ik zal dat varken (Ferkel) wel wasschen: ik weet daar wel mouwen aan te passen. Ich werde es wohl in Ordnung bringen, zurecht kriegen.

101. Het raakt kant noch wal.

Zunächst, wenn man im Hafen etwas vom Schiff auf Land oder umgekehrt werfen will, was ins Wasser fällt. Dann: Het komt in het geheel niet bij. Das Angebot, die Forderung kommt nicht bei, hat nicht Hand noch Fuß. Auch von einer Rede, in der kein rechter Zusammenhang und Schluß ist.

102. Daar is een kaper (Er zijn kapers = zeerovers) op de kust.

Vergl.: Plattd. Nr. 139. Ter kaap varen: als Kaperer (in Kriegszeit — oder auf Seeraub) fahren. Es ist Gefahr vorhanden, daß Einem ein Vortheil, Stelle, Posten vorweggenommen, ein Mädchen weggefreit wird. Von Konkurrenten, Nebenbuhlern.

103. Kielen — Wielen — Rand — Om't land.

Schiffskiele, Wagenräder, Deiche (Schifffahrt, Landwirthschaft, Deichbau) charakterisirt die Provinz Seeland.

104. Zij zal beginnen te kielhalen.

Kielhalen hier in dem Sinne: ein Schiff auf die Seite legen, um den Boden nachzusehen. In Seeplätzen und bei Schiffern gebraucht von Frauen, die an das „Schummeln" (Großreinigung) des Hauses oder Schiffes gehen.

105. Hij is gekielhaald.

Kielhalen: eigentlich Matrosenstrafe, indem der Uebertreter der Schiffsordnung bis an die große Raae aufgehißt und durch plötzliches Vierenlassen des Taues mehrmals untergetaucht wird oder gar, indem der Uebelthäter mittelst eines an der großen Raae befestigten Taues unter dem Schiff durchgezogen wird. Er ist durch und durch naß, hat seine Strafe bekommen.

106. Hij klampt mij aan boord.

Er entert mich, fällt, spricht mich an. Er wird mir ein lästiger, aufdringlicher Gast.

107. Hij zal de klip niet te boven zeilen.

Er wird an der Klippe scheitern, Schiffbruch leiden. Er wird die Gefahr, Versuchung nicht überwinden.

108. Op die klip heeft zich zoo menigeen gestoten.

Daran ist schon manch Einer gescheitert, zu Grunde gegangen. Daran hat sich schon manch Einer den Kopf eingerannt.

109. Die den kok bedilt, moet het rookgat uit.

Bedillen = kritisiren, bemäkeln; Gods wegen bedillen, über Gottes Führungen murren, sie meistern. Wer den Koch kritisirt, das Essen bemängelt, muß die Kombüse, Schiffsküche, verlassen. Wer gegen die angeht, von denen er abhängig ist, der hat schlechten Dank zu erwarten.

II. Holländische.

110. Als kok en bottelier zamen kijven, hoort men, waar de boter (voedsel) gebleven is.
Wenn Koch und Kellermeister (mhd.: boutiglaere, Mundschenk) miteinander streiten, zanken, hört man (durch ihre wechselseitigen Vorwürfe), wo die Butter (der Proviant) geblieben ist. Wenn schlechte Menschen sich überwerfen, entdeckt man ihre Betrügereien.

111. Het ziet er uit, als of men in een kombuis komt.
Es sieht so rauchig, schwarz, unordentlich (in der Stube, Kathe, Küche) aus wie in einer Schiffsküche.

112. Het was daar sobere kompanje.
Kompanje ist zunächst der auf einigen Schiffen noch überbaute hinterste Theil des Oberdecks. Sober = ärmlich, nüchtern (lat.: sobrius, engl.: sober); Gegentheil: ruum, reichlich. Hij heeft het sobertjes, ruum. Jenes Verdeck (über der „Hütte", so erklärt van Eijck) wird vielfach als (Proviant-) Magazin gebraucht. Daher denn: Kompanjemeester = Packhausmeister, Aufseher der königlichen Magazine, Arsenale, Werften. — Es ging da ärmlich zu.

113. Zijn kompas is verdraaid (van de pen).
Der Kopf, die Mütze steht ihm nicht recht; er ist übler Laune, kann keinen unschuldigen Scherz vertragen; er hat „des Guten" zu viel gethan.

114. Op dit (dat) kompas kan men veilig aangaan (zeilen).
Veilig = sicher. Auf diesen Mann, Rath kann man sich getrost verlassen. Man kann auf ihn rechnen.

115. Hij heeft streken op zijn kompas.
Er giebt seinen Worten und Handlungen bald diese, bald jene Wendung, je nachdem es sein Vortheil zu fordern scheint.

116. Ligthen uit zijn kompas.

117. Hij geeft hem de volle laag.
Laag: die Geschützreihe auf Kriegsschiffen; Salve. Wenn man Jemand rauh begegnet, hart anspricht, ihm „die volle Wahrheit" sagt, ihn mit etwas überschüttet.

118. Ik zie land.
Wenn man mit bloßem Auge oder dem Fernrohr vom Schiffe aus Land wahrnimmt. Wenn man (im bak, Eßgefäß) den Boden sieht: Es geht zu Ende, zur Neige.

119. Ik voel land (grond).
Ich bin gesättigt, kann nicht mehr essen.

120. Hij derft niet van land (wal) steken.
Er darf nichts unternehmen.

121. Hij ziet wel, hoe na het bij land is.
Er sieht wohl, wie es mit der Sache anliegt, wie weit sie gefördert ist.

122. Hij laveert.
Er richtet sich nach den Umständen, sucht Ausflüchte. Er wankt hin und her: von Betrunkenen, die voll geladen sind, eine volle Lage haben.

123. Zij laveren toch nog al het walletje langs.
Es geht noch so eben, am Rande hin, mit ihnen.

124. Hij krijgt een ligter aan boord.
Er bekam ein Leichterschiff (das großen Schiffen einen Theil der Ladung abnimmt, damit sie besser in den Hafen kommen können). Er bekommt Erleichterung, Hülfe, um durchzukommen.

125. Alle beetjes helpen (vrachtjes h.), alle vragtjes ligten.
Eine Kleinigkeit kann oft auch etwas ausmachen.

126. He heeft de linie gepasseerd.
Die Höhe überstiegen, 50 Jahre alt geworden sein.

127. Hij steekt (knypt, wint) hem de loef af.
Er gewinnt ihm den Vortheil (des Windes) ab, die Oberhand. Vergl. Nr. 131.
128. Hij is een goede (een bevaren) loods (loodsman).
Der Lootse hat seinen Namen vom Lothen (Peilen) der Wassertiefe. Er besitzt Geschick in der Sache und kann auch Andere darin unterrichten und berathen.
129. Het zit er niet dieper, zeide de loots, en hij peilde grond.
Viel von Lootsen gebraucht. Uebertr.: Man muß von beschränkten Menschen nicht mehr erwarten, als sie zu leisten im Stande sind.
130. Het begint te luwen.
Vergl. plattd.: De Wind fangt an to lofern, loferd up: wird frischer, es erhebt sich eine Brise; luwen bedeutet nach van Eijck das Gegentheil: Het begint te bedaren: der Wind stillt (flaut) ab. Luwe zeijde ist die Schutzseite gegen Wind und Regen.
131. a) Iemand op de lij smyten.
   b) „   in de lij leggen (brengen).
   c) „   in lij houden.
   d) Hij ligt in lij.
Lij ist das Gegentheil von loef (Nr. 127). Loef ist die Seite (des Schiffes), von der der Wind kommt, lij die entgegengesetzte. De loef hebben (über dem Winde sein, den Vortheil des Windes haben); in lij zyn (unter dem Winde sein, was im Seegefecht sehr nachtheilig ist). — a) Jemand einen Vortheil abgewinnen. — b) Ihn in Nachtheil bringen. — c) Oberhand über Jemand haben, ihn unter dem Daumen halten. — d) Er ist überwunden.
132. Hij is uit de lijk geslagen.
Lijk ist das Saumtau der Segel. Ist durch Sturm oder Stoßwind ein Segel davon los= gerissen, so ist es „ontredderd", verwickelt. Er ist ganz verwirrt, weiß keine Auskunft, kann sich nicht retten.
133. Hij stond, als of hij uit de lijk geslagen was.
Er stand, als ob er ganz „aus der Fassung" wäre (plattd. bedremmeld).
134. Staagjes aan, dan breekt de lijn niet.
Langsam an, dann bricht die Leine (zunächst der trekschuite) nicht! Besint, ehr ji beginnt! Geht mit Bedacht zu Werk!
135. a) Trek aan dat lijntje niet.
   b) Gij moet aan dat lijntje niet trekken.
Davon mußt du nicht anfangen! Bemühe dich mit der Sache nicht! Berühre die Geschichte nicht!
136. Hij loopt in het lijntje.
Mit der Leine um den Leib, um das Schiff fortzuschleppen.
137. Die in het lijntje loopt, vaart mede.
Ironisch: Laß dich die Mühe nicht verdrießen, du kommst dabei weiter.
138. Zij trekken eene lijn.
Sie stimmen überein, von Freunden, Eheleuten u. s. w., die gemeinsam handeln.
139. Een maalstroom van verwarring.
Verwirrung über Verwirrung.
140. a) Hij mag zien, hoe hij den mast ophaalt.
   b) Hij zal den mast wel ophalen.
a) Es ist kein leichtes Werk, aber er muß sehen, wie er damit fertig wird. Er muß prüfen, ob und wie er die Sache ausführen kann, wie er zu Brot, wie er durch die Welt kommen kann. — b) Er wird's schon thun. Von einem, zu dessen Tüchtigkeit man Vertrauen hat.

141. a) Hij zoude voor den mast moeten. — b) Hij zit voor den mast.

a) Wenn er zu viel ißt, zu gierig zugreift, wird er es büßen müssen, wird zur Strafe an den Mast gebunden werden. — b) Er kann die Speise, die er sich in den bak (Essensgefäß der Matrosen) geladen hat, nicht aufessen. Wenn das Auge mehr gemocht hat als der Mund.

142. Hij vaart waar de groote mast vaart.

Wollen, was die Oberen, der (Lehr=) Meister will. Von denselben Grundsätzen weniger erfüllt sein als ihnen folgen. Von Strebern gesagt, die immer erst nach oben sehen.

143. Hij vaart mede als de groote mast.

Ohne selbstthätig einzugreifen, als Passagier.

144. Daar moeten (kunnen) geene twee groote masten op een schip zyn.

Einer muß zu sagen haben. Niemand kann zween Herren dienen.

145. Hoge masten (bomen, molens) vangen veel wind.

Hohe Personen sind am meisten dem Haß, der Lästerung ausgesetzt.

146. Hij maakt van een (zijnen) mast een schoenpen.

Er verdirbt etwas Großes um etwas Kleines. (Schoenpen, Pflock des Schusters.)

147. De bezem op den mast om de zee schoon te veegen!

Wagenaar in der Beschreibung des Handelskrieges der Holländer gegen die Oesterlinge (Ostseestädte im Hansabunde) 1433: De onzen worden zoo stout op hunne overwinningen, dat zij gewoon waren een bezem in den mast te voeren, om te kennen te geven, dat zij de zee van alle vrijbuiters schoon geveegd hadden. 1813 war die Losung: de bezem weer op den mast!

148. Door de mazen (Maschen) kruipen.

Entschlüpfen wie ein kleiner Fisch. Mit Mühe sein Ziel erreichen.

149. Oost—west: te huis best.

Daheim ist's am besten in der ganzen Welt. Jeder Vogel lobt sein eigenes Nest.

150. Men (Hij) ziet op geen aap als men (hij) uit Oostindie komt.

Die Ostindienfahrer brachten (zur Unterhaltung an Bord) gern Affen mit, und da kam es ihnen auf einen mehr oder weniger nicht an. Wer genug hat, kann leicht geben. Die Hand, die gewonnen hat, ist freigebig.

151. Hij heeft zijn grond gepeild.

Er hat die Wassertiefe gemessen, hinter sein Geheimniß zu kommen gesucht, ihn ausgeforscht. Jedoch: Man kan de Minsken neet as 'n Fat Botter steken.

152. De plecht is van het schip.

Plecht = Verdeck (vöör-, achter-). Von einem Haushalt, einer Schule, wo es drunter und drüber geht, wo booi kaptein ist (siehe Nr. 31). Vom plecht des Schiffes geht gewöhnlich, wo es recht bestellt ist, das Kommando aus.

153. Van de plecht rollen.

Aus seinem Stand gerathen, sein Amt, Bedienung verlieren.

154. Hij houdt het met pompen boven.

Er hält sich mit genauer Noth über Wasser: wenn einer nahe vor dem Bankerott steht.

155. Die nood heeft, moet pompen.

Wer in Noth ist, muß alle Kräfte anspannen.

156. Men moet pompen of verzuipen.

Man muß arbeiten oder zu Grunde gehen, seine letzte Kraft anstrengen, wenn Alles auf dem Spiel steht. Alle man an het pompen!

157. Hij neemt (pools-)hoogte.

Englisch: Altitude, elevation of the pole. Er berechnet (astronomisch) die Polhöhe. Dieselbe ist gleich der betr. geographischen Breite. Ueber Jemand gesagt, der genau untersucht wie es mit einer Person oder Sache (an=) liegt.

158. **Het is een mannetje om in een praam te zetten.**
Praam ober modderschuit sind Fahrzeuge, worin geringwerthige, schmutzige Sachen verladen werden. Von einem, der nicht viel werth ist, nicht viel zu bedeuten hat.

159. **Hij maakt de reef los.**
Nachdem man viel gegessen, die Weste, Kleidungsstücke (wie auf dem Schiff die Segel) losmachen, um etwas mehr Luft zu haben. Seinen Haushalt auf höheren Fuß bringen.

160. **Hij bindt (neemt, steekt) een reefje in.**
(Gegensatz zu Nr. 159. Vergl.: En reef in het zeil doen.

161. **Hij roeit met zijne eigene riemen.**
Er hilft sich selbst.

162. **Hij zet een riem (riempje) onder het zeil.**
Durch ein eingeschaltetes Ruder spannt man die Segel wohl ober man befördert das allzu langsam segelnde Schiff auch noch durch Rudern (ober Schieben). Einer Sache, die man betreibt, mehr Eifer zuwenden.

163. **Hij haalt de riemen binnen.**
Er läßt die Sache fahren, giebt sie verloren.

164. **De riemen te boord leggen.**
Sein Bestes thun.

165. **Hij laat alles in het riet loopen.**

166. **Hij stuurt alles in het riet.**
Er lenkt seine Sachen schlecht, wie ein Schiffer, der sein Schiff nicht aus dem Schilf zu halten versteht.

167. **Zich niet met een kluitje in het riet laten sturen.**
Sich nicht abspeisen lassen.

168. **Iets in het riet schuiven.**
Etwas verwahrlosen.

169. **In het riet zitten en pijpen maken.**
Das ist eine leichte Sache. Plattdeutsch: De in't Reit sit, het goot Pipen sniden. Das kann Jeder.

170. **Hij roeit er aan (onder).**
Er hat seine Hand darin, im Spiele. Er spielt mit unter der Decke.

171. **Zij gaan uit roeijen.**
Sie gehen aus, um nachbarliche (Geburts-) Hülfe zu leisten.

172. **Hij (men) moet roeijen met de riemen, die hij (men) heeft.**
Er muß sich der Mittel und Gelegenheiten bedienen, die er hat, behelfen. Man muß sich zu helfen wissen mit dem, was man hat.

173. **Hij moet tegen wind en stroom oproeijen.**
Er hat die größten Mühsale zu überwinden.

174. **Onder het staande zeil (ober: onder het zeilen) is het goed roeijen.**
Bei kräftiger Hülfe nimmt's bequemen Fortgang. Wenn man einige feste Einkommen hat, kann man leicht etwas hinzu gewinnen, um ordentlich zu bestehen.

175. **Hij roeit met tien riemen naar lager wal.**
Er scheint sich mit allen Mitteln darauf zu legen, sein Vermögen durchzubringen und Bankerott zu machen.

176. **Hij houdt het roer (vast).**
Er übt das Regiment aus, ein strammes Regiment.

II. Holländische.

177. Hij zit aan het roer (stuur) van Staat.
Er lenkt den Staat.

178. a) Houdt uw roer regt!
Paß auf, daß die Sache nicht schief geht, daß du nicht fällst.
b) Hij houdt zijn roer regt.
Er lenkt seine Sachen gut, er geht aufrecht und wackelt nicht.
c) Gij houdt uw roer niet regt.
Sie passen nicht gut auf.

179. Hij houdt het roer in het water.
Er hält die Sache in Gang, flott.

180. Hij staat stijf aan het roer.
Er bleibt fest bei seinem Entschluß.

181. Het roer ligt er naar.
Es ist darauf angelegt.

182. Ik heb mijn poos te roer gestaan.
Ich habe mein Theil gethan. Die Schifferpausen (Pause im Sinne des Zeitabschnitts, worauf die Pause folgt) dauern immer 4 Stunden.

183. Men ('t schip) luistert niet (goed) naar het roer.
Man (das Schiff) richtet sich nicht nach dem Steuer, man ist ungehorsam.

184. Scherp op zijn roer zyn.
Scharfe Diszipliν halten.

185. Hij steekt het roer in de heg.
Er fährt nicht mehr, bleibt an Land. Er läßt seine Bedienung fahren, nimmt Abstand von seinem Posten.

186. Het roer an de scheg hangen.
Scheg: getimmerte, dat voor den voorsteven uitspringt. Die Flinte ins Korn werfen. Ganz verkehrt arbeiten.

187. Het hoofd is het roer van het schip.
Das Haupt (als Sitz der Sinne) ist für den Leib des Menschen, was das Steuer für das Schiff ist.

188. Het roer is van het schip.
Da ist keine Ordnung und Disziplin.

189. Was er slimmer rog in zee, hij zou bij mij aan boord komen.
Ueber die mißgestalteten, zum Theil gefährlichen Rochen, vergl. Brehm, Thierleben, VIII, 385 ff. — Schlechter oder ärger kann es gar nicht kommen.

190. Hij legt het roer over 't boord, daar hij 't binden (t' binnen) wil.
Er hält festen Strich, Kurs, nach einem bestimmten Platz. Er lenkt die Sachen zur Erreichung seines Ziels.

191. Ik ben met hem gescheept (opgescheept).

192. Ik ben daar mee gescheept, daar ik mee over moet.
Ich mußte mit ihm fahren, konnte mich ihm (wie zu Schiff) nicht entziehen (obwohl er mir lästig war).

193. Een schelvisch uitwerpen om een kabeljauw te vangen.
Etwas Kleines geben, um Großes dafür wieder zu nehmen. Franz.: Donner un oeuf, pour avoir un boeuf.

194. Hij reedt mede aan dat schip.
Er war mit an der Sache betheiligt.

195. Daar men mê scheep is, moet men mê varen.
Man muß mit der Gesellschaft vorlieb nehmen. Man muß die Leute nehmen, wie sie sind. Man muß mit den Wölfen heulen.

196. Het is een diepgaand schip.
Wie ein tiefgehendes Schiff viel Wasser nöthig hat, um flott zu bleiben, so machen Manche für sich und ihr Hausgesinde, den Haushalt, viel Aufwand.

197. a) Groot schip, groot water (zeil).
Wer in hohem Stande, auf großem Fuß lebt, hat viel nöthig.

b) Klein schip, klein water (zeil).
Im niedrigen Stande, kleinem Haushalt, bedarf man nicht viel.

198. Ik moet het schip aan de zee overgeven.
Ich muß meine Hand von einer Person (oder Sache) abziehen und sie ihrem Schicksal überlassen.

199. Het is een schip, waar men de hand aan moet houden.
Wenn an Jemand oder etwas beständig etwas zu thun ist.

200. Het is tusschen kaai en schip gevallen.
Das ist verloren gegangen.

201. 't schip is lek.
Wenn Jemand nichts (keine Geheimnisse, vertrauliche Mittheilungen) für sich behalten kann.

202. Het schip moet op de helling.
Von Einem, der ärztliche Behandlung (wie das Schiff Reparatur auf dem Helling, der Werft) nöthig hat.

203. Het schip dragende houden.
Das Schiff durch Pumpen über Wasser halten. Sich in demselben Stande (mühsam) erhalten.

204. Ga niet te scheep zonder beschuit.
Geh' nicht zu Schiff ohne (Schiffs-) Zwieback, Hartbrot, Proviant! Geh' in keinen Handel ohne Geld.

205. Het schip is gebleven met man en muis.
Niemand und nichts ist aus dem Schiffbruch entkommen. Alles ist verloren.

206. Daar komen zoo grote schepen aan als er afvaren.
Es wird sich wohl noch einmal eine (ebenso gute) Gelegenheit aufthun. Vertröstung auf einen anderen Handel, Heirath — wenn man diesmal nicht hat einig, fertig werden können.

207. Daar men voor scheep komt, moet men voor varen. Oder: Men moet varen, waar men voor scheep komt.
Man wird dafür gehalten, wofür man sich ausgiebt. Man muß das Werk thun, wozu man von amts- und berufswegen verpflichtet ist. Einem einmal angenommenen Charakter gemäß muß man handeln.

208. De oude (dure) schepen blijven aan land of wal.
So spricht man von älteren Mädchen, die wegen zu großer Sprödigkeit oder Ansprüche keinen Mann bekommen (nachdem sie vielleicht auf einen Antrag einen Korb ausgetheilt haben).

209. Hij komt met de naschepen.
Er kommt zu spät (wie mit langsam fahrendem Schiff). Er kann nicht mitkommen, nicht gleichen Schritt mit Anderen halten.

II. Holländische. 51

210. Hij heeft schoon schip gemaakt. Oder: Wij willen schoon schip maken.
Aufräumen, dabei Alles wegnehmen, was nicht taugt (Razzia). Eine Magenreinigung vornehmen.

211. Hij verstaat geen scheeps.
Er versteht die Sprache der Schiffsleute (einen derben Spaß) nicht. Er hat keine Kenntniß von der Schifffahrt.

212. Wie voor hond scheep komt, moet de beenen kluiven (de bonken eeten).
Man muß sich zu trösten wissen, wenn man auf unansehnlichen oder unangenehmen Posten arbeiten muß. Vergl. Nr. 207.

213. Het wel afloopen van het scheepje!
Trinkspruch bei gesegneten Umständen.

214. Het kan beter van een schip dan van een schuit.
Wenn's vom großen Hof, Haufen geht, merkt man's nicht so. Es kann da etwas leiden.

215. Hij droomt van schol en vindt platvisch.
Er erwartet sehr viel davon, bekommt aber lange nicht, was er hofft.

216. Hij komt al in mijn schuitje.
Er wird schon mit mir eins.

217. Wij zijn (men is) in het schuitje en moeten (moet) mede (varen).
Es läßt sich nichts daran thun. Wir müssen uns darin finden, schicken. Wir haben die Sache einmal begonnen und können nicht zurück.

218. Er is geen schuit zoo digt, of er komt ligt een lek in.
Es ist schwer, Geheimhaltung zu bewahren. Es sickert leicht etwas durch.

219. Het blokje is in het schuitje (Wij zijn . . .).
Der Knüppel liegt beim Hunde. Vergl. Nr. 24.

220. Hij vaart met mij in één schuitje (schip).
Er geht denselben Weg, verfolgt dasselbe Ziel wie ich.

221. Hij houdt zich als of hij gek was en laat zijn schuitje vol loopen.
Von einem Trinker, der durch seine Leidenschaft so närrisch ist wie ein Schiffer, der sein leckes Schiff allmählich volllaufen läßt und kein Arg daraus hat.

222. Ga uit mijn schuit, gij bederft de vracht.
Mach', daß du fortkommst, denn du bringst mir Nachtheil, beraubst mich eines Vortheils, verdirbst mich durch deinen Umgang.

223. De mijn kees snit als een schuit,
De jaag ik to mijn huis heruit. (Provinziell.)
Warnung vor dem Aushöhlen des Käse, überhaupt vor Unbescheidenheit bei Tisch. Wer es aber dennoch thut —

224. Als de bruid is in de schuit,
Dan zijn de beloften (mooie praaten) uit.
Mit schuit ist das Bild für die Ehe gemeint, sofern Mann und Weib sich da gleichsam zur Fahrt über das Meer des Weltlebens gemeinschaftlich einschiffen. In het huwlijksbootje zijn de komplimenten uit: da tritt die nüchterne, oft harte Wirklichkeit des Lebens an die Stelle der schönen Versprechungen, Komplimente des Bräutigams an die Braut. Vorher werden goldene Berge versprochen. Stutwäken — Brotwäken — Nothwäken, das ist oft der Gang.

225. **Ontzeg geen vracht, eer de schuit vol is!**
Denkt nicht zu früh, daß ihr genug habt. Haltet euch nicht zu bald des Glückes versichert!

226. **Hij lijdt schipbreuk.**
Er scheitert, kommt (in seinem Charakter, Unternehmen, Beruf) zu Fall, nicht ans Ziel.

227. **Hij vaart voor schipper.**
Er ist die Hauptperson, lenkt die Sache.

228. **Hij is een zetschipper.**
Zetschipper so nennt man den, der für eines Anderen Rechnung fährt. Das Sprichwort wird im Allgemeinen von Haushaltern, Verwaltern, Prokuristen, früher „Rampelsanten" (Stellvertreter) beim Militär gebraucht.

229. **Hij raakt schipper te voet.**
Von Einem, der sein Schiff, das Kapitänspatent verliert; dann von Einem, der seines Amtes entsetzt ist, von seiner Nahrung gekommen.

230. **Bij schipperpoosjes werken.**
Insofern die Schiffer sich alle 4 Stunden ablösen, bezw. bald vollauf zu thun, bald gute Ruhe haben, je nach den Wind- und Wasserverhältnissen. Sprichwörtlich von unregelmäßigen Arbeiten. Plattd.: bi Hausten un Snuven; Gegensatz: döörarbeiden.

231. **Hij is schipper en stuurman tevens.**
Das ist auf kleinen Schiffen vielfach der Fall. schipper = Schiffseigenthümer, dann Kapitän. Er hat die ganze Sache in Händen.

232. **Ik zal het wel weten te schipperen.**
Ich werde wohl einen Reim darauf wissen, es durchzuführen, zu lenken, einzurichten wissen.

233. **Hij geeft een schoot onder water.**
Er steckt Einem etwas in verblümter Rede, er versetzt einen Hieb. Grundschüsse (im Seegefecht) werden oft sehr empfindlich.

234. a) **Hij doet een noodschoot.**
b) **Dat zijn noodschoten.**
Wenn Einer zu erkennen giebt, daß er verlegen ist, nicht aus noch ein weiß, mit einer Sache, wie der Schiffer, wenn er ein Nothsignal giebt.

235. **Men neemt hem op het sleeptouw.**
Man nimmt ins Schlepptau, die nicht steuerbar sind, selbst nicht gegen Wind und Strom ankönnen. Jemand (vielleicht wider Wissen und Willen) nöthigen, zu folgen, ihn unselbständig halten.

236. **Iemand onder de Simmen hebben.**
Sim ist die Schnur einer Angelruthe bezw. de top op de kurk (die Federpose auf dem Korkstück), welches über dem Haken der Angelschnur über Wasser treibt. Jemand in Zaum halten, auf dem Strich haben.

237. **Men heeft hem de voeten gespoeld.**
Im Seekrieg zwischen Spanien und Holland 1577 wurden die gefangenen Spanier Rücken an Rücken gebunden in See geworfen, was man „die Füße spülen" nannte.

238. **Hij zeilt met een loopenden spriet.**
Spriet ist die Spiere (Stange), welche diagonal in das deshalb so genannte sprètseil (Sprietsegel) gesteckt wird und es so ausspannt. Es geht mit ihm flott von statten.

239. **Het loopt de spijgaten uit.**
Auch: spuigat, spiegat — Löcher an beiden Seiten des Schiffes im Gangbord, wodurch das (im Sturm) auf Deck kommende Wasser wieder abläuft. Wenn Jemand es allzu grob und arg macht, zu weit geht.

II. Holländische.

240. a) Hij werpt (smijt) hem over staag (stag).
Stag ist das schwere Tau, wodurch man den Mast mit dem Vordersteven verbindet, um ihn stehend zu erhalten. Over stag werpen: das plötzliche Wenden eines Schiffes, um gegen den Wind aufzukommen (intekrimpen). Jemand durch eine plötzliche Wendung des Gespräches (durch einen Ausfall oder kräftige Antwort) in Verwirrung bringen, van zijn stuk brengen.

b) Over stag gaan.
Eine plötzliche Wendung machen.

c) Over stag loopen.
Buiten nood de hoogte zoeken.

241. Hij heeft het op stapel gezet.
Wer mit etwas einen Anfang macht, etwas unternimmt.

242. Het is van stapel geloopen.
Es ist von statten gegangen (eine Rede u. s. w.).

243. Hij houdt de regte streek.
Wer den richtigen Weg zum Ziele einschlägt.

244. Hij is van zijn streek.
Er ist unwohl.

245. Hij is weer op zijn streek gekomen.
Er ist wieder zurecht (hergestellt).

246. Hij volgt den stroom.
Er läßt sich durch Andere leiten, fortreißen; er läßt sich mitschleppen, Partei zu nehmen, ohne selbst zu wissen, warum es sich handelt. Auch: He laat zich door den stroom medeslepen.

247. a) Stroom van woorden.
Stroom = overvloed, Wortschwall.

b) De woorden stroomen hem toe.
Von Einem, der die Worte nicht zu suchen braucht. Chrysostomus ist dafür ein geschichtliches Beispiel.

248. Het is dood stroom.
Die etwa 10 Minuten, wo Stillstand ist zwischen Ebbe und Fluth. In den nordischen Gewässern, wenn ein Schiff auch bei Brise (wegen Gegenströmung u. dergl.) nicht fortkommt (von Frithjof Nansen beobachtet). An der Börse: wenn wenig oder nichts zu thun ist.

249. Hij strijkt de vlag.
Die Flagge streichen (niederholen) ist das Zeichen der Uebergabe. Er giebt die Sache verloren.

250. Hij is het stuur kwijt.
Er hat die Macht darüber verloren, ist sein Amt quitt (los).

251. Hij drijft over stuur.
Er treibt zurück. Er zehrt ein (vom Vermögen).

252. Daar is veel over stuur.
Da ist großer Verlust — durch Verschwendung.

253. Zijn hoofd stuurt niet.
Er ist ein steuerloser, haltloser Mensch.

254. a) Ik stuurde hem van huis af.
Vergl.: afscheepen, Nr. 2a. Ich verabschiedete ihn.

b) Ik zal hem morgen op die zaak eens afsturen.
Ich werde ihm darauf die Antwort nicht schuldig bleiben.

54 Sprichwörter und sprichwörtliche Redensarten über Seewesen, Schiffer- und Fischerleben.

255. Hij is een goed stuurman op zee.
Er weiß in großen, wichtigen Fällen, in schwierigen Lagen die Sachen wohl zu regeln und in Gang zu halten.

256. De beste stuurlieden (stuurlui, loodsen) staan aan wal.
Am Quai oder Strand, inmitten von Schiffern, kann man sich davon überzeugen, wenn ein Schiff ankommt oder abfährt, wie Jeder seine Bemerkungen macht über die Steuerung des Schiffes.
Es ist leichter beurtheilen, als besser machen.
Die, welche die meiste Kenntniß von einer Sache haben (zu haben wähnen), werden übergangen.

257. Goed nevens het schip te zwemmen.
Es ist leicht, im Zuge mit dem Schiff, im Kielwasser (ähnlich wie: mit dem Strome) zu schwimmen.

258. Hij begint aftetakelen.
Aftakeln: abnehmen hinsichtlich der Gesundheit oder Vermögensumstände.

259. Hij heeft hem deerlijk toegetakeld.
Er hat ihn gehörig versohlt.

260. Hij is wonderlijk toegetakeld.
Er ist auffällig gekleidet, er macht einen wunderlichen Aufzug.

261. Hij rijdt aan dat touw.
Er mengt sich in die Sache, läßt sich damit ein. Vergl. Nr. 135.

262. Daar is geen touw aan te beleggen.
Zunächst von einem vermoderten oder losen Anlegepfahl (kat, dukedalle); trop. von einem unstandhaften, unzuverlässigen Menschen.

263. Men moet het touwtje wat vieren.
Auch wohl: De vrouwtjes moet men't touw wat vieren. Man muß der Frau etwas zugeben; man muß etwas (von seiner Schärfe) nachlassen, Spielraum lassen (bot geven).

264. Hij is de tramontane kwijt.
Die italienischen Schiffer nennen den Nordstern, Polarstern, wonach die Schiffe ihren Kurs richten, stella tramontana, den Nordwind tramontana. Verlieren die Schiffer (infolge von bedeckter Luft, Nebel) den Leitstern aus dem Auge, so kommen sie leicht ganz vom Strich. Von Einem, der in Verwirrung ist und nicht weiß, was zu thun.

265. a) Hij laat zijn tij verloopen.
Tij = Gezeit.
Er läßt die gute Gelegenheit verstreichen.
  b) Zijn tij is verloopen.
Seine (günstige) Zeit ist vorüber; er hat gelebt. Hin ist hin.

266. Het tij wacht naar niemand.
Botschaft eines Schiffers an Kaiser Karl V., als sein vornehmer Passagier nicht schnell genug in Vlissingen an Bord kam. — Die (günstige) Zeit wartet auf Niemand.

267. Hij weet wel tij te kavelen.
Er weiß die Zeit wohl wahrzunehmen, weiß guten Ueberschlag zu machen.

268. Hij zit anderen gedurig (dwars) in het vaarwater.
Er widerspricht Anderen beständig, kommt ihnen (mit seinem Handeln) fortwährend in die Quere. Er ist ein „Dwarsbüngel", von einem Quer-, Starr-, Trotzkopf.

269. Hij dringt hem uit zijn eigen vaarwater.
Er beraubt ihn seines Rechts oder Eigenthums. Er drängt ihn rücksichtslos bei Seite.

II. Holländische.

270. Een glaasje op de valreep!
Valreep ist die Schiffstreppe, worauf man an oder von Bord geht. Auf derselben trinkt man wohl noch ein Gläschen miteinander zum Abschied von den Schiffsleuten. Trinkspruch beim Abschied.

271. Hoe vaart gij?
Wie geht's? How do you do? Come esta?
a) Zoo langs het walletje heen.
Es geht so seinen ebenmäßigen Gang, so ziemlich gut.
b) Hij vaart wel (kwalijk).
Es geht ihm gut (übel).
c) Bij den wal langs vaart men het zekerst.
Mit Beziehung auf a. — Dann: Man muß nicht zu waghalsig sein, sondern den sichersten Weg wählen.

272. Het is kwalijk met hem gevaren.
Es ist schlecht mit ihm auszukommen.

273. Hij vaart voor (tegen) wind en stroom.
Er hat Glück (Unglück).

274. Hij vaart (zeilt) achteruit.
Es geht mit ihm zurück.

275. Hij is al grooter zee overgevaren.
Er hat schon in größerer Noth, Gefahr, Mühsal gesteckt.

276. Hij vaart met dubbele passen.
Zunächst von Schiffern, die in Kriegszeiten Freibriefe von beiden Seiten nehmen, um sich je nach den Umständen derselben zu bedienen. — Von Jemand, dem man nicht trauen darf, weil er bald so, bald so spricht und handelt.

277. Hij vaart vroeg en hij vaart laat.
Er macht früh Anstalten und ist spät fertig.

278. Zij varen in ééne beurs.
Sie fahren auf gemeinsame Rechnung, zu gemeinschaftlichem Vortheil.

279. Hij heeft de kooi lek gevaren.
Ein Schiffer, der den Schlafraum leck gefahren, hat seine Sache (mit der Steuerung des Schiffes) sehr schlecht gemacht. Tuinmann: He heeft het zoo gemaakt, dat hij 't daar niet houden kan (daß er es nicht — klar — halten kann).

280. Zijne wraak bot vieren.
Seiner Rache freien Lauf lassen.

281. Hoe meerder visch, hoe droever (trüberes) water.
Je mehr Konkurrenten, um so schlechter. Vööl Swinen maken dünn' Drank.

282. Groote visschen scheuren 't net en springen uit den ketel.
Mit gewaltthätigen Leuten ist schlecht etwas anzufangen.

283. Een kleen vischje, een zoet vischje.
Das Kleinere ist nicht immer das Schlechtere. Man muß etwas Kleines nicht verachten.

284. Visch, spring in!
Freund, komm herein! Sei willkommen.

285. Grote visschen eten de kleine.
Die Großen unterdrücken die Kleinen.

286. Boter bij de visch!
Gereed geld, contant! Bar Geld, bare Bezahlung!

287. Leven als een vischje in het water.
So gesund und frisch, unbesorgt.

288. 't is lek visch.
Allgemein begehrt, wonach viel Nachfrage ist.

289. Elk vischt op zyn getij.
Jeder sucht auf seine Weise voraus zu kommen, Gewinn zu bekommen.

290. Met een zilveren hengel visschen.
Etwas mit Geld, Bestechung, zu erreichen suchen.

291. In troebel water is goed visschen.
Im Trüben ist gut fischen — in übertragener Bedeutung.

292. Voor eens visschers deur visschen.
Vergebliche Mühe!

293. Naar iets visschen.
Nach etwas streben, etwas ausforschen; trachten, hinter ein Geheimniß zu kommen.

294. Onnoodig zorgen maken vischgraten.
Unnöthig Sorgen ist so wenig werth wie Fischgräten, stechen, sind schädlich.

295. Hij voert a) de vlag, b) de grote vlag, c) geweldig de vlag.
Vlag = Zeichen der Befehlshaberschaft. a) De baas zijn, er hat's zu sagen. b) Er hat das große Wort. c) Er macht gewaltiges Aufsehen.

296. a) Hij laat de vlag geweldig waijen.
Er macht große Ansprüche.

b) Hij wil de vlag overal voeren.
Er will überall das große Wort haben.

297. Zij volgen de grote vlag.
Sie folgen den Großen (oder dem großen Haufen), wie die Flotte dem Admiral nachsegelt, der die große Flagge führt.

298. Onder welke vlag vaart hij?
Hij vaart onder die vlag.
Unter welcher Flagge (welcher Partei) fährt er? Unter der und der Flagge.

299. Hij wint het met vlag en wimpel.
Er gewinnt es ganz und gar, mit Glanz.

300. Dat pronkt als een vlag op een praam (modderschuit).
Das paßt so wenig wie die Flagge auf der modderschuite. Das hat keine Façon, kein Verhältniß.

301. Welke vlag voert hij?
Zu welcher Partei gehört er?

302. Veel vlaggen: luttel boters.
Auf Schiffen, wo am meisten auf Prunk nach außen gesehen wird, giebt es am wenigsten zu essen. Man sügt een wol langs de Arm, man nich langs de Darm. Viel Geschrei und wenig Wolle.

303. Vlaggen en geen schip.
Staat (Luxus), aber kein Brot. Es ist besser ein Stück Brot in der Tasche als eine Feder auf dem Hut.

II. Holländische.

304. Hij moet de vlag strijken (onderhalen).
Er muß sich vor Jemand beugen.
305. Men kan aan de vlag zien, hoe de wind is.
Man kann an ihm sehen, welcher Wind weht, wie an einer Wetterfahne.
306. De zaak wil niet vlotten.
Die Sache will nicht von statten gehen, nicht glücken, „buttern".
307. Dat is uw voorland.
308. Werken is hun voorland.
309. Armoede is hun voorland.
310. Het zeegat is hun voorland.
311. Gij hebt geen ander voorland.
Das (das Arbeiten, Armuth, das Seegat, das allein noch) ist euer Vorland (Ziel, Bestimmung, Schicksal, Loos). Vorland eigentlich das Land, worauf man lossteuert.
312. Hij heeft de vracht in.
Er ist betrunken, hat volle Ladung.
313. Hij steekt van wal.
Er macht einen Anfang mit der Sache.
314. Hij steekt (zeilt) bij den wal langs, bij (langs) het walletje.
Er lebt vorsichtig, erhebt sich nicht über seinen Stand, seine Mittel.
315. Hij is aan hooger (lager) wal.
Es geht mit ihm (seiner Gesundheit, Vermögen) bergauf (bergab).
316. Vierkant zijn onder zijn staand en loopend want.
Auf allen Märkten zu Hause sein, zu Allem gebraucht werden können. Faktotum.
317. Zijn staand en loopend want in orde brengen.
Sein festes und loses Tauwerk (Kleidung, Sachen) in Ordnung bringen.
318. Hij haalt te veel want overhoop.
Auf einem Schiff, worauf zu viel Tau- und Segelwerk ist, ist man belemmerd, ist in Sturm sogar Gefahr des Kenterns. Von Jemand, der zu viel auf sich nimmt.
319. Wie geen want heeft naar het schip, moet te gronde gaan of op een klip vervallen.
Eins nach dem Anderen! Auch von einer in die Verhältnisse passenden bezw. nicht passenden Hausfrau.
320. Daar gaat het met het schip midden waters.
Von Menschen mit geradem, festem Charakter.
321. Over het water wonen ook menschen.
Gesunden Verstand trifft man überall. Nicht zu beschränkten Gesichtspunkt haben!
322. Hij is onder water.
Er ist betrunken.
323. a) Hoog water hebben. b) Te water gaan.
324. Het water loopt altijd naar de zee.
Reichen Leuten fällt noch immer mehr von selbst zu — durch Zinsen, durch die Möglichkeit, sich in Unternehmungen einzulassen.
325. In zulke waters vangt men zulke visschen.
Von solcher Sorte Volk muß man solche Dinge, von solchen Thaten solche Folgen erwarten.

326. In die wateren treft men veel noorde wind.
Da kreuzen Seeräuber, wie denn der Wind „ut de späje Hörn" die Vikinger in alter Zeit vielfach an die Küsten brachte.

327. Veel water vuil maken.
Großen Aufwand machen.

328. Tusschen water en wind zijn.
Keine Partei erwählen. Unentschieden sein.

329. Boven water (Jan) zijn.
Die Gefahr überwunden haben.

330. Het is laag water aan boord.
Man ist gerade mit dem Essen und Trinken fertig.

331. God laat het water wel aan, maar niet over de lippen komen.
Gott läßt Einen wohl sinken, aber nicht ertrinken. Auf Petri Ruf: „Herr, hilf mir, ich versinke", streckte der Herr ihm seine Hand hülfreich entgegen.

332. Het doet er weinig toe, al krijgt het waterschip een gat meer.
Es ist einerlei, ob das Schiff, worauf Süßwasser verfahren bezw. worauf Fische in Bottichen lebendig erhalten werden, ein Loch (Lek) mehr oder weniger hat. Die Sachen sind so in Verfall, daß etwas mehr oder minder keinen Unterschied mehr macht. Er ist rettungslos verloren.

333. Het gaat hem voor den wind (voor wind en tij).
Seine Unternehmungen glücken.

334. Hij houdt het scherp bij den wind.
Er hält (es) scharf am Winde, geht am Rande (des Erlaubten) hin; lebt kärglich, eingeschränkt. Gegentheil Nr. 387.

335. Hij ziet in den wind.
Er giebt acht, ob Gefahr oder Unheil naht.

336. Hij draait (waait) met alle winden.
Er ist so veränderlich wie der Wind; er spricht (handelt), je nachdem der Wind weht, die Gelegenheit, die Person, mit der er zu thun hat, es mit sich bringt.

337. Hij neemt hem den wind af.
Er fängt ihm den Wind aus den Segeln (bringt ihn in Lee, kneift ihm Luv ab), beraubt ihn eines Vortheils.

338. Staat vast, het zal er waaijen.
Rüstet euch auf drohende Gefahren.

339. Hij is door den wind.
Wenn ein Schiffer beim Laviren nach einem „Gang" oder „Schlag" das Schiff wieder wendet. Dann übertragen.

340. Hij is den wind kwijt.
Es geht mit seinen Sachen nicht voraus. Es gebricht ihm an Einsicht, Muth und Kraft, um weiter zu kommen.

341. Tegen wind en stroom kan men niet opzeilen (is't kwaad roeien).
Es ist unmöglich, mühevoll, gegen widrige Umstände (Meinungen, übermächtigen Einfluß) anzugehen.

342. Daar begint een labberkoeltje te waaijen (komt een luchtje).
Wenn sich einiger Grund der Hoffnung aufthut.

II. Holländische.

343. Een kleen windken deert hem niet.
Ein kleiner Windstoß macht nicht viel aus, schadet nicht.

344. Er komt ligt een rakje in den wind.
Ganz ohne Widerwärtigkeit geht nicht leicht etwas von statten.

345. Hij legt tegen hem in den wind.
Von Jemand, der mit seinem Schiff einem Anderen den Wind abfängt, der sich gegen einen Anderen auflehnt.

346. Het is koel op zee.
Es geht da still und „bedaart" zu.

347. Het was daar al een beroerde zee.
Es ging dort sehr ungestüm her.

348. Hij kan het met het water van de zee niet afwasschen.
Das kann er mit nichts wieder gut machen, „abwischen".

349. Een zee van jammeren (rampen) overdekte hem.
Zee im Sinne von overvloed.

350. Hij heeft een zee van geld.
Aber diese zee hält auch meist Ebbe und Fluth, ist betrüglich. Vergl. Nr. 62.

351. 't is de zee om uit te drinken.
Es ist ein endloses Werk, eine unüberwindliche Arbeit.

352. De zee is zonder water.
Wenn reiche Leute klagen, als wüßten sie nicht, wie sie auskommen sollen.

353. Water in zee dragen.
Etwas Ueberflüssiges, Närrisches thun.

354. Hij is een grondelooze zee.
Er ist ein räthselhafter Mensch, man kann nicht hinter ihn kommen.

355. Hij gaat met hem (te) diep in zee.
Er läßt sich (zu) weit mit ihm ein.

356. Wat zal de zee al opwerpen!
Was mag da noch Alles zu Tage kommen!

357. Hij geeft op als de zee.
Von einem mildthätigen Menschen.

358. a) Regt door zee!
Keine krummen Wege! Geradeaus! Gerade durch!

b) Hij gaat regt door zee.
Er geht gerade durch.

359. Daar verdrinken er meer in een wijnglas dan in de zee.
Im Wein ertrinken mehr als im Wasser.

360. De zee maakt gedwee.
Die See macht ruhig. Vergl. Nr. 346.

361. Hij moet het zeegat in (uit).
Von Einem, der zu nichts Anderem taugt als zur Seefahrt, weil man zu Lande nichts mit ihm anzufangen weiß. — Zeegat = Durchfluß zwischen den Inseln vom Watt in die offene See.

362. Zeeman — geen man.
Klage der Ehefrauen daheim, deren Männer lange auf der See umherschwärmen (zwalken).
363. Een goed zeeman valt wel eens over boord.
364. Een goed zeeman zeilt wel eens tegen een paal.
365. Een goed zeeman wort wel eens nat.
Auch die Besten können einmal Unglück, Pech haben. (Auch: Der Mäßige kann wohl auch einmal einen zu viel bekommen.)
366. Hij weet zeemanschap te gebruiken.
Ein Seemann muß wissen zu geben und zu nehmen, je nach den Umständen von Wind und Strom; mit Segeln, Proviantnehmen Alles im Auge haben, Zeit und Gelegenheit wahrnehmen. Von Jemand, der sich gut in Umstände zu schicken weiß.
367. Daar moet wat zeemanschap mede gebruikt worden.
Von Sachen, Angelegenheiten, die das Nr. 366 beschriebene Verfahren erfordern.
368. Het is een ongemakkelijk zeeschip.
Von einem Menschen, der lästige Angewohnheiten hat. Ein Seeschiff ist ongemakkelk, wenn es namentlich dem Steuer nicht gehorchen will. Daher von schwer zu steuernden, nicht lenksamen Menschen.
369. Een mal zeeschip van een wijf.
Von albernen Geschöpfen.
370. Hij heeft zeevoeten.
Ein guter Seemann muß immer fest auf den Füßen stehen, auch im Sturm bei dem Stampfen und Schlingern des Schiffs. Von Einem, der fest und stämmig auf den Füßen steht, „Klemm" in den Füßen hat.
371. Mij is al menig zee (water) over het hoofd gegaan.
Mir ist schon viel Ungemach im Leben widerfahren.
372. a) Hij gaat onder zeil.
Er verzieht; auch: er schläft ein.
   b) Hij is weer onder zeil.
Er ist wieder einmal betrunken.
373. Hij voert groot (klein) zeil.
Er lebt auf großem Fuß (hält mit wenig Haus).
374. Een groot schip heeft groote zeilen noodig.
Eins muß nach dem Anderen sein.
375. Dat is geen zeil voor dat schip.
Das paßt nicht zueinander; die beiden Eheleute (besonders die Frau nicht zum Mann) passen nicht zueinander.
376. Hij haalt zijn zeil in top.
D. h. so hoch wie möglich. Von Einem, der so viel verzehrt als sein Vermögen nur immer zuläßt.
377. Hij heeft het zeiltje ten top.
Er will hoch hinaus.
378. Zeil in top voeren.
Hohen Aufwand machen.
379. Hij gaat er zeil op maken.
Einer Sache nachjagen (= bezeilen, Nr. 22, 23).

II. Holländische.

380. **Hij gaat met de laatste schepen onder zeil.**
Er verzettelt seine Zeit, läßt die beste Gelegenheit verstreichen.

381. **Alle zeilen blank spelen.**
Alles daran wagen. Alles auf eine Karte setzen.

382. **Hij houdt het (een) oog in 't (het) zeil.**
Er hält das Auge im Segel, ist und bleibt auf seiner Hut.

383. **Hij zet alle zeilen bij (om de kust, kaap te halen).**
Er spannt alle Kräfte an, um sein Ziel zu erreichen.

384. **Hij is stijf onder het zeil.**
Er kann etwas vertragen.

385. **Hij komt met een opgestoken (opgestreken) zeil.**
Er kommt in Eifer und Zorn (daherbrausend wie ein Schiff unter vollen Segeln).

386. **Hij loopt met een nat zeil.**
Er ist betrunken.

387. **Hij zeilt ruimschoots.**
Wenn man die „Schooten" des Segels vieren läßt, segelt man ruimschoots. — Er nimmt es nicht genau (mit seinen Ausgaben).

388. **Het waait hem in het zeiltje (zijn zeil).**
Es glückt ihm, läuft ihm mit.

389. **Hij zeilt hem in de zijde.**
Er bringt ihn in Havarie an der schwächsten Stelle. Er benachtheiligt, schädigt ihn gefährlich.

390. **Men moet zeilen terwijl de wind dient.**
Man muß von der sich bietenden guten Gelegenheit Gebrauch machen. Schmiede das Eisen, weil es heiß ist.

391. **Met zeilen tegen den mast liggen.**
Nichts anfangen können, wie ein Segelschiff ohne Wind.

392. **Als het maar met een halven wind wil zeilen!**
Wenn's nur halb und halb, einigermaßen glücken will!

393. **De zeilen liggen blind.**
Wenn einige Segel auf dem Schiff durch andere Segel (desselben oder eines zweiten Schiffes) behindert sind, Wind zu fangen.

394. **He zeilt langs den wal (het walletje heen).**
Er handelt vorsichtig, ist kleinmüthig, legt es nicht zu groß an.

395. **Hier liggen wij met de zeilen voor den mast.**
Da liegen wir und könnten abfahren (da all right ist), aber — —. Zu unseren Vorbereitungen, Anstrengungen muß auch die günstige Gelegenheit hinzukommen. Sonst hat's doch keinen Fortgang.

396. **De zeilen binnenhalen (inbinden, strijken).**
Wenn man es mit Jemand nicht länger aushalten kann, man ihn aufgeben muß.

397. **Hij heeft het zeiltje gestreken.**
Von Jemand, der sich ergiebt, in die Ansicht, den Willen eines Anderen.

398. **Als het zeiltje scheurt, dan heeft het een (groot) gat.**
Dan is dan. Kein Unglück vor der Zeit! Wenn das Unglück da ist, ist's früh genug, zu sorgen, zu klagen. Das ist das Aeußerste, was geschehen kann.

399. Een vrouwenhaar trekt meer aan dan een marszeil.
Vergl. schweb.: En jungfrulock drar starkare än tio par oxar.
Eine Jungfrauenlocke zieht stärker als zehn Paar Ochsen.
So großen Einfluß das Marssegel auf den Gang des Schiffes hat, so die Frau (Frauen=haar: Theil fürs Ganze) auf das Herz des Mannes.

400. Hij vaart in zijn zog.
Er fährt in seiner Furche, seinem Kielwasser — eines vorausgehenden Schiffe(r)s, im Schlepptau oder sonst. — Wenn Jemand einem Anderen der Gemächlichkeit oder des Vortheils halber folgt.

Anhang: Aeltere friesische Sprichwörter.

Quellen:
„De Brye Fries". Leeuwarden 1897. (Reyner Bogermans „Friesche Rymspreuken", uitgeg. door Dr. T. J. de Boer. S. 207 ff.)
Halbertsma, „Lexicon Frisicum." Hagae Comitis 1876.

1. Rop nien hey, ierstu ourkomd biste.
Rufe nicht: hei! ehe du über (das Wasser) gekommen, gelandet bist. Man soll den Tag nicht vor dem Abend loben.

2. Rop nien haering, aertese int net heste.
Rufe nicht: Hering! ehe du ihn im Netz hast. Ungefangene Fische sind nicht gut zu Tische.

3. Az hy dy linie passeert, dan schol hy wol vierder komme.
Hat er erst die Linie passirt, dann soll er wohl weiter kommen. Wenn Einer über die Höhe einer Schwierigkeit hinüber ist.

4. Barra waegen, barra streamen.
Wellen wogen, Wellen strömen: sie sind immer im Fluß, gehen auf und ab, hin und her.

5. Boppe it san di healle reys.
Ueber den Sand (die Sandbank, die Brandung) ist die halbe Reise. Der Anfang ist das Schwerste.

6. Kielen — Wielen — Rand òm 't Land.
Charakterisirung der Provinz Seeland: Schiffskiele — Wagenräder — Deiche.

7. Ist tienst de wyn | So hallie id segl yn.
Ist der Wind entgegen, widrig, so hole das Segel ein! Richte dich nach den Umständen.

8. Is wyn en stream mey, | So folget schip baud ney.
Ist Wind und Strom mit, so folgt das Schiff schnell, bald nach. Ist die Gelegenheit günstig, so macht sich Alles von selbst.

9. Tzirlen als mon | Roie waal oen!
Kerle, als Männer, rudert wohl an. Alle Mann an die Ruder. Nunc, nunc insurgite remis. Vergil. Aen., V, 189.

10. Haden de Fresen nich ar'gen dick, | So quam ehrer kener in't himmelrik.
Hätten die Friesen nicht ihren Deich (nöthig), so käme ihrer Keiner ins Himmelreich. Noth aber lehrt beten, die Zuflucht zu Gott nehmen. — Halbertsma, Lexicon Frisicum, sagt dazu schön (S. 305): Als goldenes Halsband oder goldener Reif galt den Friesen ihr Deich, mit welchem sie den heimathlichen Boden gegen den Ansturm des Meeres umwallten. Golden oder

II. Holländische. III. Englische.

kostbar wurde er genannt wegen des ungeheuren Aufwandes, den sie machten zur Aufführung und Wiederherstellung des Deiches, und weil von ihm das Wohl des Vaterlandes abhing. — Den übrigen Völkern hat Gott ihren heimathlichen Boden bereitet, die Friesen haben ihren vom Meere bedeckten selbst gebildet durch Aufführung von Deichen, deren Vollendung und Wiederherstellung die vereinten Kräfte Aller in Anspruch nahm und die angeborene Wildheit des ungezähmten Volkes so sehr brach, daß sie weniger als die übrigen zur Gottlosigkeit und Ueppigkeit neigten. Daher bei den benachbarten Sachsen jenes Sprichwort.

11. Koffen ind smakken | Binne wetterbakken.
Kuffen un Schmakken sind Waterbakken. Diese Schiffe mit flachem Kiel nehmen bei Seegang viel Wasser über.

12. De Trouwe is over't Meer geflogen.
Alte Häuserinschrift. Die Treue ist nicht mehr im Lande zu finden. Treue und Glaube sind dahin.

13. Op den ersten April | Verlor duc d'Alva sijn Bril.
Auf den 1. April (1572) verlor Herzog Alba die Seefestung Briel.

III. Englische.

Quellen:

Muret: Encyklopädisches Wörterbuch der englischen Sprache.
Haußner: Phraseologia Anglogermanica, 1798.
James Allan Mair: Handbook of Proverbs. (Aus demselben sind besonders die Sprichwörter der Anhänge geschöpft.)

1. He fell aboard of me.
Er lief mir in den Weg, in die Arme.

2. They laid knife aboard.
Sie enterten, haketen aneinander, geriethen zusammen, ins Handgemenge.

3. Keep the land aboard.
Segelt in Sicht vom Lande; dann: Haltet den Fuß beim Maal; lebt nicht (macht keinen Aufwand) über eure Verhältnisse.

4. He's an admiral of the red.
Admiral a) of the red, b) of the white, c) of the blue, sind die drei Rangstufen Voll-, Vice-, Kontreadmiral; dann sprichw. a) Söffel (mit Kupfernase), b) bleiche Memme, c) Schenkwirth (mit blauer Schürze — vergl. blaues Kreuz, als Enthaltsamkeitszeichen).

5. He is an admiral of the narrow seas.
The narrow sea(s) ist der englische Kanal (la Manche), besonders die Straße von Dover (Pas de Calais), im Gegensatz zu main, open sea. Sprichw. von einem Betrunkenen, besonders aber Seekranken, der seinem Gegenüber in den Schooß bricht.

6. Riding at two anchors, men have hold; for if one break, the other may hold.
Auf zwei Ankern ruht sich's sicher. Doppelt (genäht u. s. w.) hält besser. Vergl. Bismarcks bekannte Politik des doppelten Stranges auf dem Bogen.
7. Trip the anchor! All hands up anchor!
Lichtet die Anker! Auf, Matrosen, die Anker gelichtet! Fahrt ab, macht euch auf den Weg.
8. He is an anchorless man.
Er ist ein unstäter Mensch, ohne festen Halt. Im Gegensatz dazu wird auch figürlich gebraucht: anchored = sicher, ruhig.
9. Anchor fast! Fast anchor!
Stehe fest! mein Vaterland. Fest und treu! Wahlspruch der Groats und Grays.
10. The fish would not take the bait(s).
Der Fisch wollte nicht an den Köder (anbeißen). Er wollte nicht darauf eingehen.
11. The fish nibbled at the bait.
12. The fish follows the bait.
Nibble, vorsichtig anbeißen. Wir würden sagen: Er geht in die Falle, auf den Leim, läßt sich ködern (fangen).
13. He baits a hook for me, but he schan't catch me.
Er legt (eigentlich: versieht mit Köder) mir eine Angel, aber er soll mich nicht fangen Vergl. schottisch: You'll ne'er cast saut on his tail = You will never catch him.
14. He's got no ballast in him.
Er ist ein unstäter Mensch. Es fehlt ihm eine solide Grundlage.
15. You are now above board.
Sie sind nun außer aller Gefahr, haben nichts mehr zu fürchten, haben gewonnenes Spiel.
16. Let him take his course; he's above board.
Laß ihn nur gewähren: er handelt ohne Kniffe und Heimlichkeiten.
17. He went by the board.
Er ging über Bord, zu Grunde.
18. He was tossed over board.
Er wurde geopfert.
19. I received him on board.
Ich nahm ihn bei mir auf (ins Haus, ins Geschäft).
20. They make boards.
Board hier = Schlag, Gang beim Laviren. Sie kreuzen, versuchen's bald so, bald so zu reden, zu handeln. Vergl.: We must ply off and on = Wir müssen diplomatisch verfahren.
21. We are in the same boat.
Wir sind in gleicher Lage, theilen dasselbe Schicksal.
22. You sail in the same boat.
Sie verfolgen (Ihr verfolgt) dasselbe Ziel.
23. They all row in the same boat.
Sie ziehen alle an demselben Strange.
24. He has an oar in anothers boat, in every boat.
Er mischt sich in fremde Angelegenheiten, in Alles ein.
25. Little boats must keep near shore.
Man muß sich nach der Decke strecken.

III. Englische.

26. To boat with one.
Ein Mitschuldiger Jemandes sein, gemeinsam mit Jemand Vergehen ausüben.

27. He has a red bowsprit.
Er hat eine Kupfernase, einen rothen Gesichtserker.

28. Breakers ahead! Rock ahead!
Riffe, (verborgene) Klippen vorn! Warnungsruf: Es droht (verborgene) Gefahr.

29. That difficulty can be bridged.
Diese Schwierigkeit kann überwunden werden.

30. He threw him over the bridge.
Auch wohl: He bridged him. Er betrog ihn durch Mißbrauch des Vertrauens.

31. We gave them a broadside.
Wir gaben ihnen eine volle Lage — eigentlich: eine Geschützreihe auf dem Schiff.

32. That event buoyed him up.
Dies Ereigniß hielt ihn hoch, hob ihn, munterte ihn auf.

33. To cut the cable and run before the wind.
Sich aus dem Staube machen, den Laufpaß nehmen.

34. He slipped his (life's) cable.
Er ging (mit Tode) ab. Sein Lebensfaden riß. Vergl. das Thun der drei Parzen Klotho, Lachesis, Atropos.

35. To give someone cable.
Jemandem Spielraum geben.

36. The cables have a cross (nip), are foul in the hawses.
Die Ankertaue haben ein Kreuz, einen Schlag, sind unklar vor den Klüsen. Es ist ein Haar in der Butter.

37. Once a captain always a captain.
Einem einmal angenommenen Charakter gemäß muß man handeln oder sich behandeln lassen. Character indelebilis. Nobel muß die Welt zu Grunde gehen.

38. As happy as a clam.
So glücklich wie ein Schellfisch. Besonders in Amerika (Bank von Newfoundland) gebräuchlich.

39. From clew to earing.
Diagonale eines viereckigen Segels: von oben bis unten.

40. The coast is now clear.
Es ist nun Alles sicher, keine Gefahr mehr vorhanden. Vergl. „Sie sind gestorben, die dem Kinde nach dem Leben standen". Matth. 2, 20.

41. As true as the compass.
Wir würden sagen: Das ist buchstäblich wahr, er ist treu wie Gold.

42. That is a compassless ship.
Oder: That ship has no compass. Das ist ein führer-, steuerloser Mensch, Haushaltung, Verwaltung.

43. Clear the decks (coast)!
Aus dem Wege, fort mit dir!

44. The deck of honour.
Das „Feld" der Ehre.

45. He swept the decks.
Sweep the deck: a) von der Woge: Alles vom Deck hinwegschwemmen; b) vom feindlichen Feuer: das Deck (be=)streichen; c) figürlich: (im Spiel u. s. w.) Alles gewinnen.

46. I kept him above deck.
Ich hatte ihn in meiner Gewalt.

47. All hands on deck!
Alle Mann auf Deck! Auch als Nothruf, in Gefahr.

48. Don't go out of your depth.
Geh' nicht tiefer, als du gründen kannst! Nimm dir nicht mehr vor, als du ausführen kannst! Setze den Stock nicht weiter, als du springen kannst!

49. He went beyond his depth.
Er hatte keinen Grund mehr; es ging über seine Kräfte. Er unternahm eine Sache, die er nicht bewältigen konnte, die über sein Vermögen ging.

50. It is a ship of small draught.
Es ist ein Schiff von geringem Tiefgang. Es geht (sitzt) bei ihm nicht sehr tief: Seine Gedanken gehen nicht weit.

51. A drowning man will catch (at) a straw.
In der Noth greift man nach einem Strohhalm, versucht man Alles.

52. Keep yourself dry.
Haltet euch (euer Pulver) trocken!

53. He sits high and dry.
Er sitzt hoch und trocken (mit seinem Schiff: ist in Verlegenheit — oder er hat seine Schäfchen auf dem Trockenen).

54. He swims like a duck.
Er ist ein vorzüglicher Schwimmer. Aehnlich: He takes to (the) water like a duck (Wasser ist sein Element. Er ist eine Wasserratte).

55. He was ducked into the sea.
Er wurde gekielholt, „gedukt" — zunächst eine (bes. früher) übliche Matrosenstrafe. Auch werden wohl Leichtmatrosen bei der ersten Fahrt über die Linie ins Wasser getaucht.

56. He is at an ebb (at a low ebb, at the lowest ebb).
Er ist (sehr - tief) heruntergekommen, in traurigen Umständen, hat weder zu beißen noch zu brechen. Vom Preise im Handel, Cours an der Börse: to be at a low ebb = sehr gedrückt sein.

57. Women's wit knows no ebb.
Nichts geht über Weiberlist.

58. Money is ebbing and flowing.
Geld hält Ebbe und Fluth, fließt ab und zu, geht und kommt. Das Geld muß rollen: es ist rund.

59. How this poor man is ebbing!
Wie es doch mit diesem Aermsten bergab, auf die Neige geht: mit seiner Gesundheit, Vermögen!

60. He caught a blind eel.
Er erwischte etwas Werthloses, bemühte sich vergeblich.

61. You cannot hide an eel in a sack.
Ihr könnt keinen Aal im Sack verbergen. (Er ist schwer zu fassen, er entschlüpft durch seine Glätte, glatten Reden.)

III. Englische.

62. It was laid an embargo on free speech.
Es wurde eine Sperre auf das freie Wort gelegt. Die Rede-, Preßfreiheit wurde eingeschränkt durch Censur.

63. He 's embarked in that affaire.
Er ist in diesen Handel verwickelt (eigentlich: eingeschifft).

64. I am embarked for that project.
Ich habe mich in diesen Plan, Unternehmen, Spekulation eingelassen, dafür gewinnen lassen.

65. The ship cuts a feather.
Das Bild ist von dem Schnitzen einer Gänsefeder hergenommen: Das Schiff wirft Schaum vor dem Bug auf.

66. As mute as a fish.
So stumm wie ein Fisch.

67. There are as good fish in the sea as ever came out (as any taken out) of it.
a) Es giebt davon noch mehr auf der Welt (als Trost für Einen, der einen Korb bekommen, das Ziel seiner Wünsche nicht erreicht hat). b) Es steckt mehr (oft mehr) in Einem, als es den Anschein hat.

68. He 's like a fish out o'water.
Er ist nicht in seinem Element, in seinem Fahrwasser.

69. He feeds the fishes.
Wird von Seekranken gesagt.

70. He who would catch fish must not mind getting wet.
Wer Fische fangen will, darf sich nicht scheuen, naß zu werden.

71. I have other fish to fry.
Ich habe andere Dinge zu thun, mir gehen ganz andere Gedanken durch den Kopf.

72. I sent him to fry some other fish.
Ich gab ihm den Laufpaß.

73. All is fish that comes to (his) net (in the night).
Man kann aus Allem Vortheil ziehen; muß Alles mit (in Kauf) nehmen.

74. He makes fish of one and flesh of another.
Er verfährt parteiisch, zieht den Einen vor und setzt den Andern zurück.

75. He's neither fish nor flesh (nor good red herring).
Er ist weder Fisch noch Fleisch, weder kalt noch warm (in seinen Grundsätzen, seiner Freundschaft u. s. w.). Red herring = Bückling, geräucherter Hering.

76. Young flesh and old fish!
Junges Fleisch (von vierfüßigen Thieren und Vögeln) und alter Fisch (natürl. marinirter, getrockneter, geräucherter). Uebertr.: Ein junges Weib und ein alter Ehekrüppel.

77. To withhold the loaves and fishes.
Loaf = Laib (Brot). Jemandem den Brotkorb höher hängen. Vergl. Ev. Matth. 14, 17: We have here but five loaves and two fishes.

78. He looks (well) after the loaves and fishes.
Er läuft dem Gewinn, dem Gelde (Mammon) nach.

79. The sea abounds in fish and Germany in soldiers.
Die See hat Ueberfluß an Fischen und Deutschland an Soldaten. Phraseologia Anglo-Germanica 1798, S. 322.

80. He 's a strange (cool, odd, queer) fish.
Er ist ein wunderlicher Heiliger, ein sonderbarer, komischer Kauz.
81. Fresh fish and new come guests smell, when they are three days old.
Frische (nicht geräucherte oder sonst präparirte) Fische und neue (fremde) Gäste riechen, wenn sie drei Tage alt sind. Plattb. Nr. 94.
82. Fishes will be swimming.
Auf Fisch(speisen) gehört ein guter Trunk.
83. Venture a small fish to catch a great one.
Wage einen kleinen Fisch, um einen großen zu fangen. Wer nichts wagt, gewinnt nichts.
84. He fished for compliments.
Er haschte nach Lob, Ehren.
85. He who is hasty, fishes in an empty pont.
Der Hastige fischt in einem leeren Teich. Blinder Eifer schadet nur.
86. The hasty hand catches frogs for fish.
Der Hastige (hastige Hand) fängt Frösche für Fische. Eile mit Weile.
87. He that fishes with silver arms is sure to overcome.
Wer mit silbernen Spießen ficht, ist des Sieges gewiß. Bekannt sind auch die persischen Bogenschützen (Goldbareiken) gegen Sparta.
88. He (has) fished in troubled waters.
Er fischte im Trüben.
89. It is good fishing in foul water.
Im Trüben ist gut fischen. Fische mögen und können nicht im Wasser leben, welches mit der Atmosphäre nicht in ununterbrochener Verbindung steht, oder aus welchem die Luft abgesetzt ist.
90. Where did you fish that?
Wo haben Sie das aufgeschnappt?
91. I have now fished out all his secrets.
Ich habe nun alle seine Geheimnisse ausgeforscht.
92. He had fisherman's luck.
Er hatte wenig Glück, Erfolg, Gewinn.
93. Friday is fisherman's sunday.
Der Fasttag! Am Freitag war vielfach das Fischen früher nicht erlaubt.
94. That'(i)s a fish-story (waterlanguage).
Das ist Jägerlatein, ist eine unglaubliche Geschichte.
95. This looks fishy.
Das sieht verdächtig aus, das sind faule Fische.
96. The captain ordered to strike the flag (colours).
Der Kapitän befahl, die Flagge zu streichen, — das Zeichen der Uebergabe.
97. He hangs out the flag of distress.
Er hängt die Nothflagge aus (auch von dem aus den zerrissenen Kleidern heraushängenden, herausguckenden Hemde gesagt).
98. They hoist the flag with a waft.
Sie hissen die Flagge im Schau, besonders als Signal, daß man unter Segel gehen will; in See als Nothsignal.
99. Free flag makes free bottom.
Die Flagge deckt die Ladung.

100. We float (go) with the stream.
Wir schwimmen (treiben) mit dem Strom.

101. We are now afloat.
Wir sind nun flott, über Wasser, obendrauf, aus aller Verlegenheit.

102. He was set afloat.
Er wurde flott gemacht, aus der Verlegenheit gerettet.

103. The flood gates were opened.
Die Schleusen (seiner Beredsamkeit) wurden geöffnet.

104. He rolls on a flood of wealth.
Er schwimmt in Reichthümern, weiß gar nicht, wie reich er ist.

105. A flow will have an ebb.
Ein Sparer muß einen Verthuer haben (als Erben, Nachfolger).

106. He falls foul of me.
Er läuft mir in den Weg, entert mit mir.

107. She is a well rigged frigate.
Sie ist eine wohlaufgetakelte Fregatte — wird von einem aufgeputzten Frauenzimmer gesagt.

108. He is (runs) aground (ashore).
Er sitzt (geräth) fest, in Verlegenheit, in der (die) Klemme, Patsche.

109. When shall my halcyon days come?
Halcyon = alcedo ispida, Königsfischer, Eisvogel. Nach altem Glauben fällt die Brüte-zeit des Vogels in die windstillen Tage um die Wintersonnenwende. Daher abjektivisch im Sinne von ruhig, friedlich. Wann werde ich einmal ruhig und glücklich werden? Wann werden meine guten Tage kommen?

110. All our days cannot be halcyon ones.
Nicht alle unsere Tage können ruhig und heiter dahinfließen.

111. He is under hatches.
Er ist a) unter Deck, außer Dienst (in Arrest, suspendirt vom Dienst); b) in Knechtschaft, Elend, übel daran; c) wohlverwahrt; d) gestorben.

112. He has crossed my hawse.
Er hat meinen Bug (eigentlich Klüsen am Bug, schräge Oeffnungen, durch welche die Ankertaue und -Ketten geführt werden) gekreuzt, ist mir in die Quere gekommen.

113. He is at the helm (conducts the helm).
Er sitzt am Steuer, führt das Regiment. Vergl.: Man purposes and God disposes = Der Mensch denkt, Gott lenkt.

114. Let every herring hang by its own tail!
Häringe werden zum Räuchern oder Trocknen am Schwanz aufgehängt an Leinen. Jeder für sich! Ein Häuslein klein und das allein!

115. He looks like a shotten herring.
Er sieht aus wie ein Schoten-, Hohl-Häring, der gelaicht hat. Er ist so dürr wie ein ausgenommener Häring. Es ist nichts als Haut und Knochen an ihm.

116. He angles (You fish) with a golden hook.
Er angelt (ihr fischt) mit goldener Angel. Vergl. 87. Auch in dem Sinne: Mehr darauf verwenden (dabei verlieren), als die Sache werth ist.

117. From keel to sticks.
Von vorn bis hinten. An allen Ecken und Enden.

118. From the keel to the truck.
Vom Kiel bis zum Flaggenknopf. Vergl. Paasch, „Vom Kiel bis zum Flaggenknopf". Illustrirtes Marine-Wörterbuch. 2. Ausgabe. Hamburg 1894.

119. He keeled over (up).
a) Er kenterte (mit dem Boot, so daß dieses kieloben liegt); b) er schlug um, fiel auf den Rücken.

120. I'll see (know) how the land lies.
Ich will sehen, wie die Sache liegt, „wie der Hase läuft".

121. He's a landloper (-louper, -lubber).
Er ist ein Landläufer: a) Binnenschiffer, der sein Schiff am Seile zieht; b) eine Landratte, wie die engl. Matrosen Jeden nennen, der nie zur See gefahren; c) Landstreicher.

122. The launch into life is to be made.
Der Eintritt ins Leben muß (durch Geburt, Einführung in die Gesellschaft, Eintritt in Ehe, Beruf) gemacht werden. Dat is de Werelts Verloop!

123. A little leak will sink a great ship.
Ein kleines Leck wird ein großes Schiff zum Sinken bringen. Ein kleiner Funken zündet einen großen Wald an, auch eine kleine Sünde kann verderblich werden. Kleine Ursachen haben oft große Wirkungen.

124. It (he) is as leaky as a sieve.
Er ist leck wie ein Sieb: von Trinkern; Plauderern, die nichts für sich behalten können.

125. We put into the main (sea).
Wir stachen in die hohe See, wir unternahmen, wagten es. Pendant dazu: We put safely into the harbour = Wir liefen glücklich in den Hafen ein, erreichten unser Ziel.

126. Tell that to the marines!
127. That will do for the marines.
Das mach' einem Andern weis!

128. He's gone before the mast.
Er ist (gemeiner) Matrose geworden. Das Quarterdeck (aft the mast) ist für die Offiziere. At the mast (am Hauptmast) besprechen sich die Offiziere mit den Leuten, nehmen Beschwerden entgegen und dergl.

129. I am in a mist.
Ich bin ganz irre, weiß nicht, wo ich bin; ich bin verdutzt, aus meinem Konzept.

130. He went away in the mist.
Er machte sich bei Nacht und Nebel davon, heimlich aus dem Staube.

131. How could that lamb muddy the water of the river?
Wie konnte das (unterhalb stehende) Lamm (der äsopischen Fabel) das Wasser des Flusses trüben (dem oberhalb stehenden Wolf)? Er ist unschuldig daran wie ein neugeborenes Kind.

132. He laid a net for me.
Er legte (stellte) mir ein Netz (eine Falle, Schlinge, einen Strick).

133. She drew him into her net.
Sie zog ihn in ihr Fanggarn, bestrickte ihn durch ihre Worte, Reize.

134. He fell into her net.
Er fing sich in ihrem Netz, wurde von ihr bethört.

135. They laid on their oars.
Sie legten die Riemen, Ruder, glatt, waren unthätig, ruhten aus.

III. Englische.

136. They plied (tugged, pulled) the oars.
Sie ruderten aus Leibeskräften, thaten was sie konnten.

137. Look to your oars!
Achtung auf die Riemen! Schipper, pas up!

138. He puts in his oars (his oars in), shoves in an oar.
Er greift mit ein, mengt sich unberufen ein.

139. He will rest upon his oars.
Er will (wird) auf seinen Lorbeeren ruhen.

140. He lives (as) solitary as an oyster.
Er lebt (so) eingezogen wie eine Auster.

141. He pilots his family through all cliffs (difficulties).
Er lootst (steuert, lenkt) seine Familie durch alle Klippen (Schwierigkeiten, Gefahren hindurch.

142. In a calm sea every man is a pilot.
In ruhiger See ist jedermann ein Lootse (da wird die Steuerkunst, Kenntniß des Fahrwassers u. s. w. nicht auf Proben gestellt).

143. The ship drives under bare poles (strikes ahull).
Das Schiff treibt vor Top und Takel, ist segellos. Von allen Mitteln, fortzukommen, entblößt sein.

144. They bring up the rear.
Rear = hinterste Linie einer Flotte. Sie sind im Hintertreffen.

145. He rides the Spanish mare.
Die „spanische Mähre reitet" (ironisch), wer — als Matrose zur Strafe — rittlings auf einer Spiere sitzen und die Bewegungen des Schiffes mitmachen muß.

146. He rides easy at the road.
Er liegt ruhig auf der Rhede vor Anker, bleibt ganz ohne Aufregung und Bewegung.

147. He runs against a rock.
Er setzt sich einer Gefahr (des Schiffbruchs, des Untergangs) aus.

148. He rows dry.
a) Er rudert, ohne zu spritzen, oder auch: ohne das Ruder ins Wasser zu tauchen (bei hohler See); b) er muß — zur Strafe — in einem am Davit (bestimmtes Tau) hängenden Boot sitzen (und da die Bewegungen, Schwankungen des Schiffes mitmachen).

149. They row (don't row) together (row and pull together).
Sie verstehen, vertragen sich (nicht) gut zusammen. Sie blasen in ein Horn. Sie arbeiten sich in die Hände.

150. They look one way and row another.
Sie sind unaufmerksam, nur halb bei der Sache. Sie verbergen ihre wahre Absicht, ihre eigentlichen Ziele. Von Heuchlern. Vergl. Spurgeon in Hans Pflügers Bildern (Köstliche Anwendungen engl. Sprichwörter!), S. 122 f. Hamburg. Onckens Verlag.

151. Row and retake!
Lichten un swaren! (Ribbells Motto).

152. We came under easy sail.
Wir kamen mit wenig beigesetzten Segeln, langsam, gemächlich, ohne Anstrengung.

153. We came with all sails set (with every sail out).
Wir kamen mit vollen Segeln im Topp, in voller Fahrt. Wir gingen drauf und dran!

154. They crowd all sails.
Sie fahren mit vollen Segeln drauf los.
155. They douse (lower down, strike) a sail (sail, all the sails).
Sie buken, vieren nieder, streichen ein (alle) Segel; sie geben klein bei.
156. We struck all the sails.
Wir strichen alle Segel, ergaben uns auf Gnade und Ungnade.
157. He trims his sails accordingly.
Er richtet sich je nach den Umständen.
158. He sets up his sails to every wind.
Er hängt den Mantel nach dem Winde.
159. According as the wind blows, thereafter is the sail set.
Man stellt die Segel (je) nachdem der Wind bläst. Man muß mit dem Winde segeln, mit dem Strom schwimmen, sich in die Verhältnisse schicken.
160. To take (eat) the wind out of a persons sails (out of a vessel).
Einem Schiffe den Vortheil des Windes nehmen („Luv abkneifen"), Jemand eines Vortheils berauben, ihn benachtheiligen.
161. Make not your sail too large for your ship.
Hole nicht zu viel Want über Bord, richte dich nach deinen (Einkommens-, Vermögens-) Verhältnissen. Eins nach dem andern!
162. He sails (right) before the wind.
Er segelt mit dem Winde, hat Glück. Es läuft ihm mit.
163. We must sail with the wind.
Wir müssen mit dem Winde segeln — wir können nicht gegen den herrschenden Geist, Zeitrichtung.
164. He sails close to the wind.
Er segelt so nahe als möglich am Winde. Das Sprichwort hat vielfältig verschiedenen Sinn: Er setzt sich unnöthiger Gefahr aus; er bewegt sich mit großer Vorsicht; er spart sich das Nöthigste am Munde ab (dafür auch: he goes near the wind), schränkt sich ein; er nähert sich allzu sehr einem heiklen Gesprächsthema; er streift ans Unerlaubte, ans Unanständige.
165. He sails on the same tack.
Tack = Gang, Schlag beim Laviren. Er läuft mit.
166. He sails large (with a flowing sheet).
Er segelt raumschoots, mit Backstagwind. Er zehrt aus dem Vollen, lebt auf großem Fuß, läßt es breit hängen.
167. We must sail up to windward (into the winds eye).
Wir müssen gegen den Wind aufkommen, uns durchkämpfen.
168. We sailed against wind and tide.
Wir segelten gegen Wind und (Gezeit-) Strom. Es lief uns Alles gegen.
169. Sail through!
Durch! Hamiltons Motto. Vergl. Theodor Körners Lied unter dieser Ueberschrift in Leyer und Schwert. „Durch, Brüder, durch! Dies werde das Wort in Kampf und Schmerz."
170. What kind of a sailor are you? I am a bad (good) sailor.
Wie bekommt Ihnen eine Seefahrt? Ich werde leicht (nicht) seekrank; ich habe keinen (guten) Muth dazu.
171. To avoid Scylla he fell into Charybdis.
Er kam vom Regen in die Traufe. Umgekehrt im Lateinischen: Incidit in Scyllam, qui vult vitare Charybdim.

III. Englische.

172. He is between Scylla and Charybdis.
Er ist in tödlicher Verlegenheit, zwischen zwei großen Gefahren, in einem gefährlichen Dilemma.

173. Worse things happen at sea.
Es sind schon schlimmere Dinge passirt. Das ist noch nicht das Aergste. Es hätte noch schlimmer kommen können.

174. By sea and land!
Alex. Drummonds Motto. Zu Wasser und zu Lande (z. B. finden sich verwandte Seelen). Ueberall! Reveillieruf bei der Kaiserl. deutschen Marine, daher Name der Zeitschrift des Deutschen Flottenvereins.

175. To wish a person at the bottom of the sea.
Jemand hin wünschen, wo der Pfeffer wächst. Ich wollte, daß du auf dem Blocksberg säßest!

176. Praise the sea, but keep the (on) land.
Lobe das Meer so viel du willst, aber bleibe hübsch auf dem trockenen Lande. Weit davon ist gut vor dem Schuß.

177. Drop by (after) drop the sea is drained.
Man kann einen Brunnen (nach und nach) ausschöpfen. Große Beutel werden endlich auch leer. Perseverantia vincit.

178. He that will learn to pray let him but go to sea.
Wer beten lernen will, der gehe nur zur See. Noth lehrt beten. Psalm 107, 23—32. Matth. 14, 30 f. Dies Sprichwort kennt schon der Kirchenvater Augustin.

179. The sea (tide) runs high.
Die See (Fluth) läuft hoch. Es ist weit gekommen! Das kann noch was werden! Das Volk steht auf, der Sturm bricht los.

180. He scoured the seas for some (three) years.
Er fegte die See einige (drei) Jahre: Er diente bei der Marine. Auch: Er hat einige Jahre den Besen auf dem Mast geführt (wie die Wassergeusen), hat Seeräuberei, Kaperei getrieben.

181. He measured the profoundness of the sea.
Er versuchte, wie weit er gehen durfte.

182. He's half seas over (over the bay; overtaken).
Er ist benebelt, halb betrunken, hat einen über den Durst.

183. There is a sea of difficulties.
Da sind unermeßliche Schwierigkeiten dabei, da liegen unzählige (ein ganzes Nest von) Schwierigkeiten, Hindernissen.

184. I am quite at sea.
Ich weiß mich gar nicht zurecht zu finden, wie denn auf dem Meere keine gebahnte Straße den Weg weist und man ohne Kompaß nicht weiß, wohin. Ich tappe ganz im Finstern.

185. You are quite at sea in your guesses.
Ihre Vermuthungen treffen bei Weitem nicht das Richtige. Damit sind Sie auf dem Holzwege.

186. The ship is now ready for sea.
All right! Alles parat, in Ordnung! Es kann losgehen.

187. When my ship comes home.
Wenn das große Geldschiff kommt. Vertröstung auf unbestimmte Zeit.

188. Judge not a ship as she lies on the stocks.
Prahle nicht auf ein Schiff, bevor es vom Stapel gelaufen, ins Wasser, in Sturm gekommen und erprobt ist. Man soll den Tag nicht vor dem Abend loben.

189. To a crazy ship all winds are contrary.
Einem gebrechlichen Schiff sind alle Winde entgegen. Ein Pechvogel kommt auch unter den günstigsten Umständen nicht weiter.

190. To burn one's ships.
Sich den Rückzug abschneiden. Bekanntlich vermochte Ferdinand Cortez 1519 bei der Eroberung von Mexiko seine treue Mannschaft, die Schiffe, mit denen sie gekommen waren, zu verbrennen und so sich jeden Weg zum Rückzug abzuschneiden.

191. Your ship wants repair.
Ihr Wrack muß aufgezimmert werden. Sie bedürfen ärztlicher Behandlung.

192. That is a snug ship.
Es ist ein dichtes Schiff. Er ist verschwiegen. Vergl. we kept it (nice and) snug: wir hielten es ganz geheim, wir hielten reinen Mund. Gegensatz zu Nr. 124.

193. A great ship needs deep waters.
Ein großes Schiff bedarf tiefes Wasser. Wer auf großem Fuße lebt, kommt bald aufs Trockene.

194. He has a whole ship(s)load (of stories, money).
Er sitzt voll Geschichten. Er ist steinreich.

195. A single fact is worth a shipload of argument.
Proten is goodkoop (billig), man Doon is 'n Ding. Ein Löffel voll That ist besser als ein Scheffel voll Rath.

196. She puts shipshape.
Sie macht rein Schiff, räumt auf, „schummelt".

197. They made (suffered) shipwreck.
Sie sind gescheitert (mit ihren Plänen, Hoffnungen).

198. He is shipwrecked.
Er ist schiffbrüchig geworden, hat seine Bestimmung, Beruf verfehlt.

199. Once on shore we pray no more.
Nach überstandener (See-)noth denkt Niemand mehr an Gott. Schottisch: Danger past, God forgotten. Glücklich über die Bruck verlacht man St. Nepomuk.

200. I view the shores.
Ich sehe auf (habe im Auge) die Küsten. Hamilton. Quidquid agas prudenter agas et respice finem. Bedenke das Ende.

201. He gives a shot of distress.
Er giebt einen Nothschuß, ein Nothsignal.

202. Throw a sprat to catch a whale.
Wirf eine Sprotte (Brehm, Thierleben, VIII, 314) hin (als Köder), um einen Waal zu fangen. Etwas Kleines opfern, um Großes wieder zu empfangen. Mit der Wurst nach der Speckseite werfen (plattd. mit de Pink na de Schink).

203. Steer steady.
Steu're beständig (verläßlich)! Donaldsons Motto.

204. I have something on the stocks.
Ich habe etwas auf dem Stapel (einen Plan, Rede in Vorbereitung).

III. Englische.

205. Stock and fluke.
Ankerstock und Ankerhand. Die ganze Geschichte.

206. A storm is brewing (arises).
Ein Sturm (Unglück) zieht herauf.

207. Who can hinder the storms, when they rage?
Den Sturm muß man austoben lassen. Nur Einer „mißt dem Winde seinen Lauf", kann sprechen „bis hierher und nicht weiter", „schweig und verstumme". Vergl. das Lied von Johannes Falk: „Wie mit grimm'gem Unverstand!"

208. After a storm comes a calm.
Nach Sturm kommt Stille. Nach Regen kommt Sonnenschein. Nubicula cito transitura.

209. Vows made in storms are forgotten in calms.
Darum die Mahnung: „Vergiß nicht, was er dir Gutes gethan hat!" Pf. 50, 14 f., 107, 31 f. (Vergl. Nr. 199.)

210. I have been often tossed in storms.
Ich bin oft vom Sturm geschüttelt, im Sturm herumgeworfen, habe manchen Sturm erlebt, bin reich an Lebenserfahrung.

211. I am stormbeaten (tempestbeaten, have undergone several tempests).
Von derselben Bedeutung wie 210.

212. That is a storm (tempest) in a tea-cup (tea-pot).
Ein Sturm im Glase Wasser! Das hat nichts zu bedeuten.

213. We rowed with the stream.
Wir ruderten, schwammen mit dem Strom.

214. We were obliged to row against the stream.
Wir mußten gegen den Strom schwimmen. Auch wohl (mit Alliteration): to strive against the stream.

215. We must pull up against the stream.
Wir müssen uns durchschlagen.

216. We must swim with the tide.
Man muß mit dem Strome schwimmen. Allerdings: die todten Fische schwimmen immer mit dem Strom!

217. You must sink or swim.
Entweder — oder! Friß, Vogel, oder stirb! Ein Drittes giebt's nicht. Sein oder Nichtsein, das ist hier die Frage.

218. Let him sink or swim, it does not (don't) concern myself.
Es mag ihm gehen, wie es will, — ich frage nichts danach, es geht mich nichts an.

219. Some men care not who sink, so they do but swim.
Wer reitet, der reitet; wer liegt (vom Pferde herunter), der liegt. Die Meisten denken nur an sich selbst.

220. He who swims in sin will sink in sorrow.
Wer in Sünden schwimmt, wird mit Angst sinken, ein Ende mit Schrecken nehmen.

221. Never venture out of your depth till you can swim.
Wage dich nicht tiefer, als du gründen (waten) kannst, bevor du schwimmen gelernt hast. Wer sich muthwillig in Gefahr begiebt, kommt darin um.

222. The best swimmers like to swim beyond (out of) their depth.
Die besten Schwimmer meiden den Grund.

223. A good swimmer sinks at last.
Der beste Schwimmer sinkt zuletzt (und ertrinkt). „Der Mensch versuche die Götter nicht": Schillers „Taucher". Der Krug geht so lange zu Wasser, bis er bricht.

224. You must tack about (make tacks).
Sie müssen laviren, andere Mittel anwenden, ihre Sachen anders einrichten.

225. We had tack-wind.
Wir hatten Gegenwind, bekamen den Wind von vorn.

226. You must hold tack with him.
Sie müssen den Kurs mit ihm halten, ihm beibleiben, sich ihm gegenüber keine Schwachheit merken lassen.

227. He stands (stick) to his tackles (tackling).
Er steht fest auf seinem Stück, giebt nicht nach, ist fest entschlossen.

228. You must look well to your tackling.
Man muß ein Auge im Segel haben, wohl auf seine Sachen passen, Acht haben.

229. He keeps the tail in the water.
Er hat sein Auskommen, Fortkommen.

230. There is as much hold of his (a womans) word as (there is) of a wet eel by the tail.
Wer sich auf sein Wort verläßt, der hält einen Wasseraal beim Schwanz: Man kann sich auf sein Wort gar nicht verlassen. — Wer einen Aal beim Schwanz und Weiber faßt bei Worten, so fest er immer hält, hält nichts an beiden Orten.

231. Meet the tide.
Begegne Allem, was kommen mag! Mache dich auf Alles gefaßt!

232. He swims (goes) with (against) the tide.
Er schwimmt mit dem (gegen den) Strom.

233. The tide is at its lowest.
Es ist niedrigster Ebbestand. Die Kasse ist erschöpft.

234. The tide is only sensible on coasts.
Wer beschränkte Mittel hat, merkt jeden Verlust. Von der Hand in den Mund leben.

235. Tide and time (time and tide) wait (tarry) for no man.
Die Gezeit wartet auf Niemand. Man muß die Gelegenheit beim Schopf fassen, die Zeit bei der Stirnlocke.

236. A turn of the tide was the cause (of it).
Ein Glückswechsel war die Ursache (seines Fallirens). (Gudrunlied: Lukke das ist sinewel (rund) alsam als ein bal. Bildlich dargestellt ist z. B. das Schicksal des „Winterkönigs" Friedrich von Böhmen als ein sich drehendes Glücksrad.

237. Tide him over that difficulty.
Hilf ihm über die Schwierigkeit (wie über eine Sandbank) hinweg! Hilf ihm über den Berg.

238. That difficulty was tided over.
Diese Schwierigkeit wurde glücklich aus dem Wege geräumt.

239. Talking pays (thoughts pay) no toll.
Reden ist billig. Gedanken sind zollfrei.

240. Whosoever commands the seas commands the trade.
Wer über die See zu gebieten hat, ist Herr des Handels. Rule Britannia!

III. Englische.

241. Trade is the mother of the wealth.
Handel giebt Reichthum, macht wohlhabend.

242. He veers round.
Er schlägt, fällt, sattelt um (mit seinen Ansichten, Entschlüssen).

243. Never wade in unknown waters.
Wate nicht im Wasser, was (dessen Tiefe) du nicht kennst. Vorsichtig! Trau, schau, wem!

244. I have waded into the depth of his secrets.
Ich bin in ihn gedrungen, habe ihm hinter die Coulissen gesehen.

245. We washed of the shore.
Wir fuhren längs dem Ufer hin, wo das Schiff „foul water" macht. Vergl. the wash of the sea, das Anschlagen der See, die Brandung; to wash overboard, über Bord spülen (auch Nr. 45, 180).

246. The water is low with me (Vergl.: He sits high and dry).
Ich sitze auf dem Trockenen. (Er sitzt hoch und trocken — Gegensatz.)

247. A man for all waters.
Er ist auf allen Wassern zu Hause, in allen Sätteln gerecht.

248. Still (smooth) water(s) run deep (have deep bottoms). (Vergl. Shakespeare: Henry VI.: Smooth runs the water where the brook is deep.)
Stille Wasser sind tief. (Kehrt in allen Sprachen wieder.)

249. Nothing but his head is above water.
Das Wasser geht ihm bis an den Mund. Es kann nicht viel mehr mit ihm leiden.

250. He is in boiling water.
Er befindet sich in Drangsal. Es brennt ihm auf den Nagel.

251. Clear off the scum of this boiling water.
Beruhigen Sie sich. Trinken Sie erst ein Glas kaltes Wasser. Sei nicht wie das Meer, das seine eigene Schande ausschäumt (was es durch Schiffbruch zerstört, getödtet hat). Sei langsam zum Zorn. Nicht so hitzig!

252. You pour water into a sieve. — You use a sieve for drawing water.
Sie thun kostverlorene, brotlose Arbeit, treiben brotlose Künste. Vergebliche Mühe! Danaidenarbeit!

253. He poured water upon a drowned mouse.
Von geschäftigem Müßiggang. Auch: einem todten Hunde, Löwen, noch einen Tritt geben.

254. Running water is better than standing.
Fließendes Wasser ist besser als stehendes = Laß ihn nur gewähren. Ille faciet.

255. Standing water will soon stink.
Er ist stinkend faul, ein Faulthier.

256. He held water.
Er hielt Stich, behauptete seine Meinung, blieb standhaft.

257. We never know the worth of water till the well is dry.
Wir wissen erst, was Wasser werth ist, wenn wir keins mehr haben. Hunger ist der beste Koch. (Erst wenn man krank gewesen, schätzt man die Gesundheit recht.

258. To draw through the water with a cat.
Jemand durchs Wasser ziehen, naß machen „wie eine Katze". Jemand zum Narren haben.

259. He sings and dances all weathers.
Er tanzt nach der Pfeife.
260. He is as inconsistent as a weathercock.
Er dreht sich wie ein Wetterhahn.
261. He turns like a weathercock.
Er hängt den Mantel nach dem Winde.
262. He makes fair weather.
Er macht gute Miene zum bösen Spiel.
263. In fair weather prepare for foul.
In Stille mach dich auf Sturm gefaßt. Si vis pacem, para bellum.
264. He gets the weather-gauge of him.
Er gewinnt ihm einen Vortheil (des Windes) ab. Er bringt ihn in Lee.
265. He weathers on (upon) him.
Er gewinnt die Oberhand über ihn.
266. To weather a gale (point).
Einen Sturm aushalten.
267. To weather out dangers (difficulties).
Gefahren, Schwierigkeiten aushalten, wie ein „wetterfester" Seemann.
268. Throw a tub to the whale.
Zunächst wörtlich: to employ some trifling object as a decoy (Schreckmittel). When small vessels were in danger, tubs were thrown to whales, with a view to escape. Arctic voyagers, desirous of capture, are now too eager to come in contact with these leviathans ever to think of running from them; besides, notwithstanding the size and strength of the whale, it is a timid animal, and is apt to be frightened at the approach of any object. Dann von dem Thun, wie z. B. des Hippomenos, welcher die Atalanta überholte, indem er ihr goldene Aepfel in den Weg warf.
269. It is an ill wind that blows nobody good (no good to Cornwall). (Vergl. Shakespeare: Henry VI.: Ill blows the wind that profits nobody.)
Es ist nichts so schlimm, es ist doch irgend Jemand gut und nützlich. Ein Unfall ist zuweilen auch von Nutzen (wie z. B. eine Strandung — an der gefährlichen Küste von Cornwall — für die Strandbewohner Gewinn bringt). Vergl. das übel gedeutete: Gott segne unsern Strand!
270. We had the wind with us.
Wir hatten den Wind mit. Es ging vor dem Winde, mit Glück und Erfolg.
271. The wind blew in our teeth. (Da gilt: Who spits against the wind, spits in his own face.)
272. The wind was contrary to ous.
273. We had contrary winds.
Der Wind blies uns entgegen. Wir kriegten den Wind von vorn.
274. The wind in a man's (one's) face makes him (one) wise.
Widerwärtigkeit lehrt Klugheit. (Böse) Erfahrung macht klug, vorsichtig, ist der beste Lehrmeister.
275. This family goes down the wind.
Die Familie verarmt, „geit vöör de Wind in't Gasthuus".
276. He is going down the wind.
Es geht mit ihm bergab, zur Neige.

277. I have the thing in the wind. (I wind it.)
Ich habe Wind davon bekommen. Ich rieche den Braten. Ik heb Lunt vernomen (eigentlich: die Lunte des Feindes gerochen, wenn Gefahr im Anzuge ist).

278. It was between wind and water.
Es war in der Wasserlinie, es ging noch eben gut. He is between wind and water: a) er schließt sich keiner Partei an, b) er befindet sich in einer gefährlichen Lage.

279. You must try to get (gain) the wind of him.
Sie müssen trachten, ihm Luv abzukneifen, ihm einen Vortheil (des Windes) abzugewinnen, ihm den Daumen zu halten, die Oberhand über ihn zu bekommen.

280. God tempers the wind to the shorn lamb.
Gott giebt dem geschorenen Schaf linden Wind, legt nicht mehr auf, als man tragen kann, läßt nicht versuchen über Vermögen.

281. How blows (lies) the wind?
Wie stehen die Sachen?

282. What wind blows you here?
Welcher Zufall führt Sie hierher?

283. Huge winds blow on high hills.
Ein hoher Mast (Baum) fängt viel Wind. Wer auf hohem Posten (als Minister u. s. w.) steht, muß sich manchen bösen Wind um den Kopf wehen lassen. Vergl. auch: Der Blocksberg ist der lange Herr Philister und macht nur Wind wie der.

284. He turns with the (every) wind (to all winds).
Er ist ein rechter Wetterhahn, sehr unbeständig. Man kann nicht auf ihn an.

285. The wind is in that quarter. Is it?
Also aus dem Loche pfeift der Wind?

286. He goes near the wind.
Er lebt sparsam, schränkt sich ein.

287. Do you know which way the wind blows (where the wind lies, sits)?
Wissen Sie, wie der Wind (der Gunst, öffentlichen Meinung) weht? was die Glocke geschlagen hat?

288. He that sows the wind will reap the whirlwind.
Wer Wind säet, wird Sturm ernten. „Die ich rief, die Geister, werd' ich nun nicht los".

289. He is but the wreck of his former self.
Er ist nur noch der Schatten (ein Schemen) dessen, was er früher war.

290. He goes to wreck (and ruin).
Er scheitert (geht gänzlich zu Grunde). Schottisch: Gang to pigs and whistles (Kurz und Klein gehen).

291. To wriggle oneself into a persons favour.
Wriggle (deutsch: wricken), ein Boot mit einem Ruder achtern fortbewegen. Sich bei Jemandem einschmeicheln.

Anhang I.
Schottische und Irländische.

1. Aboot the moon there is a brugh: the weather will be cauld an' rough. S.
Es ist ein Hof um den Mond: das Wetter wird kalt und rauh sein.

2. If he gi'es ye a deuck, he looks for a goose. S.
Wenn er dir eine Ente giebt, sieht er aus (lauert er auf) nach einer Gans. (Vergl. engl. Nr. 202.)

3. He that's born to be hanged winna be drowned S. (needn't fear water. I.). Vergl. Shakespeare: The Tempest, Anfang.
Wer geboren ist, um gehängt zu werden (als Dieb am Galgen), wird nicht ertrinken (braucht Wasser nicht zu fürchten). Der Glaube an ein Fatum ist den Schiffern und der Küstenbevölkerung eigen. Darum lernen die Schiffer auch das Schwimmen vielfach nicht.

4. As well try to keep ducks from Water. I.
Man kann ebenso gut versuchen, Enten vom Wasser abzuhalten: es ist vergeblich, Jemand von der Seefahrt, diesem oder jenem Vorhaben abzuhalten.

5. It's long ere the deil dee at the dyke-side. S.
Es ist lange bis der Teufel stirbt an der Deichseite. Da hat er immer sein Spiel mit den Menschen, sie in die Tiefe zu ziehen, zu verderben. Da wird immer viel Aberglaube sein.

6. The fish that sooms in dubs will aye taste o'dirt. S.
Der Fisch, welcher in kleinem Teich („Dobbe", plattd.) schwimmt, wird nach Schmutz schmecken bezw. riechen. Der Mensch verräth immer seine Herkunft.

7. As gude fish i' the sea as e'er cam oot o't. S.
Es ist ebenso guter Fisch in der See, als jemals aus derselben kam. Siehe engl. Nr. 67.

8. Better sma' fish than nane. S.
Besser kleiner Fisch als gar keiner. Besser Etwas als Nichts. Man muß auch mit wenig, geringem Erfolg, Gewinn vorlieb nehmen.

9. Dinna gut your fish till ye get them. S.
Weide deinen Fisch nicht aus, bis du ihn hast. In Nürnberg wird Keiner gehangen, den man nicht erst gefangen (man habe ihn denn in Nummer Sicher).

10. He improves like bad fish in July. I.
Er bessert sich wie schlechter Fisch im Juli. He bekeert sük van'n Schrubber. Heibessem to'n Strukbessem. Sich verschlimmbessern.

11. Ye're a queer fish no to hae fins. S.
Ein seltsamer, absonderlicher Fisch: keine Flossen zu haben. Siehe engl. Nr. 80.

12. Ane at a time is gude fishin'. S.
Einen zur Zeit ist guter (Fisch-) Fang. Einer nach dem Andern! Viele Bißchen machen ein Viel.

13. Keep your ain fish-guts to your ain sea-maws. S.
Behalte deine eigenen Fischeingeweide (als Köder) für deine eigenen Seemöven. Jeder für sich! Behalte das für dich!

14. A fisherman's walk — twa steps an' overboard. S.
Eines Fischer (Spazier-) Gang, Weg: zwei Schritt und über Bord! Es ist nur ein Schritt zwischen mir und dem Tode. (I. Sam. 20,3.)

III. Englische.

15. Ye scowl like a fish-wife at an ill bawbee. S.
Du schiltst wie ein Fischweib über einen falschen halben Pfennig (half a Penny = eine kleine Münze), aus geringer Ursache. Du machst viel Lärm um Nichts. Schelten wie ein Rohrspatz.

16. His geese are a' swans. S.
Seine Gänse sind alle Schwäne. Bei ihm sind alle Gänse Schwäne. Er sieht Alles im rosigsten Lichte. Er ist Optimist.

17. Whan ye're ser'd, a' the geese are watered. S.
Wenn du bedient bist, sind alle Gänse zu Wasser gekommen (meinst du, es seien . . .). Du denkst nur an dich selbst. Wessen Ofen warm ist, meint leicht, daß überall Sommer ist. Engl. Nr. 218, 219.

18. He's not able to drag a herrin' off the coals. I.
Er ist nicht im Stande, einen Hering von den Kohlen zu heben (so mager, schwach, ungeschickt ist er). Plattd. 127.

19. As dead as a herrin'. I.
So todt wie ein Hering. (Auch im Norwegischen.) Thatsächlich stirbt der gefangene Hering sehr bald. Wir sagen: mausetodt.

20. A hook is well tint to catch a salmon. S.
Eine Angel mag verloren gehen (darf dran gewagt werden), wenn ein Lachs gewonnen wird. Weel tint = well lost. Ohne Opfer wird nichts gewonnen.

21. A Scotch-mist will weet an Englishman to the skin. S.
Ein schottischer Nebel (small wetting rain, Sprühregen) wird einen Engländer bis auf die Haut durchnässen. Alle können nicht gleichviel vertragen. So lange es so thaut, braucht's nicht zu regnen (wenn es „Bindfaden" regnet).

22. Ye look like a rinner, quo' the deil to the lobster. S.
Du siehst aus wie ein Renner, sagte der Teufel zu dem Hummer: da wollte er ihn fangen und fressen. Du sollst mir nicht entkommen! Ich will dich schon kriegen!

23. There's life in a mussel as lang's it cheeps (chirps). S.
Vergl. to kick the bucket (Schale der Seeschnecke) = to die. Es ist Leben in der Muschel, so lange sie auf- und zuklappt. Wo noch Athem ist, ist noch Leben.

24. It's hard to fight with the wide ocean. I.
Es ist schwer (für den Schiffer), mit dem weiten Ocean zu kämpfen. Gegen die vis maior, elementare Gewalten, hochgestellte Vorgesetzte u. s. w. kann man nicht an.

24a. Look at the river before you cross the ferry. I.
Sieh dir den Fluß (seine Breite und Tiefe) wohl an, bevor du über die Furt gehst. Erst besinnt's, dann beginnt's.

25. „Sail" quo' the king; „hand" quo' the wind. S.
Segle! sagte der König; Halt! sagte der Wind. Der Wind will seinen Gang haben. Gegen Windmühlenflügel kämpft man vergebens. (Don Quixote.)

26. You won't make a rope from the sand of the sea. I.
Du wirst kein Tau von dem Seesand machen. Ein Ertrinkender wird in den Sand greifen, beißen (nach einem Strohhalm greifen) als wär's ein Rettungstau. In der Noth versucht man Alles.

27. Between the deil an' the deep sea. S.
Zwischen dem Teufel und der tiefen See, in äußerster Verlegenheit zwischen zwei großen Gefahren, wie z. B. Israel zwischen Pharao und dem rothen (Schilf-) Meer. Im Kreuzfeuer, zwischen Scylla und Charybdis.

28. As broken a ship has come to land. S.

Vergl. Schiller, Erwartung und Erfüllung, 1796:
In den Ocean schifft mit tausend Masten der Jüngling,
Still, auf gerettetem Boot, treibt in den Hafen der Greis.

Sir Walter Scott: I fear, said Morton, there is very little chance, my good friend Cuddie, of our getting back to our old occupation. „Hout, sir; hout, sir," replied Cuddie, „it's aye gude to keep up a hardy heart — as broken a ship's come to land." Old Mortality.

29. Though ye tether time and tide, love and light ye canna hide. S.

Du magst Zeit und Meeresstrom (Ebbe- und Fluthstrom) anbinden, aber kannst Liebe und Licht nicht verbergen. Tether = plattd. „tüddern". Das Zweite ist ebenso unmöglich, ja noch unmöglicher als das Erste.

30. He's nae to ride the water wi'. S.

Er hat Nichts (kein Schiff, Ruder, Mittel), womit er auf dem Wasser fahren könnte.

31. We'll never miss the water till the well runs dry. I.

Wir werden das Wasser erst missen, wenn die Quelle versiegt ist. Vergl. engl. Nr. 257.

32. We ne'er ken the want o' water till the well gangs dry. S.

Wir kennen nie die Unentbehrlichkeit des Wassers, bis die Quelle trocken läuft.

33. Words gang wi' the wind, but dunts are out o' season. S.

Worte gehen mit dem Wind (und Strom der Zeit), aber Thaten sind unzeitgemäß, aus der Mode. Versprechen und halten, steht gut bei Jungen und Alten.

34. Rear to the wind an' front to the sun's heat. I.

Halte deinen Rücken gegen den Wind und die Stirn gegen die Sonnenhitze! Begegne fest Allem, was kommen mag.

35. Come wi' the wind an' gang wi' the water. S.

Komm mit dem Wind (Segelwind) und gehe (weg) mit dem (abfließenden, ebbenden) Wasser. Benutze die Umstände.

36. Lang fastin' gathers wind. S.

Langes Fasten sammelt Wind. Dabei kommt nichts heraus, das thut nicht gut. So spricht etwa der Schiffer, der wacker in den Proviant greift, um sich gleichsam zu entschuldigen. Vergl. plattd. Nr. 25, norw. Nr. 163.

Anhang II.

Aus Shakespeare.

1. Fortune brings in some boats that are not steered. Cymbeline.

Ein glücklicher Zufall bringt einige Boote, Schiffe in den Hafen, die nicht gesteuert werden. Mehr Glück als Weisheit!

2. T' is double death to drown in ken of shore. Lucrece.

Doppelter Tod ist's, bei Erkennung (in Sicht) der Küste zu ertrinken.

3. Mud not the fountain that gave drink to thee. Lucrece.

Trübe nicht die Quelle, die dir zu trinken gab. Beschimpfe deine Eltern, Wohlthäter nicht.

4. Every cloud engenders not a storm. Henry VI.

Nicht jede Wolke führt einen Sturm herbei. Es fällt nicht immer so schlimm aus, wie es aussieht.

5. Take the tide at the flood. —
There is a tide in the affairs of men,
Which, taken at the flood, leads on to fortune. Jul. Caesar.
Nimm die Gezeit bei der Fluth wahr (ergreife die günstige Gelegenheit)!
6. Virtues of others we write in water. Jul. Caesar.
Die Tugenden, Vorzüge, Verdienste Anderer schreiben wir in Wasser (wir etwa: in den Sand).
7. Very like a whale! Hamlet.
Wahr wie ein Waal! Ironische Zustimmung zu einer widersinnigen Behauptung.

Anhang III.
Amerikanische.

1. It '(i)s a dry season.
„Es ist trockene Zeit", wird in Amerika gesagt, wenn beim Fischfang kein Erfolg ist. Es giebt dies Jahr keinen (Fisch=) Fang.

2. Don't trust appearances: look into oysters and clams.
Traue nicht dem Schein: siehe wohl zu bei Austern und Schellfischen, ob sie auch verdorben sind und giftige Substanzen enthalten. Trau, schau, wem!

3. As sound as a roach.
Gesund wie ein Fisch im Wasser. Die betr. Quelle fügt hinzu: As St. Roche had high repute in healing the plague, soundness proverbially associated with his name (!?) Vergl. über die Rochen Brehm, Thierleben, VIII, 385 ff.: Gefangene Rochen zählen zu den anziehendsten Fischen, welche man in einem engeren Becken halten kann. Wenn die angebotene Nahrung angenommen wird, dauern sie jahrelang in besten Wohlsein aus und sind durch die dann mögliche Beobachtung ihrer Lebensweise sehr unterhaltend.

IV. Isländische.
Quellen:
Gudmundr Jønsson, Safn af Islenzkum Ordskvidam. Kaupmannahöfn, 1830.
Islenskir málshaettir safnadir, utvaldir og i stafrófsrød faerdir af Dr. H. Scheving. Reykjavik 1847.
Bjørn Haldorson, Islandske Lexicon. Vol. I, II. Havniae 1814. Isländisch=lateinisch=dänisch.
Dr. Theodor Möbius, Altnordisches Glossar (zu den alt=isländischen und alt=norwegischen Prosa= Texten). Leipzig 1866.

1. Betra (Haegra) er að stilla i bekk enn á.
Es ist besser (bequemer) zu waten im Bach als im Strom.

2. At leggia árar i skut (bat).
Die Ruder in die Schuite (das Boot) legen, einziehen. Von einer Arbeit, einem Streben abstehen.

3. Han lagdi allar árar i bát (um bord).
Er legte alle Ruder ins Boot (an Bord).

4. Betra er að hafa borð fyrir báru.

Es ist besser, einen Rand für die Wellen, vor den Wellen (als die Wellen) zu haben. Nicht zu tief laden, nicht Alles haben wollen!

5. Aetla skal borð fyrir báru.

Bestimme einen Rand für die Wellen!

6. Þessi bara ris af bröttu grunni.

Diese Wellen erheben sich von jähem Grunde.

7. Bik er batsmanns aera.

Pech ist Bootsmanns Ehre.

8. Hvad skulu börn i bát við Björn?

Was sollen Kinder im Boot mit einem Bären? Bär (plattdeutsch: Baar) werden auch wohl die überschlagenden Meereswellen genannt. Aufs Schiff gehören Männer, ganze Männer.

9. Sá verðr að laumast með landi, sem lekan hefir bát.

Es bleibe im Schutz des Landes (still am Lande), wer ein leckes Boot hat. Wer im Glashause sitzt, werfe nicht mit Steinen.

10. Þu smiðar negluna fyrr enn bátinn.

Du schmiedest (machst) die Nägel (besser: hölzerne Bolzen, Zapfen) eher als das Boot. Negla: en Tap ved Kjølen i en Baad, som — naar Baad er trukken paa Land — tages ud, for at Vandet kan løbe bort (ein Zapfen am Kiel im Boot, welcher — wenn das Boot auf Land gezogen ist — ausgezogen wird, damit das Wasser fortlaufen kann).

11. Bíta má beitfiski, ef að borði verðr dregið.

Du magst den Fisch (der anbeißt) in Stücke schneiden (und essen), wenn er zu Tisch getragen wird.

12. Einhvörntíma batnar byr, þó blási nú á móti.

Einmal bessert sich der Fahrwind, der jetzt entgegen (zuwider) bläst.

13. Fleira er byr, enn vindr i voðum.

Besser ist Segelwind als Wind (überhaupt, Gegenwind) im Want, als Wind (d. h. nichts) im Netz.

14. Botnlaust djúp er bágt að kanna.

Bodenlose Tiefe ist schwer zu erforschen. Vergl. Schiller: „Der Taucher".

15. Baeði verðr að leita djúpt og grunnt.

Beides muß man erforschen (versuchen, berechnen — wenn man waten, im Leben fertig werden will): tief und seicht.

16. Djúp vötn falla fram með minnstum gný.

Tiefes Wasser fällt (fließt hinab, fort) mit dem mindesten Geräusch.

17. Far haegt, þá kemstu vel (kemrðu fram þínu).

Fahre gemächlich (langsam), so kommst du wohl (bringst du fort, vorwärts das Deine).

18. Enginn dregr, þó aetli sèr, annars fisk úr sjó.

Niemand zieht, so sehr er auch danach strebt, eines Anderen Fisch aus der See. Jedem fällt nur das Seine zu.

19. Fiska ef vill einn, fái krabba.

Wenn Einer fischen will, fängt er (oft, auch) Krebse.

20. Fleira má bera á borð, enn beztu fiska.

Besser zu Tisch tragen können (eigentlich: mögen, dürfen) als aufs Beste fischen (wenn auch noch so gut fischen).

IV. Isländische.

21. Fyrst fúnar fiskr á höfdi.
Zuerst verwest (verdirbt, stinkt) der Fisch am Kopf.

22. Þar liggr fiskr undir steini.
Da liegt ein Fisch unter dem Stein.

23. Hann veit hvar fiskr liggr undir steini.
Er weiß, wo ein Fisch unter dem Stein liegt (wo ein Vortheil, Gewinn zu haben ist).

24. Köttur vill hafa fisk, en vaeta ei klaer.
Die Katze will Fisch haben und die Klauen (Tatzen, Pfoten) nicht naß machen.

25. Óaetisfiskum skal útkasta, þo feitir og fagrir sèn.
Ungenießbare Fische wirfst (sollst) du wegwerfen, wenn sie auch fett und glänzend aussehen.

26. Refrinn sem vill fiskinn fánga, má ad minnsta kosti klaernar vaeta.
Der Fuchs, der Fische fangen will, muß es sich zum Mindesten nasse Tatzen (Pfoten) kosten lassen.

27. Sá má fullvel fasta, sem fisk hefir á bordi.
Der mag sehr wohl fasten, welcher Fisch auf dem Tische hat.

28. Svo má þad vera fiskr og smjör, ad þad drepi mann.
Der Mann schlägt darauf ein, als ob es (möchte) Fisch und Schmalz (Fett, Butter) (sein) wäre.

29. Þad eru ekki allt gódir fiskar, sem fljótt synda.
Es sind nicht alles gute Fische, die schnell schwimmen.

30. Lítill er vesaels manns fiskur.
Klein sind des armen Mannes Fische.

31. Opt eru skaedir fiskar (ormar) i lygnum vøtnum.
Oft sind schädliche (schlimme, gefährliche) Fische (Schlangen, Gewürm) in stillen Wassern.

32. Gott á fiskurinn, hann má drekka þegar hann vill, sagdi drykkjurúturinn.
„Gut haben's die Fische, sie mögen (können) trinken, sofern (so oft, so bald als) sie wollen," sagte der Trunkenbold.

33. Allir fiskar eru med uggum.
Alle Fische sind mit Flossen (behaftet).

34. Betri er lítill fiskr enn tómr diskr.
Besser ist kleiner Fisch als leerer Tisch.

35. Hèr syndum vèr fiskarnir, sagdi hornsílid.
„Hier schwimmen wir Fische," sagte der Zwergstichling.

36. Jafnir baggar fara bezt,
    Jafnir fiskar spyrdast bezt.
Mittelmäßige (gleichmäßige) Lasten fahren am besten; mittelmäßige (gleiche) Fische kannst du am besten (am Schwanz) aufhängen.

37. Fískanna hús hefir þad þykkvasta þak.
Das Fischhaus hat das dickste Dach (um so dicker, je tiefer die Fische im Wasser leben).

38. Svo fer þegar ekki vill fiskast (veidast).
So geht's, wenn man nicht auf Fischfang, aufs Waidwerk (nicht fischen, jagen) will. — Wer nicht fischt, der fängt nichts.

39. Fráleitr skyldi fiskimanns aungull.
Es ist ungeschickt (thöricht, unangebracht), des Fischers Angel verpflichten (vorschreiben, wann, wie viel sie fangen soll).

86 Sprichwörter und sprichwörtliche Redensarten über Seewesen, Schiffer- und Fischerleben.

40. Nú er illa beygđr gođr fiskimađr.
Nun ist's übel, einen guten Fischersmann zu (v)erlangen. Zur Noth muß man mit einem Fischersmann vorlieb nehmen.

41. Þar er illa skemđr gođr fiskimađr, sem hann er i andþóf settr.
Es ist übler Schimpf einem guten Fischersmann, wenn er auf die vorderste Ruderbank (vom Vordersteven an gerechnet) gesetzt wird.

42. Fer fiskisaga, flygr hvalsaga. (Vergl. Flýgur fiskisaga, fer hvalsaga.)
Geht eine Fischgeschichte (aus), so fliegt eine Waalgeschichte. Beim Wiedererzählen wird Alles vergrößert, übertrieben.

43. Fáir eru frídir i fiskivođum.
Schön ist der Friede im Fischernetz (zwischen den Fischen, die sich sonst gegenseitig nachstellen, auffressen).

44. Annađ vill til fjalls, en annađ til fjöru.
Der Eine will zu Berge und der Andere zur Strandebene, d. i. stromauf bezw. stromab.

45. Flagg skal á fortopp setja.
Eine Flagge soll man aufs Vordertopp setzen. Man soll offen Farbe bekennen.

46. Droparnir gjöra heillt flóđ um síđir.
Tropfen machen eine ganze Fluth zuletzt.

47. Hugrin reikar hèr og hvar, sem hafskip eitt á bárum.
Die Gedanken (Sinne) treiben hin und her wie ein Seeschiff auf den Wellen.

48. Sá er vegr villr, sem hafskip hleypr.
Der, welcher weg (einen Weg) will, treibt das Seeschiff an (zum Laufen, Segeln).

49. Bágt er ađ stappa hafsvelginn, eđr fullnaegja ágirndinni.
Es ist schwer (vergebliche Mühe), einen Meeresstrom zu stopfen oder Habgier voll zu genügen (zu befriedigen).

50. Ekki er öllum háköllum skipt á skak (skipt, međan enginn er á land dreginn).
Nicht alle Klippen sind umschifft in einem Zug (Schlag) —, umschifft (überwunden), so lange, bis Einer nicht zu Lande gezogen ist (mit seinem Schiff).

51. Hegrinn vatniđ hatar, þvi hann kann ekki ađ synda.
(Þvi lastar hegrinn vatniđ, ađ hann kann ei ađ synda.)
Der Reiher haßt das Wasser, denn er kann nicht schwimmen. Die Trauben sind mir zu sauer. (Þvi — ađ, darum — weil, daß).

52. Syndum vjer fiskarnir, segja hornsilin.
„Da schwimmen wir Fische", sagte der Zwergstichling.

53. Auđþekktr er krabbinn á klónni.
Entdeckbar (erkennbar, kenntlich) ist der Krebs an den Scheeren.

54. Ef krabbinn kynni rètt ađ gánga, vaeri hönum ei svo brixlađ.
Wenn der Krebs richtig gehen könnte, wäre er nicht so übel beleumundet (verrufen, verachtet).

55. Krabbaganginum er viđbrugđiđ.
Krebsgang ist ein dunkles (übles) Vorzeichen (Omen obscurum).

56. Það hefir allt Krabbagáng (geingr allt andsaelis).
Das hat Alles Krebsgang (geht Alles verkehrt, schief).

IV. Isländische.

57. Ekki þarf að bera vatn i bakkafullan laekinn.
Es ist nicht nöthig (bedarf dessen nicht), Wasser in einen bis an den Rand vollen Fluß zu tragen.

58. Ekki veit hvar bagga rekr að landi.
Man weiß nicht, wo das Bündel an Land treibt, wie die Geschichte abläuft.

59. Margr drukknar naerri landi.
Viele ertrinken nahe dem Lande.

60. Litið net kann að veiða marga fiska.
Ein kleines Netz kann große (viele) Fische erjagen.

61. Vesaell fiskr fer i vesaels manns net.
Kleine Fische kommen in des armen Mannes Netz. Denn der Teufel legt immer zum größten Haufen hinzu.

62. Bágt er að róa einni ár (róa köttinn af gaerunni).
Es ist übel, zu rudern mit einem Riemen (sich das Fleisch vom Balg zu rudern).

63. Betra er að róa, enn reka undan.
Es ist besser, zu rudern, als fortzutreiben.

64. Ekki er allt Grimseyjarsund róið i einum vör.
Der ganze Grimsey-Sund (im Norden Islands) wird nicht abgerudert in einem Schlag. Rom ist nicht in einem Tage erbaut.

65. Ekki er á visan að róa.
Da (es) ist nicht sicher zu rudern. Auch: Hann á ecki á visann at róa (han har intet sikkert at gaa efter: seine Sache steht zweifelhaft).

66. Ekki skal skutrinn eptir verða, ef allvel er róið frammi.
Das Schiffshintertheil soll (wird) nicht zurückbleiben, wenn sehr gut fortgerudert wird.

67. Eg þekki skipið, eg hefi á þvi róið.
Ich verstehe zu schiffen, denn (darum, daß) ich habe gerudert.

68. Aka skal seglum eptir vindi.
Bewege (treibe, stelle) die Segel nach dem Winde!

69. Þegar lukkan laegir seglin, laegist ofhuginn.
Wenn (sobald) das Glück die Segel niederholt („leeger", niedriger macht), legst du deinen Uebermuth nieder.

70. Öll segl eiga ei við öll skip.
Nicht alle Segel eignen sich für alle Schiffe.

71. Bagt er (Vandt verðr) að sigla milli skers og báru.
Es ist schwer, zu segeln zwischen Klippen und Wellen. Incidit in Scyllam qui vult vitare Charybdim.

72. Ekki má með laufsegli sigla.
Man kann nicht mit Laub- (aus Buschwerk gebildeten) Segeln segeln. Fara oder sigla með laufsegli = leichte Mittel anwenden.

73. Fleiri verða að sigla, enn þeir sem sumarveðrið hafa.
Es segeln mehr (sind mehr am Segeln) als diejenigen, welche Sommerwetter haben. Es geht nicht immer im Sonnenschein, es kommen auch Herbststürme im Leben.

74. Illt er að sigla i ógjördu veðri.
Es ist übel zu segeln in Unwetter (ungestümem Wetter).

75. Kóngr. (Kaupmaðr) vill sigla, en byr hlýtr að ráða.
Der König (Kaufmann) will segeln, aber der Fahrwind muß zu Rathe sein (zu Gebote stehen).

76. Einn vindr þènar ei öllum siglingamönnum.
Ein Wind bient nicht allen Seglern (spannt nicht Allen die Segel).

77. Þu vaerir betr sendr eptir síld (drekktr).
Du wärst besser nach den Häringen gesandt (ertrunken, ersäuft).

78. Litlu munadi, sagdi musin, hun meig i sjóinn.
Ein kleines Vergnügen, sagte die Maus (auf dem Schiff), da pißte sie in die See.

79. Svipull er sjóarafli (sjóargjöf).
Flüchtig (unbeständig) ist Seeerwerb (Seegabe). Schiffers Gut hält Ebbe und Fluth.

80. Saetr (Saell) er sjódaudi, vesaell vatnsdaudi.
Süß (glücklich) ist der Seetod, jämmerlich (Süß=) Wassertod. Sir Francis Drake im Sturm auf der Themse: Soll ich, der Wuth des Ozeans entronnen, in einem Graben ertrinken?

81. Hvor skelfiskinn vill eta, hlýtr skelina ad brjóta.
Wer Schalthiere (Muscheln) essen will, muß die Schale zerbrechen.

82. Þá er skelfiska-sodid, ef ei er annad.
Dann wird die Muschel gesotten (gekocht), wenn nichts Anderes da ist.

83. Á leku skipi er baedi ómak og haetta vis.
Auf leckem Schiff ist beides, Ungemach und sichere Gefahr (sowohl — als auch).

84. Á skipi skal til skreidar orka, en med skoti fugla.
Zu Schiff wird einer zum Stockfisch können (kommen können) und mit dem Geschoß zum Vogel.

85. Hvör hledr sitt skip allramest.
Jeder lädt sein Schiff am allermeisten. Jeder ist sich selbst der Nächste, sorgt für sich selbst am besten.

86. Þad er dári, sem skeinkir skip, en liggr sjálfr i landi.
Das ist zum Besten haben, wer ein Schiff schenkt, aber selbst an Land liegt (liegen bleibt).

87. Fólid gefur skip, en liggur sjálfur i landi.
Es ist närrisch, ein Schiff geben, aber selbst an Land liegen.

88. Sa brytur skip, sem skip á.
Der zerbricht (bringt zum Scheitern, scheitert mit dem) das Schiff, wer ein Schiff hat.

89. Almennt skipbrot gjörir morgum hugfró.
Allgemeiner Schiffbruch macht morgen sinnfroh (frohgemuth). Olim meminisse iuvabit.

90. Saett er sameiginligt skipbrot.
Süß ist gemeinsamer Schiffbruch. Solamen miseris socios habuisse malorum.

91. Sá skipar sem skipa má.
Der schifft, welcher zu Schiffe muß. Navigare necesse est, vivere non necesse est.

92. Stutt (Skømm) er skipmanna reidi.
Kurz ist Schiffsmanns Zorn.

93. Opt kemur sterkastur stormur úr blídasta logni.
Oft kommen stärkste Stürme nach mildester Windstille.

94. Stormur birtir stýrimennsku.
Stürme erproben (eigentlich: offenbaren, klarmachen) Steuermänner.

95. Eigi er haegt undan helju ad stýra.
Es ist nicht angenehm, fort nach der Hölle zu steuern (im Snjarsliod; hel, heljar = die Todesgöttin).

IV. Isländische.

96. Haegt ad synda, þá annar heldur høfdi upp.
Es ist bequem schwimmen, wenn ein Anderer den Kopf hoch hält.

97. At klá einum undir uggum.
Jemand unter den Flossen reiben (trauen). Comiter aliquem in ordine continere. Mit Freundlichkeit Jemand im Zaum halten.

98. Sjaldan er upsi i asfiski (ördeidu).
Selten ist Dorsch (Kabliau) in (Fisch=) Gewimmel. (Ausgestorbenes Sprichwort.)

99. Alltid rennr vatn sem vérid hefir.
Immer rinnt das Wasser da, wo es gewesen ist.

100. Ekki má vatn med vatni þerra.
Niemand mag Wasser mit Wasser trocknen — noch Feuer mit Feuer löschen.

101. I dymmu vatni eri verstu ormar.
In dunklem Wasser ist das schlimmste Gewürm. Schiller: „Taucher".

102. I lygnu vatni er opt lángt til botns.
Oder: Lygnt vatn á lángt til botns.
In stillem Wasser ist oft lang (am längsten) bis auf den Boden.
Oder: Stille Wasser lang (am längsten) bis zum Grund.

103. I straungu vatni er stutt grunnmál.
(Opt er i lygnu vatni lángt til botns en i straungu stutt grunnmál).
In reißenden Wassern ist kurzes Grundmaß. (Nr. 102 und 103 zusammen.)

104. Opt er ljótr ormr (skaedir fiskar) i lygnu vatni (pöddur).
Oft ist abscheuliches (mißgestaltetes) Gewürm (schädliche, schlimme Fische) in stillem Wasser (Becken).

105. Opt eru lygn vatn djúp.
Oft sind stille Wasser tief.

106. Smáir dropar smida stór vötn (gjora stóra vaetn).
Kleine Tropfen bilden große Gewässer.

107. Øll vøtn renna til sjáfar.
Alles Wasser rinnt zur See.

108. Ekki fari vikingar ad lögum.
Seeräuber fahren nicht nach dem Gesetz.

109. þadan er jafnan vikings von (Erwartung, Hoffnung, Aussicht) sem vikingurinn byr.
Woher der Wind auch weht, daher erwartet der Seeräuber Gewinn. Viking = Wikings= fahrt, eine mit Plünderung der Küsten (eigentlich: der Bucht, vik) verbundene Seefahrt.

110. þegjandi kemr þorskr i ála.
Still (schweigend, heimlich) kommt der Dorsch an den Köder.

V. Norwegische.

Quellen:

Ivar Aasen: Norske Ordsprog, samlede og ordnende af I. A. Christiania 1881.
I. Aaasen: Norsk Ordbog. Christiania 1873.

---

1. Det var Agnet som drog Fisken.

Das war eine Lockspeise (Köder), welche Fische (an=) zog: das war ein Mittel, welches gute Wirkungen hatte.

2. Han er halden, som sitt heve, sa' Fiskaren; han aat up Agnet sjølv.

Er ist satt, der gesessen hat, sagte der Fischer; er aß den Köder selbst auf.

3. Ein kann ikkje baade ausa og ro.

Einer kann nicht beides (zu gleicher Zeit): (Wasser aus dem Boot) schöpfen und rudern.

4. Aal er Aal; han er altid sleip og haal.

Aal ist Aal; er ist immer schlüpfrig und glatt. Auf den Glatten, Unbeständigen ist kein Verlaß.

5. D'er faafengt aa gripa Aalen um Sporden.

Es ist vergeblich, einen Aal beim Schwanz greifen.

6. Det er som aa gripa Aalen um Sporden.

Das ist, wie einen Aal beim Schwanz greifen.

7. Dei hava Aararne sine ute.

Sie haben ihre Ruder (Riemen) ausliegen (sind darauf bedacht, sich etwas zu erwerben, achten auf die Gelegenheit).

8. Leggja in Aararne og lata det reka.

Die Ruder einlegen und es treiben lassen, etwas verloren geben.

9. Det skal vera eit Bord fyre Baara.

Es soll ein Rand für die Wellen sein. Man soll eine mäßige Ladung haben, so daß ein guter Schutzraum bleibt vor den Wellen.

10. Hava eit Bord fyre Baara.

Siehe Nr. 9, Erklärung.

11. Liten Baat er lett aa bryna.

Ein kleines Boot ist leicht auf Land zu ziehen (bryna altnorw).

12. D'er betre ein heil Baat en eit brotet Skip.

Es ist besser ein heiles Boot als ein zerbrochenes Schiff.

13. Den som heve Baat, han gjeng ikkje Bikkjestrandi.

Der, welcher ein Boot hat, braucht keinen beschwerlichen (Zickzack=) Weg am Strande zu gehen.

V. Norwegische.

14. Han kjenner Baaten best, son bygt heve.
Ein Boot kennt am besten, der es gebaut hat.
15. Smaae Baatar smetta fram, der store Skip standa faste.
Kleine Boote schlüpfen durch, wo große Schiffe sitzen bleiben.
16. Smaae Baatar faa fylgja Landet | Og smaae Folk maa fylgja Standet.
Kleine Boote müssen dem Lande folgen (am Strande hinfahren) und geringes Volk muß seinem eigenen Stande folgen, nicht über die beschränkten Verhältnisse leben.
17. Gamle Baatar vilja leka.
Alte Boote wollen leck sein.
18. Baatelaus Mann er bunden til Landet.
Ein Mann ohne Boot (bootloser) ist ans Land gebunden.
19. D'er tryggare a sitja paa Berget en i Baaten.
Es ist sicherer auf dem Berge als im Boot zu sitzen.
20. Gil fyre Sol i Aust: drag Baaten ut or Naust.
    Gil fyre Sol i Vest: far heim so fort som ein Hest.
Beisonne im Osten: trage die Boote aus ihrem Schuppen (denn es giebt schönes Wetter); Beisonne im Westen: fahre heim, so schnell wie ein Pferd (laufen kann) — denn es giebt bald Unwetter.
21. Lika Hender ro Baaten best.
Gleiche (gleich viel, starke) Hände rudern ein Boot am besten.
22. D'er ikkje verdt aa gjera Nygla, fyrr Baaten er bygd.
Es ist nichts werth (taugt nicht) Bolzen (Zapfen) zu machen, bevor das Boot gebaut ist.
23. Naar alle skal vera store, vil ingen binda Baaten.
Wenn Alle vornehm sein sollen (werden), will Niemand das Boot anbinden. Wenn vornehme Leute zu Lande kommen, bekümmern sie sich nicht um das Vertäuen des Bootes.
24. Han fekk so myket, som Baaten bar.
Er fing so viel wie das Boot trug.
25. Han stod, som Baaten var fraa honom rodd.
Er stand, als wenn das Boot ihm weggerubert (weggetrieben) wäre, d. i. ganz in Verlegenheit. Er wußte nicht, wo aus noch ein.
26. Dei foro som dei hadde stolet baade Baat og Føre.
Sie fuhren (so eilig), als hätten sie gestohlen beides: Boot und Ladung.
27. Han gjerer Nygla, fyrr Baaten er bygd.
Er macht Bolzen, bevor das Boot gebaut ist.
28. Full Baat vil ikkje hava stora Baaror.
Ein volles Boot will keine starken Wellen haben.
29. Sigla Baaten av Styret.
Im Boot segeln ohne Steuerung, sich nicht beherrschen.
30. Baaten er so full, at d'er knapt so myket han vaker (vakje).
Das Boot ist so voll, daß es sich kaum wacker (über Wasser) halten kann.
31. Baaten var slegen i Molar.
Das Boot wurde in Stücke geschlagen (scheiterte u. s. w.). — Es ist mit ihm in die Brüche gegangen.
32. Baaten er høvelege rømd.
Die Boote haben passenden Raum (Platz).

33. Bakstersnakk og Baatesnakk skal ingen Mann føra.
Bäckerschnack und Bootschnack soll kein Mann führen. Man soll nicht (wieder) erzählen, was das Volk im Backhaus oder im Fischerboot gesagt hat, da an solchen Stellen sehr frei gesprochen wird. Wider allen Klatsch!

34. Det kom ikkje Bein i Baat.
Es kommt (beim Fischer) keine Gräte ins Boot, auch nicht ein einziger Fisch.

35. Han laut ganga Bikkjestrandi.
Er mußte einen schlimmen, beschwerlichen Weg am Strande machen (weil er kein Boot hatte).

36. Ein kjem ikkje djupare en aat Botnen.
Einer kommt nicht tiefer als bis auf den Boden (Grund).

37. Det kann ingen faa Botn i honom.
Niemand kann Boden in ihm finden, d. i. man kann seine eigentliche Meinung nicht verstehen.

38. Dei er komme paa berran Botn.
Sie sind auf bloßen Grund, Boden gekommen, von allen Mitteln entblößt.

39. Dei kunde snart setja Botnen uppyver seg
Sie könnten schnell kieloben umschlagen. Das Glücksrad kann sich bald wenden, umbrehen.

40. Den som bidar, faer eingong Byr.
Der, welcher wartet, erlangt einmal Segelwind.

41. Bidande faer Byr, og braad faer Andror.
Der Wartende erlangt Segelwind, und der Hastige bekommt Gegenwind, muß rudern (gegen den Wind).
Altnordisch: Bidendr eigu byr, en brádir andróda.

42. Han faer eingong Byr, som bidar.
Es erlangt einmal Segelwind, wer wartet.

43. Han faer Byr, som bidar, og Hamn som ror.
Es erlangt Segelwind, wer wartet, und einen Hafen, wer rudert.

44. Det er ikkje kvar Dag, at Byren blaes.
Es ist nicht jeden Tag, daß Segelwind weht.

45. Byren bidar ikkje paa Siglaren.
Segelwind wartet nicht auf den Segler.

46. Byren blaes lika godt, um Siglaren søv elder vaker.
Segelwind weht gleich gut, mag der Schiffer schlafend oder wacker sein.

47. Det som er ein Manns Byr, er annan Manns Andror.
Was eines Mannes Segelwind ist, ist des andern Gegenwind.

48. Maateleg Byr er best.
Ein mäßiger Segelwind ist am besten.

49. Den som vil fylgja naar Byren blaes, faer fylgja i Androren og.
Wer folgen will, wenn Segelwind bläft, muß auch folgen bei Gegenwind.

50. Dei fingo Byr undan Bakken.
Sie fingen (empfingen) Segelwind den Hügel hinab, d. i. mußten sich entfernen, packen.

51. Logande Ljos kann slokna; siglande Mann kann drukna.
Ein leuchtendes Licht kann erlöschen; ein segelnder Mann kann ertrinken.

52. Han skal fara Dura-Fjorden.
Er soll auf tobendem (gescholtenem) Fjord fahren, ausgewiesen werden. Eine Art Verwünschung. Ich wollte, daß er auf dem Blocksberg säße.

53. D'er liti Elv, som ein ikkje kann drikka seg utyrst i.
Es ist ein kleiner Fluß, worin einer sich nicht satt trinken, seinen Durst nicht stillen kann. Es gehört wenig zur „Nothdurft".

54. Den som fylgjer Elvi, kjem eingong til Sjoen.
Wer dem Flusse folgt, kommt einmal an die See.

55. Hava fenget og maa faa — er ikkje aa ganga til Bords paa.
„Hätte gefangen" und „können fangen" ist nicht gut auf den Tisch zu setzen, hilft nichts. Der Mann, der das „Wenn" und das „Aber" erdacht, hat sicher aus Häckerling Gold schon gemacht.

56. Me faa ikkje Gryta av Benken.
Wir fangen nicht einmal einen Kessel (voll, so daß wir's kochen könnten) von den (Fisch-)Bänken. Zu wenig von etwas — auch von gedankenloser Arbeit.

57. Far i Make, so kjem du best fram.
Fahre langsam, so kommst du am besten fort. (Rid i Make, so kjem du fram.) Engl.: Ride softly, that we may come sooner home. Eile mit Weile.

58. Fara i Miss kann alle Mann (oder: misfara, mistaka seg).
Verkehrt fahren (sich vergreifen) können Alle.

59. D'er ingen Fisk utan Bein.
Es ist kein Fisch ohne Gräten.

60. Det er ikkje alt Fisk, som heng fast i Garnet.
Es ist nicht alles Fisch, was im Netz hängen bleibt.

61. Ein fangar ikkje Fisk med turre Fingrar.
Man fängt keinen Fisch mit trocknen Fingern.

62. Det kann koma stor Fisk i Fatigmanns Baat.
Es kann ein großer Fisch (auch wohl) in eines armen Mannes Boot kommen.

63. En liten Fisk paa Bordet er betre en ein stor i Fjorden (oder: paa Borde — i Fjorde; paa Bora — i Fjora).
Ein kleiner Fisch auf dem Tisch ist besser als ein großer im Fjord.

64. D'er betre smaae Fiskar end tome Diskar.
Es ist besser kleine Fische als leere Tische.

65. Skrepp ikkje av Fisken, fyrr han er paa Disken.
Prahl nicht vom Fisch, bevor er ist auf dem Tisch.

66. Ein skal ikkje selja Fisken, fyrr han er fangad.
Man soll keinen Fisch verkaufen, bevor er gefangen ist.

67. Ein skal ikkje sleppa ein liten Fisk, fyrr ein faer den store.
Man soll einen kleinen Fisch nicht wegwerfen, bevor man den großen fängt.

68. Store Fiskar halda seg i Djupet.
Große Fische halten sich in der Tiefe.

69. Store Fiskar koma ikkje i Smaavotni.
Große Fische kommen nicht in kleine Gewässer (Landseen), seichtes Wasser.

70. Store Fiskar riva Garni sunder.
Große Fische reißen das Netz entzwei.

94 Sprichwörter und sprichwörtliche Redensarten über Seewesen, Schiffer- und Fischerleben.

71. Dei store Fiskar eta dei smaae; dei maa under, dei som minst formaa.
Die großen Fische fressen die kleinen. Unterliegen müssen die, welche am wenigsten vermögen im (Kampf ums Dasein).

72. Katten vil gjerna eta Fisken, men ikkje vaeta Foten.
Die Katze will gern Fisch essen, aber die Pfoten nicht naß machen.

73. Nase-Fisket er ikkje fyrdande.
Eigentl. Nasenfisch (b. h. Fischfang, der flott beginnt, aber kärglich aufhört) ist nicht zu feiern. Das Glück (Gelingen), das gleich beim ersten Versuch kommt, soll man nicht achten.

74. D'er korkje Fugl elder Fisk.
Das ist weder Vogel noch Fisch (von einem unförmlichen Ding, woraus man nichts Rechtes machen kann).

75. Det var god Tid paa Fisk.
Es war gute (günstige) Zeit zum Fischen.

76. D'er kvar Dag Etardag, men ikkje kvar Dag Fiskardag.
Jeder Tag ist ein Essenstag, aber nicht jeder Tag ein Fangtag.

77. Ein maa vel vaeta Fingrarne, naar ein fiskar.
Einer muß wohl die Finger naß machen, wenn er fischt.

78. Den som vil fiska faer venja seg til Vaeta.
Wer fischen will, muß sich an Nässe gewöhnen.

79. D'er lett gjört aa fiska med Sylvkroken.
Es ist leicht (gethan, eine leichte Sache), zu fischen mit silberner Angel, b. h. Fische und alles andere für Geld zu erlangen.

80. Det er vel fiskat, um ikkje Farmen er full.
Es ist gut gefischt, wenn auch nicht so viel als das Boot tragen kann, wenn auch die Ladung nicht voll ist.

81. Han er ikkje maetaste Mannen, som mest fiskar.
Es ist nicht immer der Meister (tüchtigste Mann), wer am meisten fischt (fängt).

82. Den som ikkje vil vaeta seg, han litet fiskar.
Wer sich nicht naß machen will, der fischt (fängt) wenig.

83. Hon fiskar med turre Vottar.
Sie fischen mit trockenen Handschuhen, fassen die Sache, Arbeit verkehrt an.

84. Giv dei maa baade fiska og fara vel.
Beides, Fang und glückliche Fahrt (Heimkehr) wünschen (dem Volk, das auf Fischfang ausfährt).

85. Doe va' slikt eit fiskje Ga'n.
Das war wie ein Fischrogen; so wenig werth.

86. Ein Fiskar og ein Friar faer hava godt Tolmøde.
Ein Fischer und ein Freier müssen gute Geduld (Ausdauer) haben.

87. Fekk Fiskaren alt han ynskte, so vardt Baaten for full.
Finge der Fischer Alles, was er wünschte, so würde das Boot zu voll.

88. Fiskaren et' ikkje altid det beste sjølv.
Der Fischer ißt nicht immer das Beste selbst.

89. Fiskar-Foten er alltid vaat; | Spelar-Foten er alltid kaat.
Fischerfüße sind immer naß; Spieler- (Musikanten-) Füße sind immer ausgelassen (munter bewegt).

V. Norwegische.

90. Det er tryggare i Fjøra en paa Fjorden.
Es ist sicherer auf dem (Ebbe-)Strand als auf dem Fjord.

91. Det kjem eingong Fjøra etter Flod.
Es kommt einmal Ebbe nach der Fluth.

92. Fra Fjell og til Fjøra.
Vom Berg bis zur tiefsten Ebbe, von oben bis unten.

93. Der er anten Flod eller Fjøra.
Es ist (immer) entweder Fluth oder Ebbe, Ueberfluß (Zunahme) oder Mangel (Abnahme).

94. Det er ikkje langt paa Fjorden faret (paa Fjorden rot).
Das ist nicht weit auf dem Fjord gefahren (auf dem Fjord gerudert). Das ist nicht weit her.

95. Der er Fjord imillom Frendar.
Es ist ein Fjord zwischen den Freunden, Verwandten: keine leichte Gelegenheit zusammen zu kommen — übertragen auf Unterschied in Gedanken, Entfremdung.

96. Der det største kann fljota, flyt det minste med.
Wo das Größere flott sein (treiben, schwimmen) kann, treibt das Kleinere mit (von Booten, Ladungen, Menschen).

97. Der ein flyt i Fjøre Sjo, der flyt ein vist i Flod.
Wo man flott ist (treibt, schwimmt) bei Ebbe, da treibt man gewiß bei Fluth.

98. Det flaut ikkje.
Das wollte nicht „flotten", nicht glücken.

99. Det flyt ikkje (med di).
Es will dir nicht gelingen.

100. D'er so myket, me fljota fram.
Da ist so viel, daß wir treiben können (so viel Wasser, Wind — so viel Spielraum), daß wir durchschlüpfen.

101. Full Maane og Flod Sjo er ein heppen Time.
Vollmond und (Hoch-)Fluth ist günstige Zeit.

102. Baaten gjekk slikt, at det stod Fossen fyre honom.
Das Boot ging so (durchs Wasser hin), daß Wirbel vor demselben (ent-)stand; so, daß die Wellen vor dem Vordersteven aufschäumten.

103. Det kostar mangein frosen Neve.
Das kostet manch eine(m) frierende Hand (z. B. von der Fischerei gesagt).

104. Smaa fisken smett utor Garnet.
Kleine Fische schlüpfen durch das Netz.

105. D'er kleen Hamn, som ikkje er betre en Havsjoen.
Es ist ein schlechter Hafen, der nicht besser ist als offene See.

106. Ein ligg tryggare i Hamni en paa Havet.
Man liegt sicherer im Hafen als in See.

107. Di større Hav, di høgre Baara.
Je größere See, desto höhere Wellen.

108. Den som vil paa Havet. skall ikkje ro hardt.
Wer auf See will, soll nicht zu hart (heftig, hastig) rudern — sonst wird er vor der Zeit müde. Aehnlich: Den som vil paa Fjellet, skal ikkje springa (Wer zu Berge will, soll nicht springen).

109. Hegren lastar Vatnet; han kann ikkje symja.
Der Reiher lästert (macht schlecht) das Wasser, er kann nicht schwimmen.

110. Hysa fer aldri so vida, ho ei heve same Flekken paa Sida.
Wie weit der Schellfisch auch geht, er hat immer den schwarzen Flecken an der Seite. Der Mohr, Rabe, Panther kann seine Farbe nicht wandeln.

111. Det fer i Hysebygdi.
Das fährt in den Schellfischbau, zu den Schellfischen in die Tiefe. Das geht zum Teufel.

112. Der er ikkje Aasar under Isen.
Es sind keine Balken unter dem Eise. Es ist da nicht so sicher wie auf einem (Haus-)Boden. Immer-bedächtig, vorsichtig!

113. Han laut mata Krabben.
Ober: giva Krabben Mat. Er muß die Krebse füttern (Futter geben) — von Seekranken.

114. Det gjeng Krabbegangen.
Das geht den Krebsgang (schief, verkehrt).

115. Det rek ikkje kvart Aar Kval paa Land.
Ober: D'er ikkje kvar Dig, at Kvalen driv til Lands.
Es treibt nicht jedes Jahr (Tag) ein Wal (Walfisch) ans Land. Es giebt nicht immer großen Gewinn; großer Erfolg, Vortheil ist selten, eine Ausnahme.

116. Laksen gjeng upp i Elv.
Der Lachs ging den Fluß hinauf — zum Laichen. Gegen den Strom angehen, ist ein gutes Zeichen.

117. Naest ved Land er verst aa sigla.
Nächst am Lande ist am schlimmsten zu segeln.

118. Han faer fylgja Land, som lek Baat heve.
Dem Lande muß folgen (am Lande hinfahren), wer ein leck gesprungenes Boot hat.

119. Eg veit ikkje kvar det skal taka Land.
Ich weiß nicht, wo das landen (wie das enden, ablaufen) wird.

120. Sja Land.
Land (vom Meere aus) sehen — einen Ausweg; das Ende einer Sache.

120a. Landganga Baaten.
Zu Lande gehen und das Boot hinter sich herziehen. Immer langsam voran!

121. Koma i Leland.
Zu nahe an den Strand kommen, an die Seite, worauf Wind und Strom steht. „Lägerwal komen."

122. Motvinden lyt vel eingong venda seg.
Gegenwind muß sich wohl einmal wenden.

123. Nordan Glott: i Morgon godt; Sunnan Glenne: i Morgon Renne.
Nordglanz: morgen gut (Wetter); Südglanz: morgen Regen.

124. D'er so myket at det rek fram.
Es ist gerade so viel (Wasser, Segelwind) da, daß es forttreibt.

125. D'er lett aa ro under fullt Segl.
Es ist leicht zu rudern unter vollem, steifem Segel.

126. Han slepp aa ro, som faer reka med Straumen.
Er ist frei (engl. escape) vom Rudern, der es trifft, mit dem Strome zu treiben.

127. D'er illt aa ro, naar Aari er av.
Es ist übel zu rudern, wenn das Ruder ab, zerbrochen ist.

128. Ein skal fyrst ro fyre naeste Nes.
Man soll erst rudern zur nächsten Landspitze. (Vergl. Han gjekk up um Neset: Er segelte so hoch in den Wind, daß [bis] er die Landspitze in See hatte.) Man muß erst versuchen, aus der nächsten Verlegenheit zu kommen, augenblicklicher Bedrängniß abzuhelfen. Das Nächstliegende zuerst!

129. Den som sjeldan ror ut, han sjeldan fiskar.
Wer selten ausrudert, der fischt selten, fängt selten Fische.

130. Ein klener Roar lastar paa Aararne.
Oder (mit Alliteration): ein ringe Roar. Ein schlechter Ruderer schilt auf die Ruder (als ob die schlecht seien). Von vielen faulen Entschuldigungen.

131. Ro no alle vel, sa' Mann, og so rodde han aaleine.
Es rudern nun Alle wohl (gut), sagte der Mann, da ruderte er allein.

132. Dei ro kvar sin Baat.
Sie rudern jeder sein (eigen) Boot. Sie streben jeder nach seiner Seite. Es ist keine Einigkeit unter ihnen.

133. Dei hava rott seg uppatter.
Sie haben sich emporgerudert: haben ihre Sachen aufgebessert, Verlust überwunden.

134. Eg veit ikkje kvar han rodde.
Ich weiß nicht, wohin er rudert: welchen Sinnes er ist, welcher Partei er angehört.

135. Den som einsleg ror, han einsleg fiskar.
Wer einsam rudert, der einsam fischt. Von Einspännern im Leben.

136. Det vil kvart Rom hava sin Mann.
Jeder Raum (Platz, Posten) will seinen Mann haben (z. B. im Boot; in allen Lebensstellungen).

137. D'er betre eit Rom er tomt en illa skipat.
Es ist besser, ein Raum ist leer, als schlecht geladen, gestaut.

138. D'er liten Ror, som ikkje røyner paa Armarne.
Es ist ein kleines Ruder, welches nicht die Arme erprobt. Ein kleines Ruder kann auch den Arm ermüden. Besser wohl: Es ist ein schlechtes Ruder, wenn die Arme nicht darauf geübt sind. Im Sinne von Nr. 130.

139. Krokutt Ror gjerer lang Fjord.
Krummes Rudern macht langen Fjord, d. h. macht die Fahrt darauf lang. (Mange Krokar gjera lange Vegar: Viele Krümmungen machen lange Wege.)

140. Det høver ikkje same Segl aat alle Baatar.
Es passen nicht dieselben Segel auf alle Boote. Eins muß nach dem andern sein.

141. Segl er ein god Ting; men Aarar lyt ein fyrst hava.
Segeln ist ein gut Ding, aber man muß erst ein (Steuer-) Ruder haben.

142. Ein faer setja Seglet so, som Vinden blaes.
Man muß das Segel so setzen wie der Wind bläst.

143. Retta paa Seglet, so det fangar Vinden.
Spanne das Segel so auf, daß es Wind fängt.

144. Der ein ikkje faer sigla, lyt ein ro.
Wo man nicht segeln kann, muß man rudern.

145. D'er illt aa sigla utan Styre.
Es ist übel zu segeln ohne Steuer.

146. Ein faer so sigla, at ein ikkje kollsigler.
Man muß so segeln, daß man nicht umschlägt (dän. kuldseile = so segeln, daß das Schiff stark krängt und endlich kentert). Ne quid nimis. Maß halten ist gut, lehrt Kleobulus von Lindos.

147. Han sigler ikkje illa, som kjem i ei god Hamn.
Es segelt nicht schlecht, wer in einen guten Hafen kommt. Ende gut, Alles gut.

148. Den som ikkje sigler, naar Byren blaes, faer bida til Byren kjem atter.
Wer nicht segelt, wenn Fahrwind bläst, muß (oft lange) warten, bis Fahrwind wieder kommt.

149. Lat deim sigla sin eigen Sjo.
Laß den (be=) segeln seine eigene See — von eigensinnigen Leuten.

150. Det hender ofta slikt paa Sjoen, sa' Selen; han var skoten i Augat. Oder: sa' Kobben; han fekk eit Skott i Augat.
Es geschieht oft dergleichen auf See, sagte der Seehund, da ward er ins Auge geschossen. Solamen miseris, socios habuisse malorum. Altnordisch: Oft verdr slikt á sae, kvad selr; var skotinn i auga. König Sverres Wort in der Schlacht bei Oslo.

151. Han kunde liggja so daud som ei Sild.
Er konnte so todt liegen wie ein (obwohl noch lebender) Hering. Ebenso englisch: as dead as a herring. Vergl. Brehm, Thierleben, VIII, 314: Gefangene Heringe lassen sich nur einige Stunden (ganz junge einige Tage) am Leben erhalten.

152. Lukka er liksom Sjoen: stundom fell og stundom fløder.
Glück ist wie die See: bald ebbt, bald fluthet es.

153. Eg tregar paa den gode Trøya, sa' Kjerringi, daa Mannen vardt burte paa Sjoen.
Ich ärgere mich über (es thut mir leid um) die schöne Jacke, sagte das Weib, da starb ihr Mann auf See.

154. D'er mangh i Marki, og meir i Sjoen.
Es ist viel auf der (Feld=) Mark und mehr noch in See.

155. Sjoen er ikkje Landet lik.
Die See ist nicht wie das (feste) Land (da ist es nicht so sicher, geht nicht so zu).

156. Sjoen er eit laust Fotespenne.
Die See ist das loseste (unsicherste) Fußbrett (eigentl. im Bett).

157. Det som kjem paa Sjoen, maa anten søkka elder fljota.
Was auf See kommt, muß entweder sinken oder fließen (treiben, schwimmen).

158. Sjoen er baade storgjaev og stortøk.
Die See ist beides: stark im Geben und im Nehmen.

159. D'er lett aa rosa Sjoen, naar ein sjølv er paa Landet.
Es ist leicht, die See zu rühmen, wenn man selbst auf Land ist.

160. Han leet som ein Sjo.
Er klagte wie eine See, wie eine brechende Welle.

161. Det gjerer alt sin Mun, sa' Musi, his meig i Sjoen.
Es macht Alles seine Wirkung, sagte die Maus, da pißte sie in die See.

162. Han kom som ein broten Sjo.
Er kommt wie eine brechende See — mit großem Lärm, fällt mit der Thür ins Haus.

163. Sjoen taerer, sa' Mannen; han aat upp Nista si paa fyrste Halvmili (ober: paa fyrste Fjordungen).
Die See zehrt, sagte der Mann; da aß er seinen Proviant auf der ersten halben Meile (Viertelmeile) auf.

164. Fjellmann er sjelden Sjomann.
Der Bergbewohner ist selten ein (guter) Seemann. Der Gebirgsbewohner ist selten seefest.

165. Han er ingen Sjomann.
Er ist kein (guter) Seemann, kann — wegen Zaghaftigkeit, Neigung zur Seekrankheit — nicht zur See fahren.

166. Han var skipad med os.
Er war mit uns eingeschifft; in unserer Gesellschaft, Gefolge.

167. Eit Skip er ingen Flote.
Ein Schiff ist keine Flotte. Eine Schwalbe macht keinen Sommer.

168. Rosa ikkje Skipet, fyrr det kjem i Storsjoen.
Rühme nicht ein Schiff, bevor es in starke Seen (hohen Seegang) kommt.

169. Store Skip turva djupe Sund.
Große Schiffe bedürfen tiefen Sund (Fahrwasser).

170. Eit 'litet Skjer kann brjota store Skip.
Eine kleine Schäre (Klippe) kann ein großes Schiff zum Scheitern bringen.

171. Ein kjenner Skjeret, naar Skipet støyter paa.
Man kennt eine Klippe, nachdem das Schiff darauf gerannt (gestoßen) ist.

172. Naar Skuta kjem i Skodda, faer ho ganga spakt (fara spacklege fram).
Wenn die Schuite (das Fahrzeug) in Nebel kommt, muß es langsam gehen (weiterfahren).

173. Ein skal ikkje skreppa av Skuta, fyrr ho heve voret ute i Sjoen.
Man soll nicht prahlen von einer Schuite, bevor sie ausgefahren ist in See.

174. D'er Von i hangande Snøre (Snara).
Es ist Hoffnung (Aussicht, Erwartung auf Fang) an hängender Schnur — beim Fischfang bezw. an der Falle — beim Vogelfang.

175. D'er betre stemma i Bekken en i Aai.
Es ist besser ein Bach zu dämpfen als ein Strom. Principiis obsta.

176. Kor ein stemmer Elvi, so bryt ho einstad ut.
Wo (wie) man einen Fluß abdämmt, so bricht er irgendwo aus (durch). Dwang dürt nich lang.

177. Stemna i Aust og hamna i Vest er ei Vanheppa.
Steuern nach Ost und landen in West ist ein Mißgeschick.

178. Ein faer stemna, som ein kann emna.
Man muß steuern, wie man's ausführen kann. Auch in der Form: Ein faer setja Stemne etter Emne (Man muß seinen Kurs, Lebenshaltung richten nach den Mitteln). Gleichen Sinnes: Ein faer setja Taering etter Naering.

179. Sigla i same Stemna.
In demselben Kurs, derselben Richtung segeln. Gemeinsame Sache machen.

180. Dei pløgja paa Storemyri.
Sie pflügen auf dem „großen Moor" (Sumpf, Teich). Sie fahren auf dem Meer.

181. Det kjem eingong Stilla etter Storm.
Es kommt einmal Stille nach dem Sturm.

182. Det gjeng ikkje so i Storm som i Stilla.
Es geht nicht so im Sturm wie bei Windstille. Außerordentliche Verhältnisse erfordern außerordentliche Mittel. Videant consules!

183. I Storm skal ein Styrken røyna.
Im Sturm soll (wird) man seine Stärke erproben.

184. Stor Storm gjerer store Baaror.
Starke Stürme machen starke (große) Wellen.

185. Draumen er som Straumen (stundom mot og stundom med).
Träume sind wie Ströme (Strömungen): zuweilen entgegen und zuweilen mit.

186. D'er stridt imot Straumen aa symja.
Es ist schwer, gegen den Strom zu schwimmen.

187. Den store Straumen vil de fleste fylgja.
Den starken Strömen (Strömungen) werden die Meisten folgen.

188. Han straevar mot Straumen.
Er strebt (kämpft) gegen den Strom: er hat mit vielen Hindernissen zu kämpfen.

189. Han laut slaa paa ein annan Streng.
Er muß an einen andern Strang schlagen, es auf andere Weise versuchen, in einem andern Ton sprechen.

190. Han stryk paa same Strengen.
Er zieht an demselben Strang.

191. D'er komet paa rette Striket.
Das ist auf den rechten Strich gekommen — spottweise von etwas, das schief geht. Eigentl. vom Winde.

192. Der alle vil styra, kan ingen sigla.
Wo Alles steuern will, kann man nicht segeln.

193. D'er vandt aa styra, naar ein ikkje veit Vegen.
Es ist übel zu steuern, wenn man den Weg nicht weiß.

194. Han styrer skeivt, som ikkje veit Vegen.
Er steuert schief (verkehrt), wer den Weg nicht weiß.

195. Baaten vilde ikkje lyda paa Styret.
Das Boot will dem Steuer nicht gehorchen.

196. Fljota igjenom Sundet.
Durch den Sund (die Meerenge) kommen. Durchschlüpfen, sich durchschlagen.

197. D'er lett aa symja, naar ein annan held up Hovudet (held under Hoka).
Es ist leicht zu schwimmen, wenn ein Anderer den Kopf hoch hält (das Kinn unterstützt).

198. Ein laerer ikkje symja, fyrr ein kjem i Vatnet.
Man lernt nicht schwimmen, bevor man ins Wasser kommt.

199. Ein god Symjar kann og eingong søkka.
Ein guter Schwimmer kann auch einmal sinken.

200. **Torsk og Seid gjeng same Leid (same Vegen).** Oder: Toskjen aa Seien gaar same Veien.

Dorsch und Kabliau (Gadus morrhua bezw. virens, Brehm VIII, 175 bezw. 181) gehen in demselben Fahrwasser, dieselben Wege. Gleich und gleich gesellt sich gern.

201. **Torsken er Nordlands Naering.**

Dorsch ist Nordlands Nahrung (Hauptnahrungszweig).

202. **Flesket frys ikkje; Turrfisken speikjer ikkje.**

Fleisch friert nicht; gedörrter Fisch wird nicht steif — vom Frost, bekommt keine Eiskruste. Was sehr fett oder sehr mager ist, friert nicht.

203. **D'er Ur fyre Uveder, og Gard fyre Godveder.**

Beisonne ist Vorzeichen von Unwetter und Hof (Ring) um die Sonne von Gutwetter.

204. **Uvedret bidar ikkje til dess at Mannen er heim komen (oder: til at Baaten er i Land).**

Unwetter wartet nicht, bis der Mann heim (das Boot an Land) gekommen ist.

205. **Di større Aa, di verre a vada.**

Je größer (tiefer, reißender) der Strom, um so übler zu waten.

206. **Det vil ikkje vera djupt, der Kraaka skal vada.**

Es darf nicht tief sein, wo eine Krähe waten soll.

207. **D'er vondt aa vada, der ein ikkje ser Botnen.**

Es ist übel zu waten, wo man den Boden (Grund) nicht sieht.

208. **Den som vil vada i alle Votn, Han kjem paa ymis Botn.**

Wer in allen Wassern waten will, der kommt auf verschiedenartigen Boden. Vergleiche altnord.: ýmsar verðr, er margar ferr (verschiedene — Dinge — trifft, wer viele Reisen — ferdir — macht.) Lateinisch: Varia itinera, varii eventus.

209. **D'er betre ganga paa Land og kroka, en liggja i Vatn og ropa.**

Es ist besser, auf Land (zu Lande) gehen und einen Umweg machen (eigentlich: in Krümmungen gehen), als im Wasser liegen und (um Hülfe) rufen. Warnung davor, auf schwaches Eis zu gehen.

210. **Stillvatnet er det djupaste.**

Stilles Wasser ist das tiefste.

211. **D'er ikkje verdt aa bera Vatn i Aa.**

Es ist nichts werth (überflüssig), Wasser in den Fluß zu tragen.

212. **D'er leidt aa taka seg Vatn yver Hovud.**

Es ist vom Uebel, sich Wasser über das Haupt zu holen — sich mit mehr zu befassen, als man ausrichten kann. Vergl.: Dänische Sprichwörter, Nr. 86. (Aehnlich auch im Schwedischen.)

213. **Han kjenner Vatnet, som vadet heve.**

Das Wasser kennt, wer es abgewatet hat. Erfahrung ist der beste Lehrmeister. Probiren geht über Studiren.

214. **Ein lyt fyrst i Vatnet, fyor ein laerer symja.**

Einer muß erst ins Wasser, bevor er schwimmen lernt.

215. **Vatnet gjeng til Sjoen sjolvbedet.**

Wasser geht von selbst zur See.

216. **Vatnet veit kvat Veg det skal ganga.**

Wasser weiß, welchen Weg es gehen soll.

217. Vatnet veit meir en me: det finn alltid laagaste Vegen.
Waſſer weiß mehr als wir: es findet immer den niedrigſten Weg.
218. Stillaste Vatnet heve djupaste Grunnen.
Das ſtillſte Waſſer hat den tiefſten Grund.
219. I stillaste Vatnet renn stridaste Straumen.
Im ſtillſten Waſſer rinnen die heftigſten Strömungen.
220. I lognaste Vatnet er verste Gruntrolli.
Im ruhigſten Waſſer ſind die ſchlimmſten Unholden des Grundes (troll: Unhold, Gnom;
vergl. Trollhätta; — Däniſch: trold: Kobold, Poltergeiſt).
221. I stillaste Vatnet er styggaste Ormarne.
Im ſtillſten Waſſer iſt das häßlichſte Gewürm.
222. Stillaste Vatnet heve styggaste Botnen.
Das ſtillſte Waſſer hat den häßlichſten Boden.
223. Det er som aa bera Vatn i Aa.
Es iſt thöricht, Waſſer in den Fluß zu tragen.
224. D'er som aa bera Vatn i eit Sold.
Es iſt thöricht, Waſſer in einem Sieb (Durchſchlag) zu tragen.
225. Han tek seg Vatn yver Hovud.
Er zog ſich Waſſer über den Kopf — unternahm mehr, als er ausführen konnte.
226. I slikt Vatn faer ein slike Fiskar.
In ſolchem Waſſer fängt man ſolche Fiſche. Was kann man davon anders erwarten, von
ſolchen Leuten, Verhältniſſen!
227. D'er faafengt aa blaasa mot Vinden.
Es iſt vergeblich, gegen den Wind zu blaſen. Gegen 'n Bakavend kan m' ſlegt angapen.
228. Vind og Vatn vil hava sin Gang.
Wind und Waſſer will ſeinen Gang haben — läßt ſich nicht aufhalten.
229. Vind og Vaeta vil fylgjast aat.
Wind und Näſſe (Regen) wollen aufeinander folgen.
230. D'er god Vind, som alle kann sigla med.
Es iſt guter Wind, mit dem Alle ſegeln können.
231. Det blaes ingen Vind etter alle Manns Ynskje.
Es bläſt kein Wind nach Jedermanns Wunſch.
232. Kor Vinden blaes, er det ein, som faer Andror.
Welcher Wind auch blaſen mag, es iſt einer, der Gegenwind hat. Alle Winden hebben
Weerwinden.
233. Vinden er ikkje god aa binda (venda).
Winde ſind nicht gut zu binden (wenden).
234. Vinden stend ikkje alltid paa same Striket.
Die Winde ſtehen nicht immer auf demſelben Strich (des Kompaſſes) — gehen nicht immer
in derſelben Richtung.
235. Han snur Kaapa etter Vinden.
Er dreht den Mantel nach dem Winde, richtet ſich nach den Umſtänden.
236. Han er som Vind i varmare Sol.
Er iſt wie Wind in warmer Sonne — ganz unbeſtändig.

VI. Schwedische.

237. Daa var det ein annan Vind i Skyom.
Da war ein anderer Wind in den Wolken (die Stimmung veränderte sich).
238. Dei slaa det burt i Vind og Veder.
Sie schlagen es fort in Wind und Wetter („in den Wind").
239. Dei rodde i Voren etter os.
Sie ruderten im Kielwasser hinter uns (gingen mit uns).

VI. Schwedische.
Quellen:
G. A. L—n aus Göteborg: Ordspråk, Sanna Språk. Stockholm (1889).
J. G. P. Möller: Tysk och Svensk samt Svensk och Tysk Ordbok. Tredje Delen. Stockholm und Greifswald 1790. Reich an nautischen Ausbrücken und Erklärungen.

1. Abboren har goda dagar, han dricker när han vill.
Der Bars hat gute Tage, er trinkt, wenn er will.
2. Bättre forlora ankaret än skeppet.
Besser, den Anker verlieren, als das Schiff.
3. Der ligger ett präktigt ankare hemma på min vind, sa' skepparen, var i sjönöd.
„Es liegt ein prächtiger Anker daheim auf meiner Winde (Spill, Kabestan)," sagte der Schiffer, da war er in Seenoth.
4. Det stadnar i bakvatten.
Das steht im Vorwasser (wenn das Wasser so hoch vor den Rädern der Mühle steht, daß das von der andern Seite kommende sie nicht mehr umtreiben und also die Mühle nicht gehen kann). Das hat keinen Fortgang, geht zurück.
5. Nu är han bergad.
Nun ist er geborgen (zunächst: aus Seegefahr, Schiffbruch).
6. Lægga sig om bord med någon.
Sich Bord an Bord mit Jemand legen. Sich mit Jemand einlassen, mit ihm anbinden, zu thun haben.
7. Han har micket inom bords.
Er hat viel an Bord (bei, in sich).
8. At flyende fiende bör man bygga gyllene bryggor.
Einem fliehenden Feinde muß man goldene Brücken bauen.
9. Beck och tjära äro båtsmans ära.
Pech und Theer sind Schiffers Ehr'.
10. Den som tager björnen i båten, måste också föra honom öfver sundet.
Wer einen Bären (Ursus maritimus) ins Boot zieht, muß ihn auch über den Sund führen. Was man sich einbrockt, muß man auch ausessen. Wer A sagt, muß auch B sagen.
11. Har man tagit fan i båten, bör man också föra honom i land.
Hat man den Teufel ins Boot gezogen, so muß man ihn auch ans Land führen.
12. Små båtar flytar, när stora skepp stå på grund.
Kleine Boote schwimmen, während große Schiffe an Grund sitzen bleiben.

13. Gifva något på båten.
Etwas zu Boote geben. Eine Sache aufgeben, sich nicht weiter um sie bekümmern.
14. Fem fingrar äro bättre än en båtshake.
Fünf Finger sind besser als ein Bootshaken.
15. Grunda bæckar bullra varst.
Seichte Bäche brausen am schlimmsten.
16. Den drunknande griper effter ett halmstrå.
Der Ertrinkende greift nach einem Strohhalm.
17. Den drunknar inte, som hängas skall.
Der ertrinkt nicht, wer (am Galgen) hängen soll.
18. Det som korpar tillhör, drunknar ikke.
Was den Raben (am Galgen) gehört, ertrinkt nicht.
19. Dumt (svårt) att drunkna på torra landet.
Es ist dumm (schwer), auf dem trocknen Lande zu ertrinken. Aber möglich doch: nämlich im Becher.
20. Fler drunkna i glaset än i hafvet.
Es ertrinken mehr im Glase (Schnaps), als in der See.
21. Tid, ebb och flod vänta på ingen.
Zeit, Ebbe und Fluth warten auf Niemand.
22. Kopmansgods stiger och faller liksom ebb och flod.
Kaufmannsgut steigt und fällt wie Ebbe und Fluth.
23. Den som far långsamt, far säkert.
Wer langsam fährt, fährt sicher.
24. Af små fiskar blir gäddan stor.
Von kleinen Fischen werden die Hechte groß. Große Fische fressen die kleinen. Kampf ums Dasein.
25. I stora vatten fångar man stora fiskar.
In großen Gewässern fängt man große Fische.
26. I sådant vatten fångas sådana fiskar.
In solchem Wasser fängt man solche Fische.
27. Fiskar fångar man med krokar, män med ord och qvinnor med grannlåter.
Fische fängt man mit Angeln, Männer mit Worten und Frauen mit Putz.
28. I grundt vatten fångrar man inga stora fiskar.
In seichtem Wasser fängt man keine großen Fische.
29. Bättre liten fisk än intet på disk.
Besser kleiner Fisch, als Nichts auf dem Tisch. Något aer baetre än intet: Etwas ist besser als Nichts.
30. a) De kunna också få sina fiskar varma.
Der kann auch seine Fische warm fangen. Der kann mehr als Andere (ironisch).

b) Han får nog sina fiskar varma.
Er fängt noch seine Fische warm. Wie hat er's doch so herrlich weit gebracht! Mit dem wird's noch was werden. Dem werden noch die gebratenen Tauben ins Maul fliegen.

c) Du laerer få dina fiskar varma.
Du lernst deine Fische warm fangen. Du wirst anlaufen. Das wird dir schön bekommen!

VI. Schwedische.

31. Det blir en svår fisk att fjälla, sa' fan, tog länsman.
„Das wird (bleibt) ein schwerer Fisch auf dem Berg," sagte der Teufel, da zog er den Vogt (Distriktsexekutor). Vergl. „Das Riesenspielzeug" von Chamisso.

32. Fick jag ingen fisk, så har jag dock mina maskar qvar.
Fing ich keinen Fisch, so habe ich doch meine Maschen zurück. Auch ein Trost!

33. Han har ögon att köpa fisk med.
Er hat Augen, um Fische damit zu kaufen — so große, wässerige, nichtssagende Augen.

34. Katten vill nog ha fisken, men han vill inte väta tassen.
Die Katze will wohl Fisch haben, aber sie will ihre Tatzen nicht naß machen. Wer gewinnen will, muß auch Etwas wagen, daran setzen.

35. Man bör inte ropa: här är fisken! förr än man har honom på disken.
Man muß nicht rufen: „Hier sind Fische!" eher als man sie auf dem Tisch hat.

36. Ropa inte: fisk! förr än du har honom vid gälarne.
Rufe nicht: „Fisch!" bevor du ihn bei den Kiemen haft.

37. När fisken nappar efter flugan, får han och hålla till godo med kroken.
Wenn der Fisch nach Fliegen schnappt, so muß er auch vorlieb nehmen mit der Angel.

38. Ropa inte: hej! förr än du är öfver bäcken, och prisa inte fisken förr än du har honom på disken.
Rufe nicht: „Hei!" bevor du über den Bach bist, und prahle nicht von Fisch, bevor du ihn haft auf dem Tisch.

39. Den fisken är inte god att fjälla.
Den Fischen ist nicht wohl auf dem Berge.

40. Små bäckar hafva ock sin fisk.
Ein kleiner Bach hat auch seinen Fisch.

41. Sådant vatten, sådana fiskar, sa' fan, fann munkar i röfvarkulan.
„Solches Wasser, solche Fische," sagte der Teufel, da fand er Mönche in der Räuberhöhle (in der Mördergrube).

42. Aet fisken medan den är färsk och gift din dotter medan hon är ung.
Iß Fisch, wenn er frisch ist, und verheirathe deine Tochter, wenn sie jung ist.

43. Att fiska i luften är bakvändt arbete.
Fischen in der Luft ist verlorene Mühe (vergebliche Arbeit).

44. Fiska i grumligt vatten.
Im trüben Wasser fischen.

45. Fiska efter något.
Nach Etwas fischen (streben).

46. Aefven för en klok fiskare kan en ål slinta undan.
Auch einem klugen Fischer kann ein Aal entwischen.

47. Minnet är som fisknätet: något behålles, något går igenom.
Das Gedächtniß ist wie ein Fischnetz: Etwas behält es, Etwas geht durch.

48. Fartyget är åter flott.
Das Fahrzeug (das auf einer Bank festsaß) ist wieder flott. Das Hemmniß, die Schwierigkeit ist überwunden.

49. Gåddan är i taget.
Der Hecht will anbeißen. Ich habe ihn bald so weit.
50. Det förslar ej mer än en droppe i hafvet.
Das verschlägt nicht mehr (macht nicht mehr aus) als ein Tropfen im Meere.
51. Ondt samvete är ett upprördt haf.
Ein böses Gewissen ist eine aufgeregte (bewegte) See.
52. Prisa hafvet, men stanna qvar på landet.
Preise das Meer, aber bleibe zurück auf Land (bleibe an Land).
53. Små droppar bilda stora haf.
Kleine Tropfen bilden (die) große See.
54. Icke hvar dag kommer hval i land.
Nicht jeden Tag kommt ein Wal(fisch) an Land.
55. Det var et godt kap.
Das war ein guter Fang (eine gute Prise).
56. Med stora krokar fångar man stora fiskar.
Mit großen Angeln fängt man große Fische.
57. När fisken känner kroken, tänker han föga på betet.
Wenn der Fisch die Angel kennt, denkt er wenig an den Köder (kännte — dächte).
58. Ofta går en sak kräftgangen.
Oft geht eine Sache den Krebsgang (schief).
59. Från ren källa flyter rent vatten.
Von reiner Quelle fließt reines Wasser.
60. I källan smakar vattnet bäst.
An der Quelle schmeckt's Wasser am besten.
61. Ju närmare källan, dess klarare vatten.
Je näher der Quelle, desto klarer Wasser.
62. Jug vet ej hvar det tagar land.
Ich weiß nicht, wo das landen (wie das ablaufen) wird.
63. Gå i land med en sak.
Mit einer Sache an Land kommen, sie durchsetzen, zu Stande bringen.
64. Tage lofven af någon.
Jemandem Luv (Vortheil des Windes) abkneifen, ihm den Rang ablaufen, ihm zuvorkommen.
65. Aer vinden emot, så lovera.
Ist der Wind entgegen (vergl. plattb.: in de Mööd'), so laviere (kreuze)!
66. En liten läcka kan sänka ett stort skipp.
Ein kleines Leck kann ein großes Schiff zum Sinken bringen.
67. Rake i lägervall.
In Verfall gerathen. (Skeppet aer i lägervall, das Schiff ist festgerathen, zu nahe an den Wall getrieben, muß wegen Mangel an Wind still liegen.)
68. Jag tänker visst inte äta up den, sa' matrosen, stal en ankare rom.
Ich denke sicher nicht daran, den aufzueffen, sagte der Matrose, da stahl er einen Anker Rum (Branntwein). Anker ist ein Flüssigkeitsmaß.

VI. Schwedische.

69. Nu kan jag nog sjelf, sa' matrosen, som bedt till vår Herre, så länge faran stod på.
Nun kann ich auch selbst, sagte der Matrose, der betete bis „unser Herr" (Schlußformel der Kollekte — bezw. auch = Vaterunser), so lange die Gefahr anhielt.

70. Få medvaeder (god boer i seglen).
Mitwetter (günstigen Wind in die Segel) bekommen.

71. Nordanvinden är alltid kall, den må komma från hvad håll den vil, sa' gumman.
Nordwind ist immer kalt, er mag kommen von welchem Klippenabhang er will, sagte die alte Frau.

72. Nordost ber om sydvests dotter, ty hvad hon gör vått, det torkar han.
Nordost bittet (wirbt) um Südwests Tochter, denn was der Eine naß macht, das trocknet der Andere.

73. Falla i nåtet.
Ins Netz gerathen, gefangen, überlistet werden. Låta fånga sig.

74. Han vil icke på nåtet.
Er will nicht ins Netz, nicht in die Falle.

75. Lägga ut sina nåt för någon.
Sein Netz für Jemand auslegen, ihn zu verstricken suchen, ihm eine Falle stellen.

76. Öst och vest, hemma bäst.
Ost und West — daheim (zu Hause, in der Heimath ist's) am besten.

77. Östanväder och qvinnoträta börjas med storm och slutas med väta.
Ostwind und Weiberzank fängt an mit Sturm und schließt mit Nässe (Regen, Thränen).

78. Lätt at ro under fulla segel.
Leicht zu rudern unter vollem Segel.

79. Lätt at sitta vid rodret, när det ej blåser.
Leicht am Steuer zu sitzen, wenn es nicht weht (stürmt).

80. Skeppet är mer beroende af rodret, än rodret af skeppet.
Das Schiff (beruht mehr auf) hängt mehr ab vom Steuer, als das Steuer vom Schiff.

81. Sitta vid rodret (styret, styrelse).
Am Steuer (des Staates u. s. w.) sitzen — es lenken, regieren.

82. a) Gå för fulla segel. — b) Segla med full vind.
a) Vor vollem Segel gehen, dahinfahren. — b) Mit vollem Winde segeln — wenn es mit einem glücklich von statten geht.

83. Sätta alla seglen til.
Alle Segel beisetzen, alle Kräfte anspannen.

84. Fälla, stryka segel.
Die Segel niederholen, streichen. Klein beigeben. Sich (dem Feinde) ergeben, seine Sache verloren geben.

85. Man bör inte segla under falsk flagg.
Man muß nicht unter falscher Flagge segeln, kein verstecktes Spiel treiben, nicht heucheln.

86. Man har sett större skutor segla i qvaf än en vällingbytta.
Man hat (schon) größere Schuiten (Fahrzeuge) in Grund segeln (übersegelt) gesehen als eine Breibütte. Auch in größeren Fahrzeugen, besseren Verhältnissen, ist man nicht sicher vor Verderben.

87. För samlad sill frukta sig stora fiskar.
Vor versammelten Heringen fürchten sich auch große Fische.

88. Har du ätit sillen, skall du äta senapen med, sa' drängen till katten.
Hast du den Hering gegessen, sollst du den Senf mit essen, sagte der Knecht zur Katze.

89. Det är för sent att lära sig simma, när vatnet står en till munnen.
Es ist zu spät, das Schwimmen zu lernen, wenn das Wasser einem bis zum Munde steht.

90. Det är lätt att simma, när en annan håller hofvudet uppe.
Es ist leicht zu schwimmen, wenn ein Anderer den Kopf auf (hoch) hält.

91. Lätt att simma, när en annan håller upp hakan.
Leicht schwimmen, wenn ein Anderer das Kinn auf (hoch) hält.

92. Man lär sig inte att simma förr än man kommer i vattnet.
Man lernt nicht eher schwimmen, bevor man ins Wasser kommt.

93. När vattnet står upp til munnen, lär man snarast simma.
Wenn das Wasser bis an den Mund reicht, lernt man am ehesten schwimmen.

94. Svårt at simma emot strömmen.
Schwer, wider den Strom zu schwimmen.

95. Bästa simmare kan också drunkna.
Der beste Schwimmer kann auch ertrinken.

96. Goda simmare drunkna ock.
Gute Schwimmer ertrinken auch.

97. Den inte kan bedja, han fare till sjös.
Wer nicht beten kann, der fahre zur See. Da wird er's bald lernen!

98. Den som är rädd, går sjön omkring.
Wer gerettet (berathen) ist, geht um den See herum.

99. Det gör hvad det kan, sa' myggan, spotta i sjön.
Das thut, was es kann, sagte die Mücke, da spuckte sie in den See.

100. Han har inte mer at säga än en landtkorporal till sjös.
Er hat nicht mehr zu sagen, als ein Landkorporal auf See.

101. Ingen är herre till sjös.
Niemand ist Herr auf See.

102. Man kastar yxan i sjön och gar landvägen (hem).
Man wirft die Axt in See und geht auf dem Landweg (heim). Man giebt eine Sache auf und besinnt sich eines Besseren. Die Flinte ins Korn werfen.

103. På stora sjöar gå stora vågor.
Auf großen Seen gehen große Wellen.

104. Stormig sjö gör grumlad våg.
Stürmischer See macht trübe Woge.

105. I stilla väder äro alla goda sjömän.
Bei stillem Wetter sind Alle gute Seemänner.

VI. Schwedische.

106. Ingen blir god sjöman, förr än han pröfvat svåra stormar.
Keiner wird ein guter Seemann, bevor er schwere Stürme geprüft (erfahren, überstanden) hat.

107. Galge, stå på din rätt, sa' tjufven när han var i sjönöd.
Galgen, stehe auf deinem Recht, sagte der Dieb, als er in Seenoth war.

108. Den druckne är som ett skepp utan roder.
Der Betrunkene ist wie ein Schiff ohne Steuer.

109. En hvar lastar sitt skepp djupast.
Jeder lädt (belastet) — sein Schiff am tiefsten.

110. Hus utan hustru är skepp utan styre.
Ein Haus ohne Hausfrau ist ein Schiff ohne Steuer.

111. Skeppet går ej alltid dit styrmannen vil.
Das Schiff geht nicht immer, wohin der Steuermann will. Der Mensch denkt, Gott lenkt.

112. Så stort skepp har väl förr seglat omkull som en vällingbytta.
So große Schiffe sind wohl ehemals umgesegelt wie eine Breibütte.

113. Gud hjelpar skepparn, men styra måste han göra sjelf.
Gott hilft dem Schiffer, aber steuern muß er selbst.

114. Man är inte skeppare för det man en gång har seglat.
Man ist (noch) nicht Schiffer darum, daß man einmal gesegelt hat.

115. Ond qvinna är mannens skeppsbrott.
Ein böses (schlechtes) Weib ist des Mannes Schiffbruch.

116. Lida skeppsbrott i hamnen.
Schiffbruch im Hafen leiden. Nahe am Ziel seiner Wünsche sterben u. s. w.

117. Det knallar och går, sa' rospiggen, satte skuten på land.
Das knallt und geht! sagte der Ruderknecht, da saß die Schuite auf Land.

118. Et skepp träffar lycklig slagbog.
Das Schiff trifft einen glücklichen Schlag (beim Laviren). Es glückt, es trifft sich, fügt sich gut.

119. Öpna slussen.
Die Schleusen (der Beredsamkeit u. s. w.) öffnen.

120. Många slag göra stockfisken mjuck.
Mancher Schlag macht den Stockfisch mürbe.

121. Tre ting böra bultas till gagns: sedeskärfvar, stockfisk och elaka käringar.
Drei Dingen gereichen Schlägel (Klöppel) zum Nutzen: Korngarben, Stockfisch und bösen Weibern. Vergl. bulta fisk: trockenen Fisch vor dem Kochen klopfen.

122. Sällan stillnar storm utan regn.
Selten stillt (flaut) ein Sturm ab ohne Regen.

123. Under svår storm kastas ock hvad kärast är öfver bord.
Unter schwerem Sturm wirfst du auch was das Liebste ist über Bord.

124. Strandsätta.
Einen ans Ufer setzen und dann davon segeln. Einen in einer gemachten Hoffnung betrügen und ihn dadurch in Verlegenheit, Verlust und Schaden setzen. Subst.: strandsaettning.

125. Djupa strömmar löpa tyst.
Tiefe Strömungen laufen still.

110 Sprichwörter und sprichwörtliche Redensarten über Seewesen, Schiffer- und Fischerleben.

126. Drömmar löpa som strömmar.
Träume laufen wie Ströme.

127. Han är som käringen mot strömmen.
Er ist wie ein altes Weib gegen den Strom. Er ist eigensinnig wie ein Pferd (störrig wie ein Maulesel. Vergl. Psalm 32,9).

128. I godt väder vilja alla styra.
Bei gutem Wetter (Wind) wollen alle steuern.

129. Han styrde allt til det bästa.
Er lenkte (wandte) Alles aufs Beste (zum Besten).

130. God styrman gör skeppet tryggt.
Guter Steuermann macht das Schiff sicher (zuverlässig).

131. Kommer skeppet väl i hamn, så var styrmannen bra.
Kommt das Schiff wohl in den Hafen, so ist der Steuermann wacker.

132. Kött och blod är en elak styrman.
Fleisch und Blut geben einen schlechten Steuermann ab. Danach darf's nicht gehen.

133. Taga et godt tag.
Einen guten Zug (Fang) machen. Einen guten Erfolg haben.

134. Skeppet dref foer takel och tyg.
Das Schiff trieb vor Takel und Zeug (segellos).

135. Vada inte i det vatten, der du ej kann se bottnen.
Wate nicht in dem Wasser, wo du den Boden nicht sehen kannst.

136. Allt vatten rinner till stranden.
Alles Wasser rinnt zum Strande.

137. Vatnet står til munnen.
Es ist weit (aufs Aeußerste) gekommen, wenn das Wasser bis an den Mund steht.

138. Allt vatten vill i hafvet.
Alles Wasser will in See.

139. Brukad plog blänker, stående vatten stinker.
Gebrauchte Pflüge blinken, stehende Wasser stinken.

140. Detta går öfver mitt förstånd, sa' käringen, gick i vatten öfver knäna.
Das geht über meinen Verstand, sagte das Weib, da ging sie ins Wasser über die Kniee.

141. I det lugnaste vattnet gå de största fiskarne.
In dem stillsten Wasser gehen die größten Fische.

142. I det vatten, man minst tror, får man snarast fisk.
In dem Wasser, dem man es am wenigsten zutraut, fängt man am ehesten Fisch.

143. Ser du inte bottnen, så sätt inte foten i vattnet.
Siehst du nicht den Boden, so setze nicht die Füße ins Wasser.

144. Stillastående vatten blir snart stinkande.
Stillstehendes Wasser wird bald stinkend.

145. Storken lastar vattnet för det han ej kan simma.
Der Storch lästert das Wasser darum, daß er nicht schwimmen kann.

146. Stum hund och stilla vatten bör man inte lita på.
Auf stumme Hunde und stilles Wasser muß man sich nicht verlassen.

VI. Schwedische.

147. Vattnet tränger genom stöflarne, kärleken genom handskarne.
Wasser bringt durch Stiefel und Liebe durch Handschuhe.

148.. Vattnet verkar det visserligen icke.
Wasser wirkt das gewiß nicht („thut's freilich nicht").

149. Välkommen som vatten i nytt skepp.
Willkommen wie Wasser im neuen Schiff.

150. Baera vatten i ån.
Wasser in den Strom tragen.

151. Ack, om bara vinden ville vända sig till jag skall hem! sa' käringen, gick i motvind.
Ach, wenn bloß der Wind sich wenden wollte, bis ich nach Hause muß! sagte das Weib, da ging sie gegen den Wind (in Gegenwind).

152. Den som sår vind, han höstar storm.
Wer Wind säet, der erntet Sturm.

153. Han förståer att vända kappan efter vinden.
Er versteht den Mantel nach dem Winde zu wenden.

154. Lagom vind för skeppet säkrast i hamn.
Mäßiger Wind führt das Schiff am sichersten in den Hafen.

155. Nyttja vinden, du vet ej hur länge den varar.
Benutze den Wind, du weißt nicht, wie lange er währt! Schmiede das Eisen, weil es heiß ist!

156. När vinden inte kommer från ett håll, så kommer hån från ett annat.
Wenn der Wind nicht von dem einen Klippenabhang kommt, so kommt er von dem andern.

157. Sakta vind för skeppet säkrast i hamn.
Ein sachter Wind führt das Schiff am sichersten in den Hafen.

158. Komma under väder om något.
Unter den Wind von etwas kommen. Wind von etwas bekommen.

159. Allting har en öfvergang, sa' pigan, flådde ålen.
Jedes Ding hat einen Uebergang (Alles geht vorüber), sagte die Magd, da zog sie den Aal ab.

160. Den som tåger ålen om stjerten och qvinnan på orden, han vinner inte mycket.
Wer einen Aal beim Schwanz faßt und ein Weib bei Worten, der gewinnt nicht viel.

161. Om man klämmer en ål, så slinter han undan.
Wenn man einen Aal klemmt (drückt), so entschlüpft er.
Han taenkte hålla ålen wid stjerten, men ålen slapp undan.

162. De kommo till äntring.
Sie kamen so weit, daß sie enterten. Sie wurden handgemein.

163. Det går som ösa vatten med ett såll.
Das geht wie Wasserschöpfen mit einem Sieb. Das ist Danaidenarbeit.

VII. Dänische.

Quellen:
Nik. Fred. Sev. Grundtvig: Danske Ordsprog og Mundheld. Kjøbenhavn 1875.
B. C. Grønberg: Deutsch-dänisches und dänisch-deutsches Handwörterbuch. Kopenhagen 1826.
Dr. Svenn Henrik Helms: Danske Ordbog. 5. Aufl. 1887.

1. Døden er haard at gaa paa, sagde Molboen, han druknede Aalen.

Der Tod ist hart zu erfahren (vergl. plattdeutsch: „undergaan"), sagte Molboen, da ertränkte er Aal.

2. Der snor sig ogsaa en Aal fra en god Fisker.

Es entschlüpft auch einem guten Fischer (einmal, wohl) ein Aal.

3. Lad den blive ved Aaren, som har laert at ro!

Laß den bei den Riemen bleiben, der rudern gelernt hat. Schuster, bleib bei deinen Leisten!

4. Bag i Baaden sidder Skipperen.

Hinten im Boot sitzt der Schiffer (bezw. Steuermann).

5. Beg og Tjaere er Baadsmans Aere.

Pech und Theer ist Bootsmanns Ehr. Womit man umgeht, das hängt einem an.

6. Børen bier efter ingen.

Segelwind (Fahrwind) wartet auf Niemand.

7. Mange Baekke smaa gjør en stor Aa.

Manche (viele) kleine Bäche machen einen großen Strom (aus).

8. Gaa sin egen Cours (Kaas).

Seinen eigenen Kurs (Gang, Weg) gehen.

9. Der drukner flere om Aaret i Vin end i Vand.

Es ertrinken mehr im Jahre (jährlich) im Wein als im Wasser.

10. Det er fladt at drukne paa tørt Land.

Es ist dumm, zu ertrinken auf dem Trocknen (trocknen Lande).

11. Han drukner ej, som haenges skal.

Der ertrinkt nicht, wer (als Dieb am Galgen) hängen soll.

12. Man kan drukne i sin egen Laerdom.

Man kann ertrinken in seiner eigenen Gelehrsamkeit.

13. Der er Ebbe i hans Pengepung.

Es ist Ebbe in seinem Beutel.

14. Jeg raader dig, kom ikke i mit Farvand.

Ich rathe dir, komm nicht in mein Fahrwasser. Störe mir meine Kreise nicht!

15. Man maa baade kunne fire og hale.

Man muß beides können: nachlassen (zunächst ein Tau, dann: nachgeben) und anholen. Man moot lichten un swaren könen.

16. Fisken fangar Madingen, men Krogen fangar Fisken.

Der Fisch fängt den Köder, aber die Angel fängt den Fisch. Du meinst, du fängst, und wirst gefangen; z. B. wer sein Herz an den Mammon hängt. Hierher kann man auch 1. Mos. 3,15 ziehen.

17. Den har godt ved at faste, som finder Fisk paa sin Disk.

Der hat gut fasten, der Fisch auf seinem Tisch findet.

VII. Dänische.

18. Fisken vil svømme.
Fisch will schwimmen. Auf Fisch gehört ein guter Trunk.
19. Grød og Fisk er Gildes-Mad.
Grütze (Brei) und Fisch ist Gastmahl (Gastgebots-Speise).
20. Fisken har det godt: han kan drikke naar han vil.
Fisch hat's gut: er kann trinken, wenn er will.
21. Fisken begynder at stinke fra Hovedet.
Fisch beginnt zu stinken am Kopf (der deshalb am besten gleich nach dem Fang abgeschnitten wird). Daher: Stockfisch ist der längste Fisch, sein Kopf ist in Norwegen und sein Schwanz in Spanien.
22. Det er omsonst at laere Katte at muse, Fisken at svømme og Ørnen at flyve.
Es ist umsonst (überflüssig), die Katze mausen, den Fisch schwimmen und den Adler fliegen zu lehren.
23. I saadant Vand fangar man saadanne Fiske.
In solchem Wasser fängt man solche Fische.
24. De store Fiske aeder de smaa.
Die großen Fische fressen die kleinen.
25. Man tager ej store Fiske i grundt Vand.
Man fängt nicht große Fische in seichtem Wasser.
26. Katten vil nok have Fisken, men ikke vaede Kloen.
Die Katze will wohl Fisch haben, aber die Klauen (Tatzen) nicht naß machen.
27. Det er flere Fiskere en Fangere.
Es giebt mehr Fischer als Fänger.
28. Det er nemt at fiske paa Fadet.
Das heißt auf, in dem Faß fischen. Vergl. hinter dem Netz fischen, von vergeblicher Mühe.
29. At laese og intet forstaa, at fiske og intet faa, at jage og intet naa, er tre forlorne Arbejder.
Lesen und nichts verstehen (Apostelgesch. 8,30), fischen und nichts fangen, jagen und nichts nahen (erreichen, einholen) sind drei verlorene Arbeiten.
30. I oprørt Vand er godt at fiske.
In aufgerührtem (trübem) Wasser (im Trüben) ist gut (zu) fischen.
31. Fiske efter noget.
Nach etwas fischen (streben).
32. Fiske i rørt Vande.
Fischen in (auf-) gerührtem (daher trübem) Wasser.
33. Voere i Havn.
Im Hafen sein, figürlich für: zur Ruhe gekommen sein, sich gegen des Schicksals Wechselfälle gesichert wissen.
34. Galge staa paa din Ret! sagde Tyven i Havsnød.
Galgen (be-) stehe auf deinem Recht! sagte der Dieb in Seenoth.
35. Hejren laster Vandet, for hun kan ikke svømme.
Der Reiher lästert das Wasser, weil er nicht schwimmen kann. Mancher macht schlecht, was er nicht erlangen kann.

36. a) Det er paa Helding. b) Ban er paa Helding.
a) Es geht auf die Neige (Helding = Helling, die abschüssige Schiffswerft, Abhang, Böschung). b) Er steht auf der Kippe.

37. Der kommer ikke hvert Aar Hval til Lande.
Es kommt nicht jedes Jahr ein Wal zu Lande. Nicht immer giebt's großen Gewinn.

38. Kast Hund i Jordans Flod, den bliver Hund som før.
Wirf den Hund in Jordans Fluth (gleichsam um ihn zu taufen), er bleibt ein Hund wie vorher.

39. Der er ingen Bjaelker under Isen.
Es sind keine Balken unter dem Eise (Es ist da nicht so sicher wie auf dem Lande) — so sagen bange Leute, die vorsichtig sind und nichts wagen.

40. Kapre en noget voek for hans Noese.
Einem etwas vor der Nase wegkapern.

41. Gaa i ens Kjølvand.
In Jemandes Kielwasser gehen (seiner Spur folgen — von Verbündeten, Genossen).

42. Gaa Krebsegang.
Den Krebsgang gehen.

43. Naar Krokodilen ynksomst graeder, den allersnarest Folk opaeder.
Wenn das Krokodil am mitleidigsten weint, dann frißt es am ehesten das (Schiffs=) Volk. Krokodilsthränen! Borcharbt=Wustmann, Sprichw. Redensarten Nr. 701.

44. Saa skal du have din Smørtyv! sagde Matrosen, han faldt ned og slog Proviant-Skriveren ihjel.
So sollst du deine Schmiere (Bestechung, „dein Fett") haben, sagte der Matrose, da fiel er nieder und schlug den Proviantschreiber zu Tode.

45. Stop! sagde Matrosen, han skulde sagt Amen.
Stopp! sagte der Matrose, da sollte er Amen! gesagt haben.

46. Sta til Rors.
Am (Steuer=) Ruder stehen, regieren.

47. Sidde ved Roret.
Am (Steuer=) Ruder sitzen und Alles (in Ruhe) lenken.

48. Han er en Raekel.
Oder: Roekling: Rechling, die gedorrte Scholle, Heilbutte, Helleflynder. Er ist ein ungeschlachter Mensch.

49. Bedre at stryge Sejl end kaentre.
Besser das Segel zu streichen (einholen) als zu kentern.

50. Tage Sejlene ind; stryge Sejl.
Die Segel einziehen, streichen: sich ergeben, für überwunden erklären.

51. Sejle for fulde Sejl; prange Sejl.
Vor vollen Segeln segeln; alle Segel auf= (bei=) setzen. Alle Kräfte anspannen..

52. Man maa lade Folk sejle deres egen Sø.
Man muß das Volk (die Leute) seine eigene See besegeln (seinen eigenen Kurs, Weg gehen) lassen.

53. Det duer ikke at sejle i ugjort Vejr.
Es taugt nicht, zu segeln in „ungethanem" Wetter (Unwetter). „Ungedaan" in diesem Sinne im Niederdeutschen häufig.

VII. Dänische.

54. Sejling er lystigst med Landet, og Spasering ved Vandet.
Segeln ist am lustigsten neben dem Lande und Spazieren am Wasser.
55. Samlet Sild trykker Hval.
Versammelte Heringe drücken (bedrängen) den Wal. Concordia res parvae crescunt. Eintracht macht stark.
56. Hvo Fanden skiber, maa føre ham over.
Wer den Teufel schifft, muß ihn hinüber führen (fahren).
57. Den Mad, som er paa Skibet, føder Folket.
Der Proviant, der auf dem Schiffe ist, füttert (ernährt, erhält) das Volk. Nur was zu rechter Zeit bei der Hand (vorhanden) ist, nützt einem.
58. Narre-Skibet findes i alle Havne.
Narrenschiffe findest du in allen Häfen.
59. Den bryder Skib, som Skib haver.
Der zerbricht (bringt zum Scheitern, scheitert mit) ein Schiff, der ein Schiff hat. Wer nichts hat, kann auch nichts verlieren.
60. Naar de store Skibe ligger paa Land, gaar de smaa til Strand.
Wenn die großen Schiffe auf Land (an Grund) liegen, gehen die kleinen an den Strand.
61. Taet Skib flyder, det laekte synker.
Das dichte Schiff schwimmt, das lecke sinkt.
62. Den Vej er ond at finde, som Skibet gaar i Hav.
Der Weg ist übel zu finden, den das Schiff in See geht. Sprw. 30,19.
63. Have Skibe i Sjøen.
Schiffe in See haben: sehr reich sein.
64. Der slaas mangt et Slag i Øresund, som der kjendes inter efter.
Es schlägt Mancher einen Schlag (Ruderschlag, „Schlag", Wendung beim Laviren, „som et skib maa gjøre") in den Oeresund (Meerenge zwischen Schonen und Seeland), den er nachher nicht wiedererkennt.
65. I Storm skal man kjaert kaste.
In Sturm soll (wird) man auch Liebes (was einem lieb ist) über Bord werfen.
66. Alt Vand vil til Strand, og Pengene til den rige Man.
Alles Wasser will zum Strand und (alles) Geld zu dem reichen Mann.
67. Naar Vinter laegger Loft paa Strande, da er Bro bredest.
Wenn der Winter einen Boden an den Strand legt, so ist die Brücke am breitesten. Eisbrücke.
68. Lille Hjaelp er ogsaa Hjaelp, sagde Myggen, hun pissede i Stranden.
Kleine Hülfe ist auch eine Hülfe, sagte die Mücke, da pißte sie an den Strand.
69. Det er omsonst at vaeve Spindelvaev, pløje Strandbredden og bygge i Luften.
Das ist umsonst (verlorene Mühe): weben Spinngewebe, pflügen den Strand und bauen in der Luft.
70. Drukken Mand har intet Styre.
Ein trunkener Mann hat kein Steuer.
71. Man kan ogsaa saette en Herregaard over Styr.
Man kann auch einen Hof (herrschaftliches Gut) über Steuer setzen, durchbringen. Man kan wol'n Grafengoot vertären.

8*

72. Det er ikke envher, der kan staa for Styret.
Nicht Jedweder kann am Steuer stehen.
73. Ga (sette) over Styr.
Ueber Steuer (Bord) gehen, setzen.
74. Raab ej vundet, før du er over Sundet.
Ruf nicht: gewonnen! bevor du über den Sund bist. Nahe am Hafen scheitern, ertrinken noch Viele.
75. Det er ingen Sag at svømme, naar en anden holder Hovedet Vejret.
Das ist keine (schwere) Sache zu schwimmen, wenn ein Anderer den Kopf in die Luft (zum Athmen) hält.
76. Til Søs maa man enten synke eller sejle.
Zur See muß man entweder sinken oder segeln.
77. Søen taerer.
Die See zehrt.
78. Naar Tranen borger for Vildgaasen, flyver de begge af Land.
Wenn der Kranich Bürge wird für die Wildgans, schwimmen sie beide von Land. „Wei ist Karmelks Börge", wenn Einer noch weniger hat, weniger zuverlässig ist als der Andere.
79. Det er godt at have sit paa det tørre.
Es ist gut, das Seine auf dem Trockenen zu haben (seine Schäfchen auf dem Trockenen zu haben).
80. Hvem der vil vade gjennem alle Vande, han druknar til sidst.
Wer durch alle Wasser waten will, der ertrinkt zuletzt.
81. Han kjender bedst Vandet, som vadet har.
Der kennt das Wasser am besten, der (es ab=) gewatet hat.
82. Jo laengere man vader, des dybere bliver Vandet.
Je länger man watet, um so tiefer wird das Wasser. Vergl. Hesek. 47,3 ff.
83. Drik Vand! saa beholder du din Forstand.
Trink Wasser, so behältst du beinen Verstand.
84. Man skal ikke slaa det skidne Vand ud, før man har det rene.
Man soll das schmutzige (mubbige, trübe) Wasser nicht ausschlagen, bevor man das reine (klare) hat.
85. Hvem der haelder Vand over Hovedet, faar det let i Aermet.
Wer Wasser über den Kopf hält (holt), der bekommt es leicht in die Aermel.
Auch in der Form: Tager man sig Vandet over Hovedet, da løber det i Aermerne. Sinn: Man muß sich nicht mehr aufladen als man bewältigen kann. Vergl. Norweg. Nr. 212.
86. Immer kommer Vand, hvor vaeret haver.
Immer kommt das Wasser (wieder dahin), wo es gewesen ist (läuft immer denselben Weg). Von Unverbesserlichen mit leidenschaftlichem Hang u. s. w.
87. Kast mig hvor du vil! sagde Odderen, kun ikke i Vandet.
Wirf mich wohin du willst, sagte die Otter („Abber", Schlange), nur nicht ins Wasser. Vergl. 1. Mos. 3,14.
88. Det er omsonst at baere Vand til Stranden (Ved til Skoven eller Tømmer til Norge).
Es ist umsonst (überflüssige Mühe), Wasser zum Strand zu tragen, Holz in den Wald oder Dielen nach Norwegen.

VII. Dänische.

89. Det stille Vand har den dybe Grund.
Das stille Wasser hat den tiefen Grund.

90. Det stille Vand: den dybe Grund.
Das stille Wasser: der tiefe Grund. Stille Wasser sind tief.

91. Tiende Hund og tyst Vand | Har bedraget mangen Mand.
Stummer Hund und stilles Wasser hat manchen Mann betrogen.

92. Det er bleven til Vand.
Das ist auf dem Wasser geblieben. Das ist zu Wasser, zu nichte geworden.

93. Den Vind som blaeser nogen i Havn borer andre i Grund.
Der Wind, welcher den Einen in den Hafen bläst, bohrt Andere in Grund. Des Einen Noth, Tod, ist des Andern Brot.

94. Vind og Vand vil have sin Gang.
Wind und Wasser wollen ihren Gang haben — die kann Niemand in ihrem Lauf aufhalten.

95. Til Vands har man ikke Vinden i Svøben.
Zu Wasser hat man nicht Wind in der Peitsche (vergl. Plattd.: Swepe) — mag man auch noch so viel „Wind machen", das bringt einen nicht weiter. Auch das bekannte Kratzen des Mastbaumes hilft nichts.

96. Vaer ikke som Vinden blaeser.
Sei nicht wie der Wind bläst, keine Wetterfahne.

97. Løb ikke med en halv Vind.
Laufe nicht mit halbem Wind, sei nicht zwiespältig und unentschieden.

98. Vrag er vist Sømaerke.
Ein Wrack ist das sicherste (zuverlässigste) Seezeichen.

Ergänzungen und Berichtigungen.

I. Zu den niederdeutschen Sprichwörtern.

Bedeutung der Abkürzungen zur Bezeichnung der Dialekte und Ursprungsgebiete.

nrh. = niederrheinisch (A. = Aachen, D. = Düren, Kl. = Kleve, M. = Mörs, S. = Siebenbürgen).

ns. = niedersächsisch (Br. = Bremen, ha. = hannoverisch — und zwar: G. u. G. = Göttingen und Grubenhagen —, Hamb. = Hamburg, Hlst. = Holstein — und zwar: A. = Angeln —, N. = Neumark, O. = Oldenburg, ofs. = ostfriesisch, Pr. = Preußen [Provinzen], U. = Uckermark, W. = Waldeck).

wstf. = westfälisch (A. = Arnsberg, Dr. = Driburg, Mrk. = Mark, Mst. = Münster, O. = Osnabrück, S. = Soest).

Fernere Abkürzungen der Verfasser brieflicher Berichtigungen und Ergänzungen:

v. F. = R. v. Fritsche-Charlottenburg; G. = Korvettenkapitän a. D. Hermann Gercke, Redakteur, Berlin; L. = Lootsenkommandeur Laarmann-Emden.

Als wichtige Quelle für die Ergänzungen in sämmtlichen germanischen Sprachen ist hier zu nennen das groß angelegte und durchaus wissenschaftlich gehaltene Werk: „Sprichwörter der germanischen und romanischen Sprachen." Vergleichend zusammengestellt von Ida v. Düringsfeld und Otto Frhr. v. Reinsberg-Düringsfeld. I., II. Leipzig. Verlag von Hermann Fries. 1872/1875. — Bezeichnet mit R. D.

(Die Nummern beziehen sich auf die Hauptsammlung zurück.)

4a. Da smitt sick een Aal (Ål) up.

Da wirft sich ein Aal auf; es thut sich Jemand dick, macht sich wichtig, ist vorlaut, naseweis; zurückzuführen auf das manchmal zu beobachtende Emporschnellen des Aals über Wasser. v. F.

13. „An de Bakken un Banken".

Auf zur Schiffsmahlzeit auf Kriegsschiffen, auf Kauffahrteischiffen heißt es:

Schaffen unnern un boven Schaffen! L.

Ergänzungen und Berichtigungen.

·18. R. D. schreibt (I 268): Et es genge Böcken esu mager, et bront doch si Fettche drus; übersetzt: Es ist kein Bückling so mager, es brät doch Fett heraus, und notirt: nrh. A. (niederrheinisch. Aachen).

22a. Dat Schipp fallt över Bord.
Wenn das Schiff stark schlengert beim „Vor-dem-Winde-Segeln". Soll heißen: Nun ist bald Alles aus, es geht Alles verkehrt, anders als man erwartete. v. F.

39a. Buttke bi Buttke. (wstf., O.)
Gleich und gleich gesellt sich gern. R.-D. I, 601.

54. Vergl. Man seggt wol van dat väle Drinken, man nich van den groten Dörst. (Br., Hlst., Hamb.)

Jy seggen wull van mynem Drinken, man nich van mynem Doersten. (Hinterpommern.) R. D. I, 309.

Wât ê' mĕ drénkt, wât ê' mĕ dûschteréch gét. (nrh., Luxemburg.)
Je mehr man trinkt, je durstiger man wird. R. D. I, 807.

65. Et ist alle Tag' Fischtag, aber nicht Fangtag. (ns., Pr.) R. D. I, 20.

70. Ungefangen Fiske sünt nich got to Diske. (ns, Br.) R. D. I, 236.

75. De Katt mag wol Fisk, man se will de Poten neet natt maken (ns., ofs.) R. D. I, 871.

80. Man mutt nich Hering ropen, man hebbe em denn bi'n Steert. (ns., Br.)

Man mut nig eer: haalt Fisch! untroopen, bit se fungen sünd. (ns., Hlst.)
Roop keen Haalfisch ut, eer du se hest. (ns., Hlst.)
Man mut ni ier Fische ruopen, ier man si ni innen Korf het. (ns., N.)
Nüms roop Aal, ehr he hum bi de Stert hett. (ns., osf.)
Schrei nicht Holfösch! du hast noch keine im Sack. (ns., Pr.)
Roep jo nich ea: Holt Fisch! ea du se innen Sak hest. (ns., U.)
Man kan ni aier Heering seggen, bis me ne bëi'n Swanse hett. (wstf., Dr.)
Me maut nitt är Härink raupen, bit me 'ne am Stiärte hiät. (wstf., Mrk.)
Me mot nit äer Herink raupen, bis me ne bui'm Stärte hiät. (wstf., S.)
Vergl. Nr. 125. R. D. I, 313.

85. R. D. II, 601, giebt für a) an: ns, Br.
Er ist nicht Fisch, nicht Fleisch. (ns., Pr.) Ebenda.

87. Fischkefangen un Vuggelstellen
Verdirwet mannegen jungen Gesellen. (ns., W.) R. D. II, 381.

94. Ein guter Gast und ein guter Fisch halten sich drei Tage. (ns., Pr.)
Dreedägige Gäste un Fischke,
De süht me nit geerne bie Dischke. (ns., W.) R. D. I, 543.

102a. Ho meer Fis, ho druver Water.

149. Ironische Bekräftigung, — d. h.: Warum hast du das nicht schon eher gethan!?
G.

150a. He leevt wie den Kaptain sin Hund.
D. h.: Er führt ein Leben wie Gott in Frankreich, da Jedermann des Kapitäns Hund hätschelt und Niemand ihm ein Leid zuzufügen wagt. v. F.

151. Wenn beim Anbruch der Nacht zur Zeit des Vollmondes das Wetter stürmisch drohend, „schmutzig" u. s. w. aussieht, so sagen unsere Seeleute: dat fret de Mand up, d. h. der aufgehende Mond wird das drohende Gewölk zertheilen, und es wird gutes Wetter bleiben; eine Voraussetzung, welche erfahrungsmäßig fast stets eintritt. — In diesem Falle (Nr. 151), bei der Bemerkung des Kapitäns zu Grunde liegt, war aber das Entgegengesetzte eingetreten, das Wetter hatte zugenommen, und als der Vollmond hoch stand in jener Nacht, wehte es so, daß das Vormarssegel bereits aus den „Lieken" geflogen war, „der Mond hatte es verzehrt": also statt der Wolken das Segel. Von Steuermännern und Kapitänen oft gehört. v. F. (G. Vergl. Klein, Witterungskunde, S. 255 f. Danach ziehe ich meine Erklärung als fehlsam zurück.

157. 158. Die Erklärungen sind wohl richtig gemeint, aber seemännisch nicht richtig ausgedrückt. G.

159. Verglichen mit R. D. I, 389. Lade nicht Alles in ein Schiff: so viel als „Alles an einen Nagel hängen, auf eine Karte setzen."

162. Bedeutet: Er befindet sich in großer Gefahr. G. Er wird durch den darauf (auf das Schiff) zu wehenden Wind dem Lande zugetrieben, muß stranden. L.

169. Fährt mit, ohne einzugreifen, als „Badegast"!? v. F. Das in Anführungszeichen gestellte Wort Badegast soll hier einen prägnanten Sinn haben, nämlich so viel bedeuten als „Swabbergast". Swabber ist (norwegisch und plattdeutsch) ein Bündel aufgepflücktes Tau zum Abtrocknen des gespülten Decks. Gast = Seemann in Dienst. Swabbergast (hochd. „Badegast") = Schiffsjunge, der das Deckreinigen u. s. w. besorgt. Vergl. zu diesem Ausdruck das Buch des sehr marinekundigen Norwegers Jonas Lie, „Der Lotse und seine Frau", übersetzt von Edzard Brons. Haynels Verlag, Emden; S. 33 Anm. Herr v. Fritsche schlägt folgende Erklärung vor: In der Seemannschaft ist der Großmast das Symbol des absolut Nothwendigen, des Unerläßlichen und Selbstverständlichen, ohne den ein rechtes Seeschiff nicht denkbar ist. „Mit dem Großmast von Bord gehen" heißt: Das Schiff erst dann verlassen, wenn der Großmast fällt, also in der höchsten Noth, wenn man muß, freiwillig nicht; wird angewendet auf Seeleute, die im Hafen nicht an Land gehen. Mit Bezug auf Nr. 169 also: Er geht so selbstverständlich mit wie der Großmast (d. h. also: Er geht nicht von Bord, wenn er nicht muß. G.). Die Entscheidung zwischen den beiden Erklärungen dürfte schwer sein.

171. Der mit den Wogen ringende Matrose antwortet auf den Zuruf: Halt dich an Gott! mit den Worten: Ich halte mich an Mast! womit er sagen will, daß ihm unter den gegenwärtigen Umständen das Anklammern an den Mast nützlicher scheint, — ein Skepticismus oder Unglaube, der nicht böse gemeint ist, sondern seemännisch. v. F.

172. Hat m. E. wohl seinen Ursprung in der Zeit, in welcher das Kap den Holländern gehörte; das „Dübbeltje" ist eine holländische Scheidemünze; der holländische Matrose geht in Kapstadt an Land und verjubelt dort das Geld, welches er von Amsterdam bis dorthin verdient hat: Wie gewonnen, so zerronnen. v. F.

180. Dehlen na Norwegen schikken. (ns., Br.) Dat is so völ as Delen na Norwegen stüren. (ns., ofs.) R. D. II, 469.

182. Von „breitspurigem" Auftreten. v. F. G. Die Erklärung „Suade" würde ich vorziehen, denn warum sollte ein Kriegsschiff mehr „swajen" als ein anderes Schiff. „Swajen" heißt überhaupt nicht etwa: im Zickzack fahren, sondern sich auf Wind oder Strom drehen. Marobpf. Goebel-Wilhelmshaven.

186. Junker Ulrich v. Werbum (Ostfr.) berichtet in seinem Reisejournal (1670—1677) in dem Tone festester Ueberzeugung, daß man in Ostpreußen und Polen einen kleinen Fisch finde, Piscurfa genannt, etwa ein halb Quartier einer Ellen lang oder etwas länger, ähnlich dem ostfriesischen Puutaal, der so lebhaft sei, daß wenn ihn eine Ente einschlucket, er sich alsobald durch den Leib hindurcharbeitet und lebendig hinten wieder herauskommt, welches er thut,

Ergänzungen und Berichtigungen. 121

wenn er schon sechs=, sieben= oder mehrmalen nacheinander verschluckt wurde. — Dieser Fisch ist nach Oberbibl. Lutz=Göttingen der Piscorz, Peisker, Schlammpeisker, Bigurra (cobitis fossilis). Davon giebt es die polnischen Redewendungen: Kreci sie jak piskorz = er windet sich wie ein Piscorz; wymkuat sie jak piskorz = er ist wie ein Piscorz durchgeschlüpft. Offenbar ist unser Sprichwort hiermit sehr verwandt, vielleicht identisch. — Bei dieser Gelegenheit führen wir noch einige andere Bemerkungen Ulrichs über Fische an: „In den Seen Preußens wird ein Fisch gefangen, welchen die Preußen Mareen, die Polen aber Siollovi nennen, an Gestalt und Geschmack sowohl frisch als gesalzen dem Hering gar gleich, so daß man ihn davor kaufen und essen sollte. — Der Dorsch oder Pomuchel, nach welchem die Danziger, weil sie so viel davon halten, zum Schimpf Pomuchelsköpfe gescholten werden, ist der delikateste von allen Seefischen, die ich mein Tage gegessen; so süße, zart und schilfericht als immer Revierfisch (Flußfisch) sein mag, so daß man ihn mit Recht den Forellen der Seefische kann nennen. Er ist so groß als ein Schelfisch, doch viel dicker von Kopf und hinden spitziger, über den Rücken hin braun und weiß gesprengt (»sprenkelt«, gefleckt) und unter dem Bauch gelb. — Auf der Fahrt durch die Schären an Schwedens Südküste kamen uns am 23. Mai 1673 die schwedischen Bauern mit ihren Booten bei zwei Meilen in See entgegen, da sie fischten und an den Schiffer gegen ein Stück Taback eines Fingers groß zwanzig und mehr schöne Dorsch vertauschten." — Weniger entzückt hat ihn ein Fisch, „der im Dnjestr vorkommt, einen halben Fuß lang, mit einem dicken, vorn gespitzten Kopfe, dessen Fleisch uns zu Mohilew zwar sehr gut schmeckte, aber einige Stunden lang unerträgliches Kopfweh verursachte." Vergl. Ulrich v. Werdum und sein Reisejournal (1670 bis 1677) von Prof. Dr. A. Pannenborg in Göttingen im Ember Jahrbuch 1899, XIII, S. 95 f. — Daneben ist hinzuweisen auf R. D. I, 639: Den hört ock de Pieren (Piere = der als Köder für die Fischangel gebrauchte Sandwurm, arenicola piscatorum) hussten. (nrh., M.) Hai es so wise, hä hoert de Pire im Water hausten. (wstf., Mrk.) Für Pukis: Pire, gesetzt, hätten wir für Nr. 186 den Sinn: er windet, krümmt sich, strengt sich an, wie ein an die Angel gesteckter Wurm.

187. Findet sein Gegenstück im Englischen: wild goose chase = kopflose Jagd nach etwas Unmöglichem, Unerreichbarem. v. F.

189. Eerst in de Boot, dann Köre vun Reemen. (ns., Br.) R.D. II, 740.

196. Soll wohl heißen: Von unten Schellfisch, Schollen und Butten, d. h. Schiff sitzt auf dem Trocknen. v. F.

Die genannten Fische sollen aus dem Wege gehen, damit sie nicht von dem Loth getroffen werden. L.

Wird ausgesungen beim Lothen:
Klar beim Loth! (Kommando von achtern.)
       Von unnern, von unnern
       Alle Fiss un Flunnern —
       Nu kömmt dat grote Loth,
       Dat sleit jug alle dod! (Singt der Mann vorne aus.)
Hiev! — — (Kommando von achtern.)
Nimm wohr achtern!! (Gegenruf! Zeichen, daß das Kommando ausgeführt.) G.

201. Der letzte Satz von „gar leicht" an muß fortfallen. G.

202. Ein altes Schiff krengt nicht leichter als ein neues, im Gegentheil, es ist schwerer und daher steifer, d. h. es krengt nicht so leicht. Steife Schiffe schlingern, ranke Schiffe liegen schiefer. L. — Gilt wohl von einem Angeheiterten; außerdem „slingert" ist nicht mit „krengt" zu übersetzen. „Slingern" bedeutet das Schwanken von einer Seite zur andern und zurück. „Krengen" heißt dauerndes Ueberliegen nach einer Seite. G.

221b. Lewer See as Land plögen, seggt de Schipper.
Wunderlich, Deutsche Sprichwörter, volksthümlich erklärt und gruppirt (I—III. Langensalza. Greßler.) II. S. 60.

255. Hauge Klemmer und daipe Schwemmer wäret nich ålt. (wstf., Mst.) R. D. II, 348.

256. Strom up is quad swemmen. (ns., Br.) R. D. II, 407.

268. Stell Wässer grönde dehf. (nrh., D.) — Stille Waters sinn diep. (nrh., Kl.) — Ståll Waszer grèift dèf. (nrh., S.) — De stillsten Waters hebbt de deepsten Grünne. (ns., Br.) — Stille Wâter sint deip. (ns , ha., G. u. G.) — Stille Wâter fleitet deip. (Ebenda.) — Dat stillste Water hett öft sin depste Grund. (ns., Hlst., A.) — Stille Waters hebbt de deepsten Grünne. (ns., O., R.) — De stillesten Waatere sied am deepesten. (ns., W.)

272. Det Wâter het kene Balken. (ns., ha., G. u. G.) — Under'n Ise sint kene Balken (segt de Jûde). (ns., ha., G. u. G.) — Moses hett ken Balken unner dat Is leggt. (ns., Hlst., A.) — Waater drigget kenne Balken. (ns., W.) R. D. II, 595.

274. Godds Water over Godds Land loope lote. (nrh., Kl.) — He lött Gotts Water öwer Gotts Land laupen. (nrh., M.) — Laat God's Water ööwer God's Land lopen. (ns., Hamb.) — Dai lätt ok gärne Guodes Water üöwer Guodes Lant gån. (wstf., Mrk.) R. D. II, 596.

277. Heißt wohl: Rechtzeitig vorbeugen! Im weiteren Sinne: Spare in der Jugend, so hast du im Alter, oder vergl. (vielleicht auch: Sich nach der Decke strecken). G.

278. De stillesten Waatere breeket de deepesten Löchere. (ns., W.) R. D. II, 397.

281. Keen vul Water utgetn, ehr man rein weer hett. (ns., Br.) — Men sal kein fûl Wâter weggeiten, êr men klâr weder het. (ns., ha., G. u. G.) — Men maut nich êer (Ein maut) det smutzige Wâter (nich êer) ûtgeiten, ê men nich det reine wêer (as bet man wêer reines) het. (ns., ha., G. u. G.) — Keen vuul Water utgeeten, eer man reines hett. (ns., Hlst.) R. D. I, 63.

Zu Anhang I: Hochdeutsche Sprichwörter.

Bedeutung der Abkürzungen zur Bezeichnung der Dialekte und Ursprungsgebiete.

ad. = altdeutsch (und zwar gilt das 16. Jahrhundert als Grenzscheide zwischen Alt und Neu).

md. = mitteldeutsch (frk. = fränkisch — und zwar H. S. = Henneberg-Sonneberg —; Hrz. = Harz; hss. = hessisch; schls. = schlesisch — und zwar B. = Breslau; thr. = thüringisch — und zwar R. = Ruhla; W. = Walbeck — und zwar E. = an d. Eber).

mrh. = mittelrheinisch (E. = Eifel; L. = Luxemburg).

od. = oberdeutsch (bair. = bairisch; opf. = oberpfälzisch; — und zwar N. = Nürnberg; schwb. = schwäbisch — und zwar W. = Württemberg; schwei. = schweizerisch; st. = steirisch).

Neben **Borchardt-Wustmann** und **Reinsberg-Düringsfeld** ist hier als Quelle noch zu nennen:
G. **Wunderlich**, Deutsche Sprichwörter, volksthümlich erklärt und gruppirt. Langensalza. Greßler. I., 7. Aufl., 1897. II, 6. Aufl., 1898. III., 4. Aufl., 1894.

1. Wer den Aal hält bei dem Schwanz, dem bleibt er weder halb noch ganz. — Er (Es) ist zu halten wie'n Aal beim Schwanz und ein Weib beim Worte. — Wer den Aal anfasst beim Swanz, der hat ihn weder halb noch ganz. (ad) — Wer einen Aal will halten beim Schwanz, dem bleibt er weder halb noch ganz. (od., schwb , W.)

2. Verkaufe die Aale nicht, eh' du sie gefangen hast. (md., Hrz.)

3. Absegeln = Sterben. Anhang I, 1.
Wunderlich, I, S. 76. Sterben heißt beim Seemann: absegeln, oder: in den Hafen der Ruhe einlaufen. Vergl.: Herr, nun lässest du deinen Diener in Frieden fahren.

4. Wer nichts an die Angel steckt, der fängt nichts.

5. „Jedes Ding hat sein Häkchen, bei dem man es fassen kann!" sagte der Fisch, als er auf den Wurm an der Angel biss und es etwas nach Eisen schmeckte.

6. Fische fängt man mit Angeln, Leute mit Worten.

7. „Endlich kommt man in die Höhe!" sagte der Gründling, da hing er an der Angel.

8. Schenken heisst angeln.

9. Man muss nicht hopp! sagen, ehe man über den Bach ist. (mrh., E.) — Man muss nicht Juhe schreien, bis man über den Graben ist. (od., bair.) — Rufe nicht: Juch! bevor du über den Graben bist. — Er schreit: Juchhe! eh' er über den Graben kommt.

10. Viele Bäche machen einen Strom. — Viel Bächlein machen auch einen Strom. — Viele Tröpfchen machen Wasser. — Viele Bächlein geben (auch) einen grossen Fluss (einen Bach). (od., schwei.)
Vergl. Wunderlich, II., S. 18, erklärt von K. Enslin.

10a. Der Krug geht so lange zum Bach (zur Tränk'), bis er bricht Hals oder Krog' (Henk'). (mrh., E.)

11. Dem fliehenden Feind baue goldene Brücken. — Dem fliehenden Feind muss man goldene Brücken bauen. (od., bair.)

12. Freund in der Noth und hinterm Rücken,
Das sind fürwahr zwei starke Brücken.
Freund in der Noth, | Freund hinter dem Rücken,
Freund im Tod, | Das sind drei starke Brücken.
Ein treuer Freund, drei starke Brücken
In Freud, in Leid und hinterm Rücken.
Auch plattdeutsch. (ns., Br., ofs., wstf., A.) R. D. I, 498.

13. Glücklich über die Bruck, | Verlacht man St. Nepomuk.
St. Nepomuk, der von der Brücke herab in den Fluß gestürzt wurde, ist der Brückenheilige geworden.

14. Wenn das Wort eine Brücke wäre, ich ginge nicht darüber!
Vergl. Gellerts Fabel „Der Bauer und sein Sohn."

15. „Ich muss der Sache auf den Grund kommen", sagte der Sterngucker, da fiel er in den Brunnen.

16. Wenn der Brunnen trocken ist, schätzt man erst das Wasser. — Den Brunnen schätzt man erst, wenn er versiegt ist. — Wenn der Brunnen trocken ist, weiss man den Werth des Wassers. (ns., Pr.)

17. Wer in den Brunnen fällt, will sich am Moos erhalten.

18. Der Krug geht so lange zum Brunnen, bis er zerbricht. — De Krŏ gêt esŏ lang op de Bur (Brunnen), bis e brécht. (mrh., L.) — Der Krúk gît su lange zum Burne (Brunnen), bîsem der Henkel abbricht. (schls., B.) — Der Krug geht, wie man spricht, so lange zum Brunnen, bis er bricht. (bair.) — 's Hefadl ged son loung zan Prinddl (Brünnlein), pis 's pricht. (st.)

19. Wenn der Wanderer getrunken hat, so kehrt er dem Brunnen den Rücken zu.

20. Wasser in den Brunnen tragen.

21. Trinke, wenn du am Brunnen bist.

22. Wenn das Kind ertrunken ist, deckt man den Brunnen zu. — Zu spät deckt man den Brunnen zu, wenn das Kind bereits ertrunken ist. — Den Brunnen schliessen, wenn das Kind ertrunken ist.
Auch plattdeutsch in sechsfacher Form. R. D. II, 623.

23. Wenn's Kalb ersoffen ist, deckt der Bauer den Brunnen zu.
Vergl. R. D. II, 626.

24. Der Charybdis entfliehen und in die Scylla gerathen.

25. Das Ei des Columbus.

26. Zeit, Ebbe und Fluth warten auf Niemand.

27. Den Esel führt man nur einmal aufs (über das) Eis. — Der Esel ist so weise: er tanzt nur einmal auf dem Eise. — Wer ist eselsweis', geht nur einmal aufs Eis.

28. Mattheis — bricht's Eis; find't er keins — macht er eins.
In 13 verschiedenen Formen. R. D. II, 78.

29. Soll ich ersaufen, so muss es in sauberm Wasser sein.

30. Wer im Ertrinken ist, ergreift jeden Strohhalm.

31. Was zum Galgen geboren ist, ersäuft nicht. — Was am Galgen vertrocknen soll, ersäuft nicht im Wasser. — Was an (den) Galgen gehört, ertrinkt nicht (vertrinkt nit). (bair.)
Auch in vielen anderen oberdeutschen und plattdeutschen Formen. R. D. I, 537.

32. Gott (Christus) lässt wohl sinken, aber nicht ertrinken.

33. Der Fährmann hat dem Charon das Fährgeld entrichtet und fährt ab. Wie Nr. 3.

34. Wären wir Alle reich, | Sässen wir Alle zu Tisch,
    Wären wir Alle gleich, | Wer brächt uns dann die Fisch?
    (ns., Pr.)
35. Besser ein kleiner Fisch, als gar nichts auf dem Tisch.
36. Man soll nicht rufen: Holt Fische, ehe man sie hat. — Rufe nicht Fisch, du habest ihn denn hinter den Kiefern.,
36a. Es denkt nur Jeder an sich, Alle schreien: Herda, mein Fisch! (bair.)
37. Der Fisch fängt am Kopf an zu stinken.
Auch plattdeutsch. R. D. I, 466.
38. Fleisch macht wieder Fleisch, Fisch macht nisch. (od., schwei.)
39. Was den Vögeln gehört, wird den Fischen nicht.
40. Ein Gast ist wie ein Fisch,
    Er bleibt nicht lange frisch. —
    A fauler Fisch und a Gast,
    Die werdet bald zur Ueberlast. (od., schwb., W.) —
    Drei Tag Fisch und Gast,
    Hebet's an, so stinket's fast. (od., schwei.) —
    Ein guter Gast und ein guter Fisch halten sich drei Tage. (ns., Pr.)
41. Grosse Fische fressen die kleinen.
Auch plattdeutsch. R. D. I, 640.
42. Die Katze frisst gern Fische, sie will aber nicht ins Wasser. — Die Katze ässe wohl Fische, sie will aber ihre Füsse nicht nass machen. — D' Chatz isst gern Fisch, aber sie netzt nid gern d' Füess. (od., schwei.)
43. Oft fahet man Fische von ungefär,
    Wo man nit meinte, dass einer wär. (ad.)
44. Viele kleine Fischlein geben auch ein Mahl. (od., schwei.)
45. Es ist weder Fisch noch Vogel.
46. Er (sie) ist nicht Fisch, nicht Fleisch. (ns., Pr.)
47. Gesottenem Fische hilft das Wasser nicht.
Auch plattdeutsch. R. D. II, 626.
48. Gesund wie ein Fisch im Wasser.
Der Fisch im Wasser ist das Bild frischen, gesunden Lebens. Konrad v. Würzburg im Trojanerkrieg: Er wart gesunt reht als ein visch, der vert in einem wage. Schiller in „Räuber": Ist euch wirklich ganz wohl? „Wie dem Fisch im Wasser." Goethe: „Der Fischer."
49. Stumm wie ein Fisch.
Deshalb der Fisch bei den Pythagoräern verehrt. Erasmus Adagia: magis mutus quam pisces. Horaz, Od. IV, 3: O mutis quoque piscibus Donatura cygni si libeat sonum!
50. Frische Fische, gute Fische!
Frisch auf zur That! Gewagt, gewonnen! Frisch gewagt ist halb gewonnen. Man muß das Eisen schmieden, weil es heiß ist.

51. **Faule Fische! — Das sind faule Fische!**
Verdächtige Handlungen, unwahrscheinliche Ausreden. Lehm. 488: Ein Lügner verkauft faule Fische. Zu Nr. 50, 51 vergl. Plautus, Asin. I, 3, 26: Piscis nisi recens nequam est.

52. **Schwimmen wie ein Fisch. — Er schwimmt wie ein Fisch.**

53. **Fisch will schwimmen.**
Auf Fischspeise gehört ein guter Trunk.

54. Man weiss nicht, wie der Fisch (Aal) läuft, sagte der Junge, da stellte er das Netz in die Wagenspur.
Wissen, wie der Aal läuft: Ahnen, wie es kommen wird. Bräsig bei Fritz Reuter: „Korl, ich hör ihm laufen."

55. **Nicht Fisch noch Fleisch.**
Nichts Ordentliches; von unentschiedenem Wesen, kraftloser Rede, zweideutiger Handlung. Mhd.: halp visch, halp man, ist visch noch man. „Fisch und Fleisch" in alter Sprache häufig verbunden zur Bezeichnung von köstlicher Speise. Z. B. bei Murner an verschiedenen Stellen.

56. Man weiss nicht, ob man Fisch oder Fleisch an ihm hat.

57. Besser ein kleiner Fisch auf dem Tisch,
Als im Bache ein grosser Fisch.
Besser ein Sperling in der Hand als eine Taube auf dem Dach.

58. **Mit Fisch ist gut fasten.**
Luther: Was ist mir das für ein Fasten, wenn man des Mittags ein Mahl zurichtet mit köstlichen Fischen, aufs Beste gewürzt, mehr und herrlicher denn sonst auf zwei- oder dreimal, und das stärkste Getränk dazu und ein' Stund' oder drei dabei gesessen und den Wanst gefüllt, daß er bonet (vergl. duun plattd. = betrunken).

59. **Im Trüben (ist gut) fischen.**
Heimlich seinen Vortheil suchen. Lessing: Wenn ihr euch in den Haaren liegt, so fische ich im Trüben. Tertius gaudens. Auch in den anderen Sprachen wiederkehrend. Goethe: In dem Klaren mag ich gern und auch im Trüben fischen. A (Er) fischt garn am Trüben (md., schls.)

60. **Kunst fischt nirgends umsunst.**
Wenn man ein Ding nur recht anzufangen versteht, so bringt man auch etwas vor sich.

61. „Es ist noch gut abgegangen", sagte Riedel, kam vom Fischen und hatte nichts gefangen.

62. Fische, wenn du beim Wasser bist!

63. Spielen, Fischen, Vogelstellen | Schänden manchen Junggesellen. — Fischer und Jäger | Sind leerer Säcke Träger. (md., mrb., E.) — Drei Jäger, drei Fischer und drei Vogelfänger
Vermögen nicht zu ernähren einen Müssiggänger. (mrh., E.) — Fischen und Jagen | Macht einen leeren Magen. (od., schwb.) — Fischlein fangen, Vögelein stellen,
Verderbt manchen guten Gesellen. (od., schwei.) —

64. Es ist alle Tag' Fischtag, aber nicht Fangtag. (ns., Pr.)

65. Vor Jemand die Flagge streichen.

65a. Wo der Fluss am tiefsten ist, da ist er am stillsten.

66. In den Hafen der Ruhe einlaufen.
= Sterben. Nr. 3.
67. Man muss nicht Häring rufen, man habe ihn denn beim Schwanz.
Auch md.: Me mot ni siggen: Hering! bis me ne beim Swansse heat (hss.) und plattd. in vielen Formen. R. D. I, 313.
68. Um eine Häringsnase hadern.
Um des Kaisers Bart streiten.
69. Danach der Mann ist, brät man ihm den Häring.
Jeder findet die Aufnahme, Behandlung, die er verdient.
69a. Gedrängt wie Häringe in der Tonne.
70. Holland in Noth (Nöthen)!
Von der Zeit des Abfalls der Niederlande von Spanien her.
71. Durchgehen wie ein Holländer.
72. Ohne Köder ist übel (schlimm) Fische fangen.
Wer nichts wagt, gewinnt nichts. Mit Nichts fängt man Nichts. Von Nichts kommt Nichts.
73. „Später wird's schöner", sagte der Krebs, als er im kalten Wasser aufs Feuer gesetzt wurde.
74. Den Krebsgang gehen.
75. Den Krebs lehren vorwärts gehen. — Er lehrt den Krebs vorwärts gehen.
Wunderlich, II, S. 89: Sogar die Fische, Krebse u. s. w. pflegen wir wohl zu benutzen, um die Garbinenpredigt, die wir unsern Mitmenschen halten, mit ihnen auszustaffiren, und reden demgemäß von Stockfischmenschen, vom Krebsgang ihrer Arbeiten und Angelegenheiten.
76. Wenn man einen Lachs fängt, kann man wohl die Angel verlieren (opfern).
77. Das Meer austrinken wollen.
77a. Wohl Mancher söffe das ganze Meer, wenn nur kein (das) Wenn und (das) Aber (nicht) wär.
78. Es fliegt eine Gans übers Meer
Und kommt ein Gagack (als Gans) wieder her. (schwei.) —
Flög' eine Gans übers Meer, | Käm' eine Gans wieder her. —
Eine ganss fleugt vber meere, | Eine ganss kommt wiederheim. (ad.)
Eine Gans fliegt übers Meer, | Eine Gans kommt wieder her. (bair.)
79. Im Becher ersaufen mehr als im Meer.
Oder: Mehr im Becher als in der Donau, mehr im Glas als in allen Wassern, mehr im Wein als im Wasser.
80. Wer einen Narren übers Meer schickt, wird ihn um einen Thoren tauschen.
81. Das Gebet einer guten Mutter holt vom Meeresgrunde herauf.
So sagt auch der Russe.
82. Narrenschiff fährt aller Ecken an.
Man denke an Sebastian Brants „Narrenschiff". Verspottung der altheidnischen Lust-

barkeiten um die Schiffswagen. Noch 1113 wurde in Ripuarien ein Schiffswagen unter großem Zulauf durchs Land gezogen. (Grimm, Mythologie, S. 297.)

83. Er balgt den Nebel. — Mit da' Stang im Nebel umstüren. (bair.) — Mit der Stang im Nebel herumfahren. (schwei.)

84. Hinter dem Netz fischen.

85. Schlechte Rathgeber sind des Teufels Netzeweber.

86. Sparren nach Norwegen führen.

87. Ost, Süd, West: Daheim ist am best.

88. „Es ist schlecht Wasser!" sagte der Reiher und konnte nicht schwimmen.

Der Fuchs sagt im gleichen Sinn: Die Trauben sind mir zu sauer.

89. Wenn man's am wenigsten denkt, liegt ein Fisch in den Reusen.

90. Am Ruder sitzen.

Das Heft in Händen haben.

91. Unterm Segel ist gut rudern.

92. Er rudert in der Luft.

Vergl. „Storch, Storch ruber, bring' mir 'n kleinen Bruder!"

93. Er baut auf Sand.

94. Er fährt Sand ins Meer.

So viel als: „Leeres Stroh dreschen."

95. Lade nicht Alles in ein Schiff. — Leg' deinen Reichthum nicht all' auf ein Schiff. — Man muss nicht Alles auf ein Schiff packen. (bair.)

96. Kleine Löchlein machen das Schiff voll Wasser.

97. Ein kleiner Leck versenkt ein grosses Schiff. (md., Hrz.) — Ein leckes Brett macht oft ein Schiff sinken. (od., bair.)

98. Wer den Teufel im Schiff hat, der muss ihn fahren.

99. Schiffbruch leiden.

Vielfach auch in übertragenem Sinne. Vergl. B. W. 1028.

100. Wer nicht beten kann, werd' ein Schiffsmann.

101. Wenn's Schiff gut geht, will jeder Schiffsherr sein.

102. Er schifft im Winde (gegen den Wind).

103. Wer ohne Gefahr schiffen will, muss nie aufs hohe Meer.

104. Einen ins Schlepptau nehmen. B. W. 1040.

105. Er will den Fischen das Schwimmen lehren. — Er lehrt die Fische schwimmen und die Tauben fliegen.

106. Neben dem Schiff ist gut schwimmen.

107. Die besten Schwimmer ertrinken, und die besten Klimmer brechen den Hals. — Die besten Schwimmer ersaufen und die besten Fechter werden erschlagen. — Die besten Fechter werden erschlagen, die besten Schwimmer kriegt's Wasser beim Kragen. — Die hohen Steiger fallen gern, die guten Schwimmer ertrinken gern. (ad.) — Dö bescht Schwemmer

ersaufen. (mrh., L.) — Die besten Schwimmer ersaufen. (bair.) — Die grössten Schwimmer sind ertrunken, die grössten Klimmer sind gefallen. (schwei.)

108. Lobe die See und bleib auf dem Lande.
109. Vor Jemand die Segel streichen.
110. Mit vollen Segeln fahren.
111. Alle Segel aufspannen.
112. Er setzt alle Segel bei.
Vergl. B. W. und M. R. 99, S. 1032, Nr. 16 bis 19.
113. Bei (Mit) gutem Winde ist gut segeln.
114. Es ist nicht gut, wenn Viel regieren:
Das Steuer soll nur Einer führen.
115. Geh ohne Stab nicht durch den Schnee
Und ohne Steuer nicht zur See;
Geh ohn' Gebet und Gottes Wort
Niemals aus deinem Hause fort.
Wunderlich, II, S. 9, erklärt von W. O. v. Horn.
116. Wenn's still ist, will Jedermann Steuermann sein.
117. Von vielen Schlägen wird der Stockfisch weich. — Viel Streich — Machen den Stockfisch weich. (mrh., E.) —
117a. Welches ist der längste Fisch? Antwort: Der Stockfisch; sein Kopf ist in Norwegen und sein Schwanz in Spanien.
Weil bekanntlich „der Fisch am Kopf anfängt zu stinken," so schneidet man dem gefangenen Stockfisch den Kopf ab. Mittelstück und Schwanz werden massenhaft nach den katholischen Ländern als Fastenspeise des Volkes versandt. Daher die Räthselfrage.
118. Gegen den Strom (Mit dem Strom) fahren, schwimmen.
119. Wider den Strom ist übel schwimmen. — Gĕnt de Strumm as schwĕer schwammen. (mrh., L.) — Wider a Strûm is nich gut ze schwimmen. (schls., B.) — Man kann nicht gegen den Strom schwimmen. (schwei.)
120. Gott segne unsern Strand.
Siehe dazu die Abhandlung hinter Nr. 157.
121. Alle kleinen Wasser laufen in die grossen.
122. Man muss unreines Wasser nicht eher ausgiessen, als bis man reines hat.
123. Wer dem Regen entfliehen will, fällt oft ins Wasser.
Vom Regen in die Traufe kommen.

Er flieht den Rauch und fällt ins Wasser.
Besonders, wenn man „zwischen Feuer und Wasser" auf brennendem Schiff ist.
124. Der Krug geht so lange zu Wasser, bis er zerbricht (bis er den Boden verliert). — Der Krug gibt su lange zum Woasser, bis a Henckel verloirt. (schls.) — D'r Krûk gât sô lang ze Wasser bis ä z'brecht. (thr., R.)

125. Es ertrinken mehr im Glas (im Wein) als im (in allen) Wasser(n). (mrh., E., bair.) — Am Wein ersaufen der me; ewe am Wâszer. (mrh., L.)

126. Wasser in einem Siebe holen. — Er holt Wasser in einem Siebe. — Das heisst Wasser im Sieb forttragen. — Swer wazzer in dem sibe treit, dast verlorn arebeit. (ad.) — Er schepfet wazzer mit dem sibe. (ad.)

127. Gebrauchter Pflug blinkt | Stehend Wasser stinkt. — Stehende Wasser werden endlich faul und stinkend (vergl. „stinkend faul").

128. Gestohlen Wasser ist Malvasier.

129. Stille Wasser fressen auch Grund. — Stille Wasser Grundfresser. (mrh., E.) — Stel Wâszer fresst de Gront. (mrh., L.) — Stille Wasser fressen tief. (bair.)

130. Stille Wasser sind betrüglich.

131. Stillem Wasser und schweigenden Leuten ist nicht zu trauen.

132. Stumme Hunde und stille Wasser sind gefährlich.

133. Stille Wasser sind (gründen) tief. — Stélle Wasser sénn (gründen garne) diif. (frk., H., S.) — Stille Wosser sein garne tief. (schls.)

134. Stille Wasser (haben oft) tiefe Gründe. (schwei.)

135. Wasser im Meere suchen.
Den Wald vor lauter Bäumen nicht sehen.

136. (Das hiesse) Wasser in das Meer (den Brunnen, Rhein, Main, Donau, Elbe) tragen. — Der treit das wasser in den Ryn und schüttet wasser in eyn Brunn. (ad.) — Wâszer an d' Mier (ins Meer) schidden. (mrh., L.)

137. B'schisses Wasser löscht au de Durst. (od., schwei.)

138. Das Wasser hat keine Balken. — Das Wasser ist nicht gebälkt, sagt der Jūd. (Auf dem eiss ist nicht gut gehn, denn es hat kein balcken. (ad.) — D's Wasser hôt kè Balke. (frk., H.) — Das Wasser hot kenne Balken. (W., E.) — 's Wàsser hàt kén Bàlk'n, sécht d'r Jud. (od., opf., N.)

139. Bis dahin läuft noch viel Wasser den Rhein hinunter. — Für Megenze gât die wîle des klâren Rînes harte vil. (ad.) — Bis dahin wird noch viel Wasser ablaufen.
Auch mundartlich in verschiedenen Formen. R. D. II, 594.

140. Lass Gottes Wasser über Gottes Land laufen. — Gottes Wâszer iwer Gottes Lant lâfe' loszen. (mrh., L.)

141. Trink Wasser wie ein Ochs und Wein wie ein König.

142. Wasser ist das stärkste Getränk: Es treibt Mühlen und trägt Schiffe.

143. Das Wetter erkennt man am Wind
Und den Herrn am Gesind (Eltern am Kind). —

Das Wetter kennt man bei dem Winde,
Und den Herrn bei seinem Gesinde. —
Das Wetter erkennt man an dem Wind,
Den Vater an dem Kind,
Den Herrn an dem Gesind. —
D' Wiéder erkènnt èn um Wand (Wind),
Den Hèr um Kniecht an de Papp (Vater) um Kant (Kind).
(mrh., L.) —
Das Wetter kennt man am Winde,
Wie den Herrn am Gesinde. (schwb., W.)

144. Trau keinem Wetter im April
Und keinem Schwörer bei dem Spiel.

145. Es ist ein Wetter, dass man keinen Hund hinausjagen möchte.

146. Wind und Wetter vorbehalten! sagt der Schiffer.

147. Menschen und Wind | Aendern geschwind.

148. Es weht nicht immer ein Wind.

149. Hätt' ich Glück und guten Wind, ich führ' in einem Schlüsselkorb (auf einem Besenreis) über den Rhein.

150. Gott giebt leisen Wind, | Wenn die Schafe geschoren sind. —
Engem geschuorene' Schof
Mieszt (misst ab) Gott de Want erof. (mrh, L.)

151. Kleine Regen legen grossen Wind.

152. Wer wider den Wind brunzt, macht sich nasse Hosen.

153. Ein Wort ist ein Hauch, ein Hauch ist Wind.

154. Den Mantel nach dem Winde hängen. (Er hängt . . . .)
Wunderlich, I, S. 18, erklärt von Enslin. B. W. 787.

155. Etwas in den Wind schlagen. B. W. 1237.

156. Gedanken sind zollfrei, aber nicht höllenfrei. — Gedanken sein zollfrey. (ad.) — Gedânke sénn zollfrei. (frk., H.) — Die Gedanken sind zollfrei. (bair.) — Gedanken sind zollfrei, aber nicht höllfrei. (schwb., W.)

157. Der Fischer hat einen guten Zug. gethan.
Doppelsinnig: Fischzug, Zug aus der Flasche.

Abhandlung über „Gott segne unsern Strand".

Diese den Insulanern zur Last gelegte mißverständliche Bitte, die auch sogar von den Inselpastoren im Kirchengebet früher gethan sein soll, ist wohl eine Untersuchung im kulturhistorischen Interesse werth. Hat doch auch der bekannte Pastor Funke zu Bremen für der Mühe werth gehalten, darüber für sein Buch „St. Paulus zu Wasser und zu Land", welches die Seereise St. Pauli nach Rom in den beiden letzten Kapiteln der Apostelgeschichte von Reisegefährten Lucas behandelt, beim Pfarramt in Helgoland anzufragen. Aus den dortigen, ziemlich weit zurückreichenden Kirchenbüchern und Agenden lasse sich jedoch darüber nichts beibringen.

Da ist es uns nun interessant, daß schon der Pastor Gerhard Christoph Bechtmann der von 1753 bis 1765 auf der Insel Juist im Amte stand, darüber geschrieben hat. Bechtmann war der erste Juister Pastor, der sein Amt unter preußischer Regierung antrat. Ostfriesland war 1744 an Preußen gefallen. Eigenhändig hat er in das alte Kirchenbuch von Juist bei seinem Amtsantritt eingetragen: „An meines Vorgängers Hallé Ebben Boyunga Stelle bin ich Gerhard Christoph Bechtmann von Sr. Königlichen Majestät in Preußen Friedrich II. zum Predigtamt bei dieser Gemeinde am 12. Juli 1753 berufen und am 22. Juli von Herrn Generalsuperintendent Lindhammer allhier eingeführt. Herr hilf!" Dem entsprechend hatte seiner Zeit sein Vorgänger noch geschrieben: „An meines Vorgängers Carl Eberhard Cadovius Stelle bin ich von Ihro Hochfürstlichen Durchlaucht Carl Edzard, meinem gnädigsten Fürsten und Herrn, den 26. März 1738 angenommen. Bechtmann verlebte auf Juist die Zeit des Siebenjährigen Krieges (1756 bis 1763) und wurde bald danach, 1765, nach Werdum im Harlingerlande (nach Martinius dem vermuthlichen Lande der Hegelingen in Gudrun) in der Nähe seiner Vaterstadt Esens versetzt. Dort hat er noch Jahrzehnte des Amtes gewaltet, aber immer der Insel sein Andenken und lebendiges Interesse bewahrt. Verschiedentlich hat er das, namentlich schriftstellerisch, bewiesen. In den ostfriesischen Mannigfaltigkeiten unterzieht er auch die Bitte „Gott segne unsern Strand" einer Beurtheilung. In vormaligen Zeiten, so schreibt er, soll man auf den Inseln öffentlich gebeten haben, daß Gott den Strand segnen wolle. Unberichtete Leute sind in dem Wahne gewesen, als wenn die Insulaner gewünschet, daß an ihren Inseln sein viele Schiffbrüche geschehen möchten, welcher unmenschlicher und unchristlicher Wunsch doch wohl nicht bei irgend einem aufgestiegen. Denn zu geschweigen, daß die Bergungen der verunglückten Menschen und Güter, zumal auf den westlichen Inseln, oft mit der größten Lebensgefahr verbunden, die guten Insulaner auch nur das Wenigste davon kriegen; so ist der Sinn des Wunsches, den mir ein alter, redlicher Einwohner von Juist erklärt, eigentlich dieser: daß die Vorsehung dadurch angerufen werde, zu verhüten, daß der Strand, d. i. das zwischen der See und den Dünen befindliche Ufer, sich nicht vertiefe, sondern vielmehr sich erhöhe, damit nicht, wenn die See bis an die Dünen geht, der Fuß derselben abspüle, die Dünen selbst nach und in die Fluthen stürzen, als dadurch die Inseln und das feste Land in Gefahr kommen. So wenig es nun ein unchristlicher Wunsch wäre, Gott zu bitten, daß er das Watt, zumal vor dem Deiche oder die Berme (die breite und flache Sohle) am Fuße desselben, nicht wolle abnehmen oder vertieft werden lassen, sondern vielmehr Erhöhung und Anwachs daselbst befördern: so wenig ist auch in dieser Hinsicht der Wunsch der Insulaner zu tadeln, daß Gott den Strand segnen wolle. In unserm öffentlichen Kirchengebete heißt es ja, daß Gott die Deiche und Dämme des Landes, auch angehörige Inseln sich wolle empfohlen sein lassen.

Vielleicht angeregt durch solchen 1784 erschienenen Artikel eines ostfriesischen Inselpastors entstand über die allerdings zweideutige Wunsch- oder Gebetformel „Gott segne unsern Strand" einige Jahre später ein litterarischer Streit. Im Jahre 1794 schreibt Salzmann in Constans' „Kuriosen Lebensgeschichten": „Das Strandrecht ist ein Recht, welches verschiedene »christliche« Staaten, die nah am Meere liegen, haben, die verunglückten Schiffe zu berauben, und diejenigen, die sich ans Ufer retten, zu plündern. Es pflegen daher in solchen Gegenden die Herren Geistlichen in ihren Kirchengebeten den lieben Gott anzurufen, daß er recht viele Schiffe zerschlagen und ihnen die Güter zur Plünderung zuführen wolle."

Im folgenden Jahre schreibt im Journal für Staatskunde der Regierungsrath Crome: „Es wurde sonst in den Kirchen von Jeverland von dem Prediger für einen gesegneten Strand auf der Insel Wangerooge öffentlich auf der Kanzel gebeten. Diese barbarische Gewohnheit soll jedoch jetzt, wie ich höre, auch in Jeverland abgeschafft sein, das Strandrecht aber wird noch ausgeübt." Die weitere Auseinandersetzung knüpft sich an die Aufstellungen in Constans' „Kuriosen Lebensgeschichten", welche in der Allgemeinen Litteraturzeitung, November 1793, dahin beurtheilt werden, daß der Verfasser sich von seinem Hang, überall physische und moralische Gebrechen aufzufinden, um nur recht viel reformiren zu können, wieder gar zu weit in diesem Punkte habe irreführen lassen. „Denn ganz gewiß wird in keiner christlichen Kirche mehr, weder an der Nord- noch an der Ostsee, so gebetet, und es ist eine große Frage, ob nicht die ganze Behauptung, daß jemals in einer christlichen Kirche an den Seeküsten so gebetet worden, unter die geographisch-statistischen Legenden, d. h. unter die »frommen« Sagen gehöret."

Ergänzungen und Berichtigungen. 133

Dagegen wendet sich nun aber wieder Dr. Canzler zu Göttingen im Reichsanzeiger 1794: "Ich habe selbst noch vor zwölf Jahren auf Mönkguth auf der Insel Rügen den Geistlichen beten hören, daß Gott das liebe Land und nicht minder auch den Strand segnen möge. Unter dem Segen des Strandes versteht man aber nichts weiter, als daß der Himmel den Fischfang, der an der Küste getrieben wird, und der vielen Hunderten Nahrung und Verdienst verschafft, einen reichen Segen verleihen möge."

Der königlich preußische Kriegskommissar Johann Konrad Freese schreibt in seinem Ostfries- und Harlingerland, Aurich 1796: "Hier im Lande fehlt es auch nicht an solchen Auslegern, die dem Gebete der Insulaner und der Prediger aus Mißverstand jenen unchristlichen Sinn unterlegen. Andere verfahren darunter etwas glimpflicher und behaupten, die Meinung bei dem Gebete sei, daß Gott, wenn ja überhaupt Schiffe und Güter nach seinem weisen Verhängniß zur See verunglücken sollten, sie ihnen alsdann zur Bergung zuführen und an ihre Inseln stranden lassen möge." Freese meint aber mit Recht, daß auch die letztere Auslegung zweideutig sei und danach das Gebet immer noch einen unchristlichen Wunsch zum Schaden Anderer enthalte. Freeses eigene Ansicht von der Sache deckt sich ziemlich mit der Bechtmanns. "Erst spät begann man," so führt er aus, "auf Konservation der Inseln zu denken und thätig die Hand ans Werk zu legen. Es blieb also bei den oftmaligen zerstörenden Fluthen, bei dem Zerstäuben und Abreißen der Inseln, den guten Insulanern und ihren Predigern nichts Anderes übrig, als ihre Zuflucht zu Gott zu nehmen und ihn zu bitten, daß er den Strand, d. i. das Vorland der Inseln, segnen wolle, damit die Fluthen solches nicht wegnehmen und ihre Inseln gar vertilgt werden möchten." Daneben weist er noch auf eine andere seines Erachtens mögliche Erklärung des Wortlauts hin. "So gut man dem vormaligen Gebet der Insulaner, daß Gott den Strand segnen wolle, den bösen Sinn, daß sie darunter viele Schiffbrüche und Güter zur Plünderung verstehen, unterzuschieben sich nicht entsiehet, ebenso gut läßt sich die Erklärung davon machen, daß Gott den Strand segnen und keine Schiffe darauf verunglücken oder scheitern, vielmehr jedem Schifffahrenden seine Hülfe zu Theil werden lassen wolle." Das wäre das gerade Gegentheil jener anderen Deutung.

Was sagen wir zu diesem Streit der Meinungen? Die Wahrheit wird wohl ziemlich in der Mitte liegen. Zweideutig bleibt die Bitte, der Wunsch immerhin, und Jeder, der die Worte spricht, kann in seinem Herzen dabei etwas Verschiedenes denken. Thatsächliches ist nur zweierlei überliefert. Dr. Canzler hat 1782 auf Mönchguth den Geistlichen um Strandsegen im Sinne reichen Fischfangs beten hören. Es stände hinsichtlich anderer Theile der Ostseeküsten auch nichts im Wege, an guten Erfolg der Bernsteinfischerei zu denken. Ich selbst kann bezeugen, daß mir noch vor einigen Jahren von einem alten „Strandläufer" versichert wurde, er spreche jedesmal, wenn er ausgehe den Strand abzusuchen, sein besonderes Gebet. Der Mann betet also auch um „Strandsegen" und schämt sich dessen durchaus nicht. Er denkt dabei an Strandholz, Seehunde, werthvollere Stücke Bernstein und dergleichen. Auf diesen Sinn des Strandsegens führt auch das Sprichwort der Isländer: „Es treibt nicht jedes Jahr ein Waal zu Strande". Auf der Insel Juist geschah das zum Beispiel 1871 zum letzten Mal. Denken wir doch auch daran, daß in den älteren Zeiten für das Auskommen der Insulaner und Strandanwohner der Fischfang, die Austernfischerei, der Garneelen- und Muschelfang, die „Schillkrei" (das Einnehmen der Muschelschalen zur Kalkbereitung) eine viel größere Rolle spielte als jetzt, wo fast alle unsere Inseln Badeinseln geworden sind und selbst die Schifffahrt der Insulaner großentheils darüber zurückgegangen ist.

Die andere bestimmte Angabe bezieht sich auf das Gebet in den Kirchen von Jeverland für einen gesegneten Strand auf der Insel Wangerooge, welches Professor Crome 1793 als eine „barbarische Gewohnheit" verurtheilt, die aber bereits damals — wie er höre — abgeschafft sein solle. Diese Angabe, wenigstens die üble Auslegung des Berichteten, steht auf schwachen Füßen. Wie sollte man in Jeverland dazu gekommen sein, in dem vermeintlichen Sinne für einen gesegneten Strand auf der Insel Wangerooge gebetet zu haben? Etwa, weil man sich mit den Insulanern in den Raub zu theilen gedachte oder im Interesse des landesherrlichen Antheils? Das ist gewiß abzuweisen. Das Gebet könnte wohl nur den Sinn der Fürbitte haben für die in jenen Zeiten so gefährdete Insel, die um so näher lag, als viele frühere Inselbewohner von Wangerooge aufs Festland gezogen waren (vergl. Neu-Wangeroog bei Varel) und Verwandte und Freunde auf der Insel zurückgelassen hatten.

184 Sprichwörter und sprichwörtliche Redensarten über Seewesen, Schiffer- und Fischerleben.

Für eine nüchterne Betrachtungsweise geziemt es sich, die Thatsache nicht unerwähnt zu lassen, daß gewisse Bergantheile bis in die neuere Zeit hinein dem Prebiger, Voigte, Lehrer, der Kirche, den Armen zustanden, ebenso gut wie den Bergern selbst, und daß der Fürst in Aurich, der Graf von Oldenburg sich außer dem ihnen verfallenen Drittel der gestrandeten Werthe „Rekognitionen" (d. h. „Anerkennungen, Schenkungen") von den Strandungen vorab geben ließen. So ist auch der von Funke in seinem oben erwähnten trefflichen Buch angenommene Sinn der Strandbitte, den Freese als eine „glimpfliche" Auslegung bezeichnet, nicht ganz abzuweisen: daß Gott, wenn ja Schiffe und Güter nach seinem weisen Verhängniß zur See verunglücken sollten, sie ihnen alsdann zur Bergung zuführen möge.

Es bedeutet immerhin einen kulturhistorischen Fortschritt, wenn sich das „Gott segne unsern Strand" der älteren Zeiten gewandelt hat in die Losung der Deutschen Gesellschaft zur Rettung Schiffbrüchiger und der Seemannsmission unserer Zeit: Gott segne das Rettungswerk, und in die fromme Bitte: Behüte die Schiffe und Alle, die auf dem Meere fahren, mache unsere Dämme und Deiche fest, stille das Brausen des Windes und das Toben der Wellen.

Zu Anhang II der niederdeutschen Sprichwörter.

2. Vergl. J. ter Gouw „De Volksvermaaken" 1871.

S. 106. Al onder die groene boomen
Daar leit er een Engelsch schip,
De Franschen bennen gekomen,
De bennen zoo rijk als ik:
Ze dragen hoeden met ploimen
En ze hebben zabels van blik.

Bemerkung dazu: Wil men in 1795 t' huis brengen: im Januar desselben Jahres eroberte Pichegru ganz Holland, das nun in eine batavische Republik verwandelt wurde.

Daraus ferner noch Folgendes:

S. 106. Groene granen
Witte zwanen
Wie wil meê náar Engeland?
Engeland is gesloten
De sleutel is gebroken,
En daar is geen Smid in't land,
Die den sleutel maken kan.

Wird bezogen auf die „Engelsche Navigatie-Acte. 1651."

8. Vergl. ebenda: J. ter Gouw.

S. 193. De Vrouw van Odin
Roeit het schip der aarde . . .

Narreschip of „de schuit van Naragonien" (1489) sollte die altheidnischen Umzüge mit Schiffswagen (vergl. Grimm, Mythologie, S. 297) verspotten.

S. 206. Schippien van de wike
Laat joen zailtje strike
Al in den top . . .

Ergänzungen und Berichtigungen.

S. 235 ist darauf hingewiesen, daß um St. Martini aufgelegt wurde, mit den „Haringsbuissen" u. s. w.

S. 257. Wij zullen ons scheepken wel stieren
Al over die wilde zee
Al op Sinterklaes manieren
Zoo gaet er ons soetlief (Herzblättchen) meê.

St. Nicolaus war der besondere Schutzheilige der Seefahrer.

S. 304. Wij zijn eenmaal in het schuitje
En het nootlot voert ons meê.

• 15. Sang der Seeleute:
Amsterdam — Rotterdam — Dört (Dordrecht)
Arten — Bonen — Gört.

Wenn ein Tau mit einem Ruck steif angeholt werden soll, um bei dem letzten Worte jedesmal die volle Kraft einzusetzen. Kommt hauptsächlich zur Anwendung, wenn die sog. Klüvergeien (Haltetaue des Klüverbaums) steif angeholt und festgemacht werden sollen. L.

31. Auch:
Rise (auf! erhebe dich!), rise: 't is Quartier — in Gods Naam (name).
Oder: Rise: 't is quartier in mijn verlangen,
Gij moet de man aan't roer vervangen,
Zijn wacht is uit, de glaasen slaan,
Rise: 't is quartier — in Gods naam! L.

Zu Anhang III der niederdeutschen Sprichwörter.

61. „He wordt kielhaalt" ist wohl nicht identisch mit „he mut hensen". „He mut hensen" hatte früher eine ganz prägnante Bedeutung: es wurde „gehenst" für Lindesnaes (Norwegen), Hogland (Finnischer Meerbusen), Gibraltar und Aequator. Letzteres befreite von allem weiteren „Hensen". „He wordt kielhaalt" heißt: Er wird schwer bestraft. Kielholen war früher eine schwere Strafe auf Kriegsschiffen, wobei der Delinquent mit Bleigewichten an den Füßen bis unter die Nock (Ende) der großen Raa emporgezogen, dann plötzlich fallen gelassen, unter dem Kiel des Schiffes hindurchgezogen und an der entgegengesetzten Raanock hochgezogen wurde. Eine Prozedur, die mehrere Male wiederholt wurde und wobei mitunter Schädelzertrümmerungen vorkamen. Strafe für Insubordination. L.

70. Auch wenn das Schiff an Grund kommt. L.

71. Weil sein Schiff schärfer oder sonstwie besser gebaut ist, als das des Andern. L.

80. Up mijn man zijn schip is dat water, wat utpumpt word, klaar, up dijn man zijn schip stinkt dat water.

Up mijn man zijn schip bint de enden alle mit fraanjels; up dijn man zijn schip bint se alle glatt afsneden. L.

85. Später Besen im Masttop, noch jetzt ein Kennzeichen, daß das betreffende Schiff verkauft werden soll.

Ein ähnliches Signal im Hafen ist das Aufheißen einer Pütze (Eimer) an der Gaffel; es bedeutet, daß das betreffende Schiff frisches Wasser zu haben wünscht. Zu de Ruyters und van Tromps Zeiten führten die holländischen Kriegsschiffe Besen im Top, um zu bekunden, daß sie die See von anderen Kriegsschiffen frei fegen würden. L.

89. Äm Weinj ersofen är mî, wa äm Waszer. (nhr., S.)
In 'n Becher verdrinken mehr, as in 't Meer. (ns., A.)
In 'n Beker verdrinken mehr, as in de See. (ns., ofs.)
In 'n Beker verdrinken mehr, als in 'n See. (ns., ofs., A.)
In de Beker verdrinkt mêr as in de Sê. (ns., O., J.)

II. Zu den holländischen Sprichwörtern.

1a. Hij is te houden (vangen, stikken = mit einer Pricke stechen) als een aal (paling) bij den staart.

1b. Eéne slang bederft een' geheelen korf aalen.

10. Etwa in dem Sinne: „doppelt genäht hält besser". Wenn ein Anker zu schwach ist, um das Schiff zu halten, verstärkt man seine Kraft dadurch, daß man hinter dem ersten noch einen zweiten Anker ausbringt, dessen Kette bezw. Tau an dem ersten Anker befestigt ist. Besonders bei „Landbefestigungen" ist das der Fall. Man nennt das: „den Anker verkatten". Die Bezeichnung „Kat" für Pfahl auf dem Quai zum Vertäuen des Schiffes ist mir nicht bekannt. (Diese Erklärung stammt aus Sprenger van Eijck.) — Dagegen nennt man das Heraufholen des Ankers von der Klüse weg unter den am Bug des Schiffes hervorragenden Balken, den Krahnbalken (engl. cathead): „den Anker katten". L.

11a. Beter nog een anker kwijt dan het geheele schip.

42a. Geef eens een' hond een' kwaaden naam, dan mag hij wel over boord springen.

42b. Reeds bij onze geboort(e) | Komt de dood ons aan boord.

45. Eerst in de boot, keur van riemen.

52a. Een friend achter den rug | Is eene vaste brug.

52b. Roep geen hej, voor gij over de brug zijt (zijt overgevaren).

53a. Vrouwenlist is kwaad te doorgronden.

55a. Een driemaster wordt niet op eénen dag gebouwd.
Rom ist nicht in einem Tage erbaut.

79a. Men moet geen haring roepen, voor dat hij in't net (in de ton) is.

79b. Roept geen haring eer gij ze in het net (gevangen) hebt.

79c. Roept ghien herinck, eer ghise in den sack hebt. (altholl.)

89a. Op het ijs is het niet goed gaan, want het heeft geene balken.

89b. Tusschen de kaai en het schip gaat er veel verloren.
Zwischen Lipp' und Kelches Rand
Schwebt der dunklen Mächte Hand.

98a. Die het lang heeft, laat het lang hangen, zei de duivel, en toen sleepte hem het gestolen kabel na.

98b. Dat is mosterd op den kabeljaauw.
Plattdeutsch mit Alliteration: Dat is Mustert (Senf) up de Maaltied. Post festum! Zu spät!

101a. Men maakt geene kap'(Kaputze, Südwester) om éenen regen.

Ergänzungen und Berichtigungen. 137

110a. Als de kok met den bottelier kijft,
Dan hoort men, waar de boter blijft.

121a. God wordt niet meer gedacht,
Is men aan land gebracht.

148a. Eene gans (kraai) vliegt wel over. het meer, maar komt ook als gans (kraai) weder terug. — Ober:
En gans vliecht over't meer, en gans coemet herweder. (altholl.)

148c. Die met gouden netten visschen,
Zullen zeker nimmer missen.

148d. Groote visschen, groote netten!

148e. Die een ander strikken zet,
Maakt somtijds zijn eigen net.

148f. Sparren (Sparren ober spaanderen, Späne) naar Noorwegen brengen.

160a. Al weêr kwaad water, zei de reiger, en hej kon niet zwemmen.
Tis quaet water, sprac die reigher, ende conde niet swemmen. (altholl.)

169a. Die in het riet zit, heeft goed pijpen maken.

169b. Daar de rivier diepst is, maakt ze minst gerucht.

169c. Indien men hem naar de rivier stuurde, hij zou geen water vinden.

214a. Betrouw een schip niet al uw goed.

214b. Een man zonder vrouw is een schip zonder kiel.

225a. Die eerst in de schuit komt, heeft de keur van plaats. Vergl. Nr. 45.

236a. Achterdeuren aan de huizen
Zijn zooveel als open sluizen.

236b. Avontuur een sardijntje, om een' snoek te vangen!
Wage eine Sardelle, um einen Hecht zu fangen.

242a. Veel slagen maken den stockvisch murv (mürbe).
Met veel slagen wordt de stockvisch murv.
Viele Streiche fällen die Eiche.

242b. Voor geld koopt men de stockvischvellen (Stockfischhäute für: Stockfisch).
Die geld heeft, kan wat koopen.

248. Sogenanntes „Totwasser" kommt manchmal in den norwegischen Fjorden vor, wohl durch Zusammenfließen von Salzwasser mit frischem Wasser. Es kommt vor, daß Schiffe mit 3 bis 4 Meilen Fahrt hineinlaufen und plötzlich manövrirunfähig werden und sich nicht mehr steuern lassen, trotzdem die Brise dieselbe ist wie vorhin. Die Schraube eines vorbeifahrenden Dampfers bringt Leben in das Wasser, und das vorhin unlenkbare Segelschiff kann weiterfahren. L.

256. De beste sturliû staan an wal,
De slechte vindt men overal.
Sinn nach Reinsberg=Düringsfeld: Die beste Kuh geht nicht zu Markt.
257a. Eenen taling (Kriechente) uitzenden, om eenen endvogel (Entvogel = Ente) te vangen.
279a. Achter in het veen (Fehncolonie) — achter op het veld — zijn de besten weiden, zei de vos, niet voor mij, maar voor de goede ganzen.
279b. Als ik mij wil verdrinken,
Zoo wil ik in schoon (rein) water zinken.
279c. Die tot de galg geboren is, verdrinkt niet.
279d. Daar verdrinken (er) meer in de wijn- (jenever-) flesch, dan in de zee.
288a. Wat den vogelen (am Galgen) behoort, passt niet voor de visschen.
Vergl. Nr. 279c.
288b. Beter altijd raapen aan eigen disch,
Dan elders vleesch en visch.
288c. De saus is beter dan de visch.
288d. Vleesch maakt vleesch, visch maakt visch.
288e. Een gast is gelijk de visch: hij stinkt op den darden dag.
Isländisch: þrínaettr gestr þykir verstr.
Dreinächtiger Gast mißfällt aufs Aergste.
288f. Versche (frische, ungeräucherte) visschen en namagen
Stinken al ten derden dage.
288g. De kat wil (begeert wel) de visch uit de tobbe (plattd.: Tubbe, Zuber) wel, maar zij verkiest (zieht vor) hare pooten niet nat te maken (wil hare pooten darom niet nat maken).
288h. Hij slacht (gleicht) die katte, hij solde geerne vis eeten, mer hij solde die voeten niet geerne nat maken. (altholl.)
288i. Visschen vangen en strikken stellen
Bederven vele jonggezellen.
288k. Hij is noch vleesch (mossel, Muschel) noch visch.
288l. Men weet niet, of men visch of graat (Gräte) aan hem heeft.
293a. Aan een goed visscher ontglipt wel een aal.
331a. Als de put ledig is, kent men eerst regt de waarde van het water.
331b. Met verloopen water maalt geen molen.
331c. Water in een korf putten (schöpfen).
331d. Als het water still staat, stinkt het.
331e. Steek uw' vinger in geen stille water!
331f. Stille waters zijn zorgelijk (gefährlich) en bedriegelijk.

331g. Wacht u voor het stille water.
331h. Stille waters hebben diepe gronden.
331i. 't is geld in 't water geworpen.
331k. Het is water dreschen.
331l. Dat is water in den vijzel (Mörser) stampen.
331m. Die een ezelshoofd wil wasschen, verspilt zijn water en zijne zee.
331n. Hij laat Gods water over Gods land (akker) gaan (loopen).
345a. Met geluk en goeden wind vaart men wel.
345b. De wind is nooit zoo slecht, of hij brengt iemand voordeel aan.
345c. Woorden zijn wind.
360a. Die wil leeren bidden, moet zich op zee begeven.
360b. Die niet ter zee vaart, weet niet wat God is.
360c. Hij zou wel zeggen, dat in de zee geen water was.
360d. Fielten (Schelmen) goed te doen, is water in de zee dragen.
399. Durch die Parallele zu marszeil: „dan een kabeltouw" läßt sich Reinsberg-Düringsfeld verleiten, jenes mit „Seil" zu übersetzen. Vergl. dagegen v. Eijck, S. 164.
401. Nevens het schip is goed zwemmen. — Goed nevens het schip te zwemmen.
402. Tegen den stroom is het kwaad zwemmen.
403. Hij wil het ijzer leeren zwemmen.
404. Hij wil den visschen leeren zwemmen.
405. De vliegende vogel braadt znel, en de zwemmende langsam.
406. De beste zwemmers verdrinken meest, en de beste klimmers breken meest den hals.

Anhang II zu den holländischen Sprichwörtern.

Nordfriesische.

(A. = Amrumer, F. = Föringer, M. = Moringer, S. = Sylter [Sylter] Mundart.)

1. Üett 'e Rinn unnert Äusing kàmen. (M.)
Aus dem Regen unter die Traufe kommen.

2. A Föglar, diar so êder sjong, gung a Kâter iar inj aauer Dik me (wegh*me üüb a Dâi). (A.)
Die Vögel, die so früh singen, mit denen geht der Kater über den Deich (am Tage weg).

3. Diar a Dik am liagten as, diar ridj a Hüünjer henaauer. (A.) — Diar a Dik liachst as, diar ridj a Hünjar henàur. (F.)
Wo der Deich am niedrigsten ist, da rennen die Hunde hinüber.

4. Diär di Dik liigst es, geid' di Flöd jest aur. (S.)
Wo der Deich am niedrigsten ist, geht die Fluth zuerst über.

5. Wát äujn' e Gulig hiert, dät dränkt ài. (M.)
Was an den Galgen gehört, das ertrinkt nicht.
6. Äujn glaummig Wähser fáshen. (M.)
In trübem Wasser fischen.
7. Di grat Fask at di letj ap. (A.)
Die großen Fische essen die kleinen auf.
8. A Kât mái naach Fask, man jü as alta bángh her Fet wiat tu mågin. (F.)
Die Katze mag wohl Fische, ist aber zu bange, ihre Füße naß zu machen.
9. Tidd an Fläujd täiwe êfter Niemmen. (M.)
Zeit und Fluth warten auf Niemand.
10. Sin gráë Gäis shán älltidd Swuhne wêse. (M.)
Seine grauen Gänse müssen immer Schwäne sein.
11. Hi dê an Hiirang üütj, am an Kabljau wedder tu fu—n. (A.)
Er wirft einen Häring aus, um einen Kabeljau wieder zu bekommen.
12. Dü heest gud piipen, satst uun—t Râid. (A.)
Du hast gut pfeifen, sitzest im Rohr.
13. Diar uun—t Râid sat, hea gud piipin. (F.)
Wer im Rohr sitzt, hat gut pfeifen.
14. Wähser äujn't Sähw usen. (M.)
Wasser im Siebe schöpfen.
15. Wähser äujn 'e Sühss drêgen. (M.)
Wasser in den Brunnen tragen.
16. Stal Wedder hê jip Grüünj. (A.) —
Stal Weedar hea jip Grünj. (F.)
Stilles Wasser hat tiefen Grund.
17. Dat stáll Wähser hêt de diepste Grünn. (M.) —
Dit stelst Weedter heed di diipst Grün'. (S.)
Das stille (stillste) Wasser hat den tiefsten Grund.

Anhang III zu den holländischen Sprichwörtern.

Blämische.

1. Roep geen haring, eer hy in 't net is.
Rufe nicht: Häring, ehe er im Netz ist.
2. Roep geen mosselen, eer zy aen land zyn.
Rufe nicht: Muscheln! ehe sie an Land sind.
3. Hy werpt eenen spiering (een blieksken) uit, om een kabeljauw (snoek) te vangen.
Er wirft einen Stint aus, um einen Kabeljau (Hecht) zu fangen.
4. Trek, als het noopt, visscher!
Zieh, wenn es anbeißt, Fischer!

5. Hael op, als 't vischje noopt.
Zieh auf, wenn's Fischlein anbeißt.
6. Die in 't riet zit, maekt pypkens.
Wer im Rohr sitzt, macht Pfeifchen.
7. Een goed schipper zeilt wel eens tegen eene pael.
Ein guter Schiffer segelt wohl einmal gegen einen Pfahl.
8. Een goed stuerman valt wel eens over 't boord.
Ein guter Steuermann fällt wohl einmal über Bord.
9. Veel slagen maken den stokvisch zacht.
Viele Streiche machen den Stockfisch mild (weich, mürbe).
10. Trek het touwtje niet te styf, of gy krygt het eind in de hand.
Zieht das Tau nicht zu straff, oder ihr behaltet das Ende in der Hand.
11. Het is goet visschen, daer twater ghestoird is. (avl.)
Es ist gut fischen, wo das Wasser getrübt ist.
12. Versche visschen en verre maghen stincken binnen dry daghen.
Frische Fische und entfernte Verwandte stinken binnen drei Tagen. (avl.)
13. De kat wil wel visch eten, maer geen poot nat maken.
Die Katze will wohl Fisch essen, aber keine Pfote naß machen.
14. De ploeg, die werkt, blinkt, — Stil water stinkt.
Der Pflug, der arbeitet, blinkt, — Still' Wasser stinkt.
15. Men moet zeilen, terwyl de wind dient.
Man muß segeln, während der Wind günstig ist.
16. Hooge klimmers en diepe zwemmers staen meest kwalyk.
Hohe Klimmer und tiefe Schwimmer fahren meistens schlecht.

III. Ergänzungen zu den englischen Sprichwörtern.

6a. Good riding at two anchors, men have hold,
For if the one fail, the other may hold.
27a. He will have an oar in every mans boat.
25a. He that takes the devil into the boat, must carry him over the sound.
26a. Venture not all in one bottom.
26b. Trust (Wahrhaftigkeit) has always a fast bottom.
30a. Let everyman praise the bridge he goes over.
30b. For a flying ennemy make a silvern bridge.
30c. God gives us hands, but does not build bridges for us.
38. Clam heißt nicht Schellfisch, sondern Muschel. Schellfisch heißt haddock. L. (Der Irrthum ist entstanden durch engl. shellfish = Schalthier, Muschel.)
49a. Send a goose to Dover | And a goose will come over.

50a. Many drops make a shower.
50b. Many drops of water will sink a ship.
51. Auch: at a rush (plattb. Rüsk', Binse).
51a. If the dog is drowning, every one offers him water.
51b. Ever drunk, ever dry. —
Hunger and thirst scarcely kill any,
But gluttony and drink a great many.
55a. East or west: Home is best.
83a. Better one small fish | Than an empty dish.
83b. Don't boil (broil) your fish, till they are hooked.
83c. Make not your sauce, till you have caught your fish.
83d. Fain (gern) would the cat fish eat,
But she's loath (möchte nicht, weigert sich) her feet to wet
(to wet her feet).
83e. The cat doth love the fishe, but she will not wett her foot.
83f. Daughters and dead fish are no keeping ware (sind keine haltbare Waare, keine Waare zum Aufheben).
83g. It is good fasting when the table is covered with fish.
83h. Fish and guests smell at three days old.
83i. Fresh fish and strangers stink in three days.
83k. „Had I fish" is good without mustard (Senf).
91a. No fishing to fishing in the sea.
93a. Did you ever hear a fishwoman cry (ausrufen, anpreisen) stinking fish?
98. Das Erstere ist nicht richtig. Als Signal, daß man unter Segel gehen will, bien: die im Vortopp geheißte Signalflagge P („Blauer Peter"). Flagge im Schau ist zusammen: gebunden oder mit einem Knoten versehen, wird — wenn angängig, b. h. wenn die Master stehen — hinten vom Schiff gezeigt und als Nothsignal aufgefaßt, wenn es auch nicht das offizielle Nothsignal ist. Als Letzteres gelten das Signal „NC" des Internationaler Signalbuches oder das Fernsignal: eine viereckige Flagge mit einem Ball darunter oder darüber. L

105a. It's not good praising a ford, till a man be over.
105b. Never praise a ford till you are over.
107a. Fair and softly goes far in a way.
107b. All your geese are swans.
107c. Shall the goslings (junge Gänse) teach the goose to swim?
115a. Every herring must hang by his own gill (Kiefer).
115b. The herringman hates the fisherman.
116a. To angle with a silvern hook.
116b. Blow not against a hurrican.
Vergl. Klein Witterungskunde S. 164.

Ergänzungen und Berichtigungen. 143

116c. Trust not one nights ice.

119a. Let me get over the lake, and I have no fear of the brook (Bach).

121a. To a great light (z. B. Leuchtfeuer) a great lanthorn (Laterne, Leuchtthurm).

122. Launch eigentl. Stapellauf.

140a. Better be the head of a pike (Hecht) than the tail of a sturgeon (Störfisch).

144a. Where there are reeds (Schilfrohr), there is water.

146a. 't is safe (good) riding in a good haven (oder: safe harbour).

146b. He leaps into a river to avoid a shallow brook.

147a. To escape the rocks (Klippen) and perish in the sands (Dünen).

147b. He that has been bitten by a serpent, is afraid of a rope.

147c. To throw the rope (Tau) afther the bucket (Eimer).
Das Kind mit dem Bade ausschütten.

148. „Davit" ist nicht ein bestimmtes Tau, sondern ein eiserner Krahn zum Bootheißen. Zu einem Boot gehören zwei Davits. L.

161a. Make not your sail too big for your ballast.

170a. A hook 's well lost to catch a salmon (Lachs).

170b. He is making ropes of sand.

170c. He is sowing on the sand.

186a. Give a man luck and throw him into the sea.

186b. Don't fish for strawberries (Erdbeeren) in the bottom of the sea.

186c. To carry (cast) water into the sea (in the Thames).

186d. Betwixt the devil and the dead (deep) sea.
Vergl. Jonas Lie, „Der Lootse und seine Frau" (übersetzt von Edzard Brons. Haynels Verlang. (Emden), S. 227. Todtes Wasser trifft man wohl in den norwegischen Schären. Schiffe gehorchen darin oft selbst noch bei 4 Meilen Fahrt dem Steuer nicht mehr. Frithjof Nansen, „Durch Nacht und Eis". 4. Kap., S. 147 ff.

193a. A ship and a woman are ever repairing (sind immer auszubessern) oder: want always trimming.

193b. Many sands will sink a ship.
Sandkörner, welche eine Sandbank ausmachen.

193c. He that has shipped the devil must make the best of him.

214a. No striving against the stream.

221a. You must not teach fish to swim.

221b. He is teaching iron to swim.

221c. Sink or swim!

252a. He draws (zieht, schöpft) water with a sieve.

255a. A plough that works glisters, but the still waters stink.

255b. Take heed of still waters, the quick pass away.

255c. God defend me from the still water, and I'll keep myself from the rough (wild).

259a. Ill weather and sorrow (Leid) come unsent for (kommen, ohne dass man danach sendet).

288a. A womans mind and winterwind change oft.

288b. Woman, wind and fortune are ever changing.

288c. The wind keeps not always in one quarter. (Vergl. Nr. 285.)

288d. When God wills, all winds bring rain.

288e. He catches the wind with a net.

288f. Ruff (blase) not against the wind.

Zu Anhang I der englischen Sprichwörter (Schottische).

3a. There's aye some water where the stirkie drowns.
Es ist immer etwas Wasser da, wo die Färse ertrinkt.

4a. If he gies a duck, he expects a goose.

5a. Like draws to like
And a scabbed (schäbig) horse to an auld dyke.

11a. „Had I fish", was never good with garlick (Knoblauch). — „Had I fish" is good without mustard.

11b. Fresh fish and unwelcome friends stink before they're three days auld.

11c. Like the cat fain fish wad ye eat,
But ye are laith to weet your feet.
Gleich der Katze möchtet ihr gern Fische essen, aber ihr seid weigerhaft, eure Füße naß zu machen.

11d. Neither fish nor flesh nor gude — red — herring.

13. Sinn nach Reinsberg-Düringsfeld: Jeder ist sich selbst der Nächste.

19a. It's but kindly (natürlich) that the pock savour of the herring.

19b. Let ilka (jeden) herring hing by its ain head.

28a. He's as welcome as water in a riven (leck) ship.

28b. Ne'er strive against the stream.

29a. Time and tide for nae man bide (warten).

32a. Shallow waters mak maist din.
Flache Wasser machen am meisten Geräusch.

32b. The water will ne'er waur the widdie.
Das Wasser wird den Galgen nie betrügen.

32c. Smooth waters rin deep.

Ergänzungen und Berichtigungen.

32 d. „Unsicker, unstable" (unsicher, unbeständig)
Quo' the wave to the cable.
32 e. Sorrow an ill weather come unca'd (ungerufen).
32 f. It is an ill wind, that blaws naebody gude.

Zu Anhang III der englischen Sprichwörter (Amerikanische).
2. Clam heißt Muschel. (Besonders wird so genannt die amerikanische Venus=Muschel: Venus cancellata oder Cytherēa Diōne.) L.

„Im Uebrigen sind", so schreibt der auf diesem Gebiet sachverständige Herr Lootsen= kommandeur Laarmann=Emden betreffend der holländischen und englischen Sprichwörter, „die Erklärungen m. E. zutreffend. Es ist eine sehr mühevolle Arbeit gewesen, aber jedenfalls recht interessant."

IV. Ergänzungen zu den isländischen Sprichwörtern.

6 a. Traudt skaltu trúa fljúgandi fleini og fallandi báru.
Kaum sollst du trauen fliegendem Pfeil und fallender Woge.

6 b. Sjaldan er ein bára stök.
Selten ist eine (Unglücks=) Woge allein.

11 a. Vinr í bak, vinr í neyđ | Er hin bezta bryggia á leiđ.
Freund hinterm Rücken, Freund in der Noth ist die beste Brücke auf dem Weg.

16 a. Sá sem óttast fyrir ađ drukkna, forđist sá vatniđ.
Wer sich vor dem Ertrinken fürchtet, meide das Wasser.

16 b. Opt drukkna þeir fyrst, sem syndir eru bezt.
Oft ertrinken die am ersten, welche die besten Schwimmer sind.

46 a. Gaes flaug yfir Rín, kom aptrgánga heim.
Eine Gans flog über den Rhein — Kam als Wiedergänger heim.

52 a. Þađ kemr ekki hvört ár hvalr til lands.
Es treibt nicht jedes Jahr ein Waal ans Land. — Man muß meist mit einem kleinen Gewinn, Vortheil, vorlieb nehmen.

52 b. Han gaf kálf og keypti viđ uxa.
Er gab ein Kalb und angelte nach einem Ochsen.

54 a. Eins og hinn gamli krabbi skríđur fyrir, skríđur hinn úngi á eptir.
Ganz wie der alte Krebs voranschreitet, schreitet der junge nach.

57 a. (Þađ er) ađ bera (vatn) í bakkafullan lokinn (loekinn).
Das heißt (Wasser) in den übervollen Bach tragen.

57 b. Margr laekr smár — Gjörir stórar ár.
Viele kleine Bäche machen große Flüsse.

57 c. Margir smálaekir gjora mikla á.
Viele kleine Bäche machen großen Fluß.

78 a. Allar ár falla í sjóinn.
Alle Flüsse fallen (münden) ins Meer.

78b. Allar girnast ár í sjá.
Alle Flüsse streben dem Meere zu.
78c. Öll vötn rönna til sjáfar.
Alle Gewässer laufen dem Meer zu. — "Reichsbote", 1899, 13. September, Nr. 216: "Alle Völker und Staaten, auch die kleinsten, wollen ans Meer vordringen."
96a. Þu kennir ei selum að synda, ne fugli að fljúga.
Du lehrst nicht die Seehunde schwimmen, noch die Vögel fliegen.
98. 104. Die am Ende eingeklammerten Wörter fallen weg.
105a. Þunnt er það blóð, sem ekki er þykkra enn vatn.
Dünn ist das Blut, das nicht dicker ist als Wasser.
105b. Það er þunnt blóð, sem þynnra (ei storknar) er enn vatnið.
Das ist dünnes Blut, das dünner (nicht stärker) ist als Wasser.
104b. Ekki er þorstinn vatsvandr.
Nicht ist der Durstige wasserverschmähend (wenn es auch schmutzig ist).
109a. Traudt skaltu trua vaxandi vogi og wellandi katli.
Kaum sollst du trauen wachsender Woge und wallendem Kessel.
109b. Sjaldan hittist feigs vök frerin.
Für den, der sterben soll, friert die Waake (Loch im Eise) selten zu.
109c. Opin er (Ekki frýs á) feigs vök.
Offen ist (nicht friert zu) für den, der sterben soll, das Loch im Eise.

Anhang I zu den isländischen Sprichwörtern.

Altnordische.

1. Bidendr eigu byr, en bráðlir andróda.
Der Wartende erlangt Segelwind, und der Haftige bekommt Gegenwind.

2a. Oft verdr slikt á sae, kvad selr; var skotinn i auga.
"Es geschieht oft dergleichen auf See," sagte der Seehund, da wurde er ins Auge geschossen. — König Sverres Wort in der Schlacht bei Oslo.
Vergl. Ofnaer nefi, kvad karl, var skotinn i auga. Heimskringla 784.
"Zu nahe der Nase," sagte der Mann, da wurde er ins Auge geschossen.

3. Á fjalli eða firði ef þik fara tiðir, fástu at virði vel.
Auf Berg oder See, wenn du zu fahren hast, nimm du gehörige Speise zu dir.

4. Í vindi skal við höggva, veðri á sjó róa, myrkri við man spjalla, mörg eru dags augu.
Im Winde soll man Holz hauen, bei gutem Wetter in die See rudern, im Finstern mit den Weibern kosen; viele Augen hat der Tag.

5. Við eld skal öl drekka, en á ísi skríða.
Beim Feuer soll man Bier trinken und auf dem Eise Schlittschuh laufen.

Ergänzungen und Berichtigungen.

Anhang II zu den isländischen Sprichwörtern.
Von den Faroer.

1. So leika bátar sum skip.
So spielen die Nachen wie das Schiff.
2. Ikki eigir at smíða nögluna firr en bátin.
Man muß den Zapfen nicht eher schmieden als das Boot.
3. Betri eru smájir fiskar enn tómir diskar.
Besser sind kleine Fische als leere Tische.
4. Stórir fiskar eta smáar.
Große Fische fressen die kleinen.
5. Ikke fiskast við ongum agni.
Man fischt nicht, man habe denn den Köder an der Angel.
6. Ofta kemur upp undan kávi, tá ið minst várir.
Oft kommt der Tauchende (Ertrinkende) in die Höhe, wenn man es am wenigsten erwartet.
7. Hann, ið ikki hevir tey høgu seglini, má sigla við teim lágu.
Der, welcher nicht das hohe Segel hat, muß mit dem niedrigen segeln.
8. Táð hjálpa eingi fögur orð við slattuböku.
Es helfen keine schönen Worte gegen einen Walfisch.
9. Ljótastu ormarnir eru tvistastir í vatninum.
Am scheußlichsten sind die Schlangen in den stillsten Gewässern.
10. Þunnt er táð blóðið, ið ikki er tjúkkari enn vatn.
Dünn ist das Blut, das nicht dicker ist als Wasser.

V. Ergänzungen zu den norwegischen Sprichwörtern.*)

2a. Ongul utan Agn | Er til inkje Gagn.
Angel ohne Köder ist zu keinem Vortheil.

3a. D'er godt baade aust og vest, | Men endaa er heime best.
Es ist (mag sein) gut Beides, Ost und West, | Aber doch ist daheim best.

6a. Der inkje greidt aa gripa Aalen um Sporden.
Es ist nicht leicht, einen Aal beim Schwanz zu ergreifen.

6b. Aegteskap er som Aaleteina: dei som er ute, vil inn, og dei som er inne, vil ut-atter.
Ehestand ist wie ein Aalkorb, die, welche drauß' sind, wollen 'nein, und die, welche d'rin sind, wollen wieder 'raus.

34a. Mange Bekkjer smaa gjera ei stor Aa.
Manche kleinen Bäche machen einen großen Fluß, Strom.

---

*) Mehrfache Abweichungen von der Zahlenfolge der Hauptsammlung im Folgenden erklären sich daraus, daß bei der Anordnung der Ergänzungen die Hauptsammlung weder im Manuskript zur Hand war, noch im Druck vorlag, und also einfach nach der alphabetischen Folge der Stichwörter geordnet werden mußte. Es wird dafür um Entschuldigung gebeten.

34b. Dat renn mange Bekkjer til dan Elvi.
Es laufen viele Bäche in den Elf, Fluß.
23a. Var alle rike, so vilde ingen ro Baaten.
Wären Alle reich, so wollte Niemand das Boot rudern.
50a. Dess meir ein drikk, dess meir ein tyrster. (Dan eine Supen draeg dan andre etter seg.)
Je mehr Einer trinkt, desto mehr Einer dürstet. (Der eine Trunk, Schluck, zieht den anderen nach sich.)
51a. Han druknar inkje, som hangen skal.
Der ertrinkt nicht, welcher hängen soll.
51b. D'er leidt aa drukna paa turre Landet.
Es ist schlimm, auf dem trockenen Lande zu ertrinken.
59a. D'er ingen Fisk utan Bein | Og ingen Mann utan Mein.
Es ist kein Fisch ohne Gräte und kein Mann ohne Mangel (Fehler).
61a. Han skal Fingren vaeta, | Som vil Fisken eta.
Der muß sich die Finger naß machen, welcher Fische essen will.
71a. Ein fangar Fisk med Agn og Folk med fagre ord.
Man fängt Fisch mit Köder und Volk mit schönen Worten.
122a. Største Naudi gjerer stuttaste Bønerna.
Größte (See-)Nöthe machen kürzeste Gebete.
126a. D'er uvandt aa ro, naar dat rek ay seg sjølv.
Es ist unnütz zu rudern, wenn es sich von selbst bewegt.
149a. Han faer sigla med sundt Segl, som inkje heilt heve.
Der muß mit zerrissenem Segel fahren, der kein heiles, ganzes hat.
149b. Pløgja og inkje saa, | Fria og inkje faa,
Og sigla med ingen Vind: | Er tri gagnlause Ting.
Pflügen und nicht säen, freien und nicht bekommen, und segeln mit keinem (ohne) Wind: sind drei fruchtlose Dinge.
159a. D'er godt, aa sjaa paa Sjoen, naar ein sjølv er paa Landet.
Es ist gut, auf die See zu sehen, wenn man selbst auf dem Lande (an Land) ist.
161a. D'er ingi Torv aa veita Vatn aat Sjoen.
Es ist kein Bedürfniß, Wasser in die See zu leiten.
171a. Ein skall inkje leggja all si Eiga i eitt Skip.
Man soll nicht all sein Eigenthum (Habe) in ein Schiff legen (laden).
188a. Han straevar som Kjeringi mot Straumen.
Er ringt wie die Frau gegen den Strom.
198a. D'er inkje verdt aa laera Gaasi symja.
Es ist unnütz, die Gänse schwimmen zu lehren.
226a. Ein veit best, kvat Vatnet er verdt, naar Brunnen er tom.
Man weiß am besten, was Wasser werth ist, wenn der Brunnen leer ist.
226b. Torsten er inkje vand um Vatnet.
Der Durst verschmäht kein(erlei) Wasser.

VI. Ergänzungen zu den schwedischen Sprichwörtern.

(asw.) = altschwedisch. — Die altschwedischen und altdänischen Sprichwörter rühren sämmtlich aus dem 15. Jahrhundert her und sind fast gleichzeitig Uebersetzungen einer und derselben Sammlung lateinischer Sprichwörter. (Diese Sprachen standen sich damals noch sehr nahe.)

168. Dhen som gryper Alen wed stiårten, han håller honom intet fast.
Wer den Aal beim Schwanze greift, der hält ihn nicht fest.

15a. Ropa intet hej fœrr æn du ær œfwer bæcken.
Rufe nicht: Hei! bevor du über den Bach bist.

15b. Många bäckar små göra en stor å.
Manche (viele) kleinen Bäche machen einen großen Fluß, Strom.

15c. Mange baekkia oc sma gøra stora aa. (asw.)
Manche (viele) kleinen Bäche machen einen großen Fluß, Strom.

15d. Ulfven får nog orsak med lammet, fastän det dricker nederst i bæcken.
Der Wolf findet doch Ursach' am Lamm, obgleich es zu unterst im Bache trinkt.

7a. När brunnen er torr, vet man dess värde.
Wenn der Brunnen trocken ist, weiß man dessen Werth.

8a. Wænner i nœdh och baak om ryggen, | Dhet ære Fæster och starka Brygger.
Freunde in der Noth und hinter dem Rücken, | Das sind Festen und starke Brücken.

20a. Det druknar flere i öl och vin om året, än i vatten.
Es ertrinken mehr in Bier und Wein des Jahres als im Wasser.

19a. Thz aer een dare ther drunknar aa thørt land. (asw.)
Es ist ein Thor, wer ertrinkt auf trockenem Land.

19b. Thz aer ilt at drukna aa thørth landh.
Es ist übel, zu ertrinken auf trockenem Lande.

20a. Jw mehra dryck, jw stœrre torst.
Je mehr Getränk, je größerer Durst.

23a. Thz aer ey alt gwl som glimar, ok ey alt fiilsbeen som hwit aer. (asw.)
Es ist nicht Alles Gold, was glänzt, und nicht Alles Elfenbein (vom Walroß), was weiß ist.

29a. Bættre små fiskar, än tomma diskar.
Besser kleine Fische, als leere Tische.

34a. Katten hadde väl gerna fisken, men will inte väta sina fötter.
Die Katze hätte wohl gern den Fisch, aber will nicht ihre Füße naß machen.

34b. Kath wil hawa fisk, ok wil ey waeta klona.
Die Katze will Fisch haben, aber die Krallen nicht naß machen.

44a. Gott fiskia i vprœrt Watn. (asw.)
Gut fischen in aufgerührtem (trübem) Wasser. Vergl.: Han fiskar i grumligt vatten.

49a. När en gås drikker, sa dricka alla de andra.
Wenn eine Gans trinkt, so trinken alle anderen (auch).

53a. Haegeren lastar Wattnet effter han intet kan simma.
Der Reiher lästert das Wasser, weil er nicht schwimmen kann.

63a. När man fångar en lax, kan man gerna mista kroken
Wenn man einen Lachs fängt, kann man wohl die Angel einbüßen.

90a. Thz aer goth at simma, tha annar haldher huwdhit uppe. (asw.)
Es ist gut schwimmen, wenn ein Anderer den Kopf auf (über Wasser) hält, hoch hält.

94a. Det ær ej gott simma emot strœmmen.
Es ist nicht gut, gegen den Strom schwimmen.

94b. Ondt simma moot strœmnen.
Uebel, schwimmen gegen den Strom.

114a. Mange Sandskorn kommer Skib til at synke.
Viele Sandkörner bringen ein Schiff zum Sinken. Vergl. engl.: Many sands (drops of water) will sink a ship.

87a. Sampnat sil stygger ok stora fiska. (asw.)
Viele Häringe zusammen verjagen auch große Fische.

134a. Den som kommer när vid tjära, bliv nedsmord deraf.
Der, welcher nahe mit Theer (in Berührung) kommt, bleibt beschmutzt davon. So geht's dem Schiffer beim „Theeren und Smeeren" seines Schiffes.

140a. Stulet Watn ær altijdh sœtt.
Gestohlen Wasser ist immer süß.

141a. I thysto watne aero (aeru) orma waerste (vaerste). (asw.)
In stillem Wasser sind Schlangen am schlimmsten.

146a. Stilla Watn haa djup Grund.
Stilles Wasser hat tiefen Grund.

150a. Man behöfwer ej gå öfwer ån efter watten.
Man braucht nicht über den Fluß nach Wasser zu gehen.

150b. Gåå öfwer Åaen effter Watn.
Ueber den Fluß nach Wasser gehen.

149a. Välkommet som salt i surt öga och vatten i nytt skepp.
Willkommen wie Salz in triefendem Auge und Wasser in neuem Schiff.

158a. Smått regn stillar ofta stort väder.
Kleiner Regen stillt oft großen Wind.

VII. Ergänzungen zu den dänischen Sprichwörtern.

(jüt. S.) = jütisch (in Nordschleswig), (adä.) = altdänisch aus dem 15. Jahrhundert.

2a. Hvo der griber Aalen om Halen, har den derfor ikke.
Wer da einen Aal beim Schwanz greift, hat ihn darum (noch) nicht.

2b. Det er itt' godt at holde en Ål ved e Hale. (jüt. S.)
Es ist nicht gut, einen Aal beim Schwanz zu halten.

2c. Men skal stege Aal som man leder Fruer i By, | Men Sild som man jager Skiøger af By.
Man soll Aal braten, wie man eine Frau ins Dorf führt, | Aber Häring, wie man Metzen (Huren) aus dem Dorf herausjagt.

2d. Den som er bidt af en Snog, er bange for en Aal.
Wer von einer Schlange gebissen ist, ist bange vor einem Aal.

2e. Man kan ikke stange Aal og vaere (gaae) paa Harejagt paa een Gang.
Man kann nicht zugleich Aale spießen und auf Hasenjagd gehen.

3a. Det er godt, at forlade sig paa to Ankere.
Es ist gut, sich auf zwei Anker zu verlassen.

7a. Monge Becke oc smaa gøre een stor Aa. (adä.)
Viele und kleine Bäche machen einen großen Fluß.

7b. Af manneg Baekke kommer der en stor Å. (jüt.)
Von vielen Bächen kommt (entsteht) ein großer Fluß.

11a. Han drukner ikke, der haenge skal, uden Vandet gaaer over Galgen.
Der ertrinkt nicht, welcher hängen soll, außer es ginge das Wasser über den Galgen.

10a. Thet er daarligt (flath), at drucknae paa tiwrt (tywrt) Landh. (adä.)
Es ist thöricht, zu ertrinken auf trockenem Lande.

10b. Jo mere man drikker, jo mere man tørster.
Je mehr man trinkt, desto mehr man dürstet.

13a. Tid, Ebbe og Flod venter efter Ingen.
Zeit, Ebbe und Fluth wartet auf Niemand.

14a. Thet aer eij Alt Guld, som glemmer, oc eij Alt Fijlsben som skijn. (adä.)
Es ist nicht Alles Gold, was glänzt, und nicht Alles Elfenbein (vom Walroß), was schimmert.

27a. Det er hver Dag Fiskedag, men inte hver Dag Fangedag. (jüt., S.) —

27b. Det ae (h)vaer Daw Feskdaw,
Maen it (h)vaer Daw Fangdaw. (jüt.)
Es ist jeder Tag Fischtag, aber nicht jeder Tag Fangtag.

26c. Bedre en liden Fisk, end Intet paa Disk.
Besser ein kleiner Fisch als Nichts auf dem Tisch.

26d. Bedre er enn Fisk i Haande | End to i Strande.
Besser ist ein Fisch in der Hand als zwei am Strand.

26e. Hvern der enneg ander Fisk er, så er e Skalle god. (jüt., S.)
Wenn kein anderer Fisch da ist, so ist auch eine Bleie gut.

26f. Raab ikke Fisk! førend du har den ved Gjaellerne.
Rufe nicht Fisch! bevor du ihn an den Kiemen hast.

21a. Fisken stinken (raadner) først ved Hovedet.
Fische stinken (faulen) erst am Kopf.

21b. En Fisk og en Gjaest lugter ilde den tredie Dag.
Ein Fisch und ein Gast riecht übel den britten Tag. Vergl. jütisch: En trerre Daws Gaest stjynker. Ein breitägiger Gast stinkt.

24a. De store Fiske aede de smaa,
Saa ligge de under, som mindst formaae.
Die großen Fische fressen die kleinen, so unterliegen die, welche am wenigsten vermögen.

152 Sprichwörter und sprichwörtliche Redensarten über Seewesen, Schiffer- und Fischerleben.

26a. Katten vil nok have Fisken, men ikke gjerne toe sine kløer.
Die Katze will wohl den Fisch haben, aber nicht gern ihre Krallen waschen.

26b. Katten vil vel have Fisken, men han vil ikke (ei) vaede Kløerne.
Die Katze will wohl den Fisch haben, aber sie will sich nicht die Krallen benetzen.

26c. Katthen wil wael haffue Fisken, men han wil ei waedhe Kloen. (adä.)
Die Katze will wohl den Fisch haben, aber sie will sich nicht die Krallen benetzen.

26d. Hvo (der) Fisken vil aede (Hvo som vil Fisken aede), han skal (og) kloen vaede.
Wer den Fisch essen will, muß (auch) die Pfoten naß machen.

17a. Ros ei Fisken, før du har den paa Disken.
Rühme nicht den Fisch, bevor du ihn auf dem Tische hast.

17b. Then haffwer got at fasthe, ther findher Fiske paa sijn Diske. (adä.)
Der hat gut fasten, der Fisch auf seinem Tisch findet.

17c. Det er hverken Fisk eller Kjød.
Das ist weder Fisch noch Fleisch.

30a. Han vil fiske i rørt Vand.
Er will im trüben Wasser fischen.

30b. Det er bedst at fiske i rørt Vand. (jüt., S.)
Es ist am besten fischen im trüben Wasser.

27a. Der slipper ogsaa en Aal bort for en god Fisker.
Es entschlüpft auch einem guten Fischer (wohl einmal) ein Aal.

33b. Alle Floder løbe ud i Havet.
Alle Flüsse münden ins Meer.

33a. Før en Kat til det yderste Hav,
Han dog kun raaber: Mjav! Mjav!
Führe eine Katze ans äußerste Meer, doch ruft sie nur: Miau! Miau!

35a. Heyren straffer Wanneth, forthi han kan ey sømmae. (adä).
Der Reiher straft (schilt) das Wasser, weil er nicht schwimmen kann.

42b. Forgieves er at mede uden Krog,
At laere uden Bog.
Vergeblich ist es, ohne Angelhaken zu angeln, ohne Buch zu lernen.

42c. Naer man mindst taenker det, er der en Fisk paa Krogen.
Wenn man's am wenigsten denkt, ist ein Fisch an der Angel.

42a. Der er kår å krabber, somme bider og somme napper. (jüt., S.)
Es ist ein Unterschied zwischen den Krabben, einige beißen und einige zwicken.

43a. Uden Lokkemad er det ondt (vanskeligt) at fange Fisk.
Ohne Köder ist es übel (schwer) Fische zu fangen.

53a. Det er ondt at seile uden Vand.
Es ist übel zu segeln ohne Wasser.

53b. Ondt er at seijle uden Vind og slibe uden Vand.
Uebel ist zu segeln ohne Wind und zu schleifen ohne Wasser.

51a. Man skal segle, medens Børen blaeser.
Man muß segeln, während der Fahrwind weht.

Ergänzungen und Berichtigungen. 153

51b. Det er godt at seile med god Vind.
Es ist gut segeln mit gutem Winde.

55b. Bedre en salt Sild over sit eget Bord, end en fersk Giedde over et fremmed.
Besser ein gesalzener Häring auf seinem eigenen Tisch, als ein frischer Hecht auf einem fremden (sc. Tisch).

55a. Samledh sijldh styggher offte sthoor Hwalff. (adä.)
Viele Häringe zusammen verjagen oft großen Walfisch.

56a. Hvo der skiber Fanden, maa (faaer at) endeligen føre ham frem.
Wer den Teufel eingeschifft hat, muß ihn durchaus wegführen.

63a. Hwaer ladher syt Skijb dybaesth. (adä.)
Jeder lädt sein Schiff am tiefsten.

63b. Qvinde, Mølle og Skip fattes altid noget.
Frau, Mühle und Schiff fehlt, mangelt immer etwas.

64a. Try Ting giøre ikke godt uden Hugg: Valnødtraeet, Asenet og en Stokfisk.
Drei Dinge werden nicht gut ohne Schläge: Walnußbaum, Esel und Stockfisch (auch wohl: Dreschtenne, böses Weib).

64b. Af mange Slag bliver Stokfisken blød.
Von vielen Schlägen wird der Stockfisch weich.

66a. Der vil endnu løbe meget Vand til Stranden til den Tid.
Bis zu der Zeit wird noch viel Wasser zum Strand laufen.

72a. Godt er at sidde ved Styret i stille Veir.
Gut ist am Steuer zu sitzen in stillem Wetter.

72b. Alle ville styre i godt veir.
Alle wollen steuern (Steuermann sein) bei gutem Wetter.

75a. Thet aer got at sømme, naar een andhen holler Howedet oppae. (adä.)
Es ist gut schwimmen, wenn ein Anderer den Kopf hoch hält.

75b. At swømme imod Strømmen.
Gegen den Strom schwimmen.

75c. Det er for sildigt at laere at svømme, naar Vandet gaaer i Munden.
Es ist zu spät, schwimmen lernen, wenn das Wasser bis an den Mund geht.

75d. De bedste Svømmers drukne ogsaa.
Die besten Schwimmer ertrinken auch (einmal).

90a. De tomme Vogne buldre mest, og de grunde Vande skryde mest.
Die leeren Wagen poltern am meisten und die seichten Gewässer rauschen am meisten.

92a. Det fortryder ham, at Solen skinner i Vand.
Es verdrießt ihn, daß die Sonne ins Wasser scheint.

88a. At baere Vand i et Sold.
Wasser im Sieb tragen.

92b. Stillestaaende Vand raadner.
Stillstehendes Wasser fault.

92c.   Fremmer Mad smager altid bedst og stiaalet Vand er sødest.
Frembe Speife fd)medt immer am beften unb geftof)lenes Waffer ift am füßeften.

91b.   Tro ei stille Vand og tiende Mand.
Traue nid)t ftillem Waffer unb fd)weigenbem Mann.

91a.   Var dig for tiende Hund og stille Vand.
Hüte bid) vor fd)weigenbem Hunb unb ftillem Waffer.

91c.   I tyst Vand ere Orme vaerst.
In ftillem Waffer finb Sd)langen am fd)limmften.

91d.   I tøøst (tøst) Watn aere Oormene (Oorme) waersth.   (adä.)
Wie vorftef)enb.

89a.   De stel Vand hae daen dyf Grund.   (jüt.)
Das ftille Waffer hat ben tiefen Grunb.

89b.   Stille Vand haer dyb Grund.   (jüt., S.)
Stille Waffer f)aben tiefen Grunb.

97a.   Vinden blaeser ikke altid fra een Kant (fra samme Hjørne).
Der Winb bläft nid)t immer von einer Seite (aus einer Ede, Winfel).

97b.   En liden Regn kan daempe en staerk Vind (Blaest).
Ein fleiner Regen fann einen ftarfen Winb ftillen.

Ergänzungen und Berichtigungen.

Zum Gebete vom Strandsegen.
(Siehe S. 131.)

Bereits Christian Thomasius erwähnt das Strandgebet in der Dissertation „De Statuum Imperii potestate legislatoria contra ius commune" (resp. Holz= schuher, 1703, § 42, S. 25). Er, wie auch später Freese, meint, der Sinn dieses Gebetes*) sei nicht der, daß man Gott anfleht, möglichst viele Schiffbrüche zu schicken, sondern nur der einer Bitte, die Güter der Schiffbrüchigen nicht ins Meer versinken oder auf fremder, sondern vielmehr auf der Küste der bittenden Gemeinde stranden zu lassen. Welche Auffassung, fragt Thomasius, ist nun die härtere? Unsere, die davon ausgeht, daß diese Gewohnheit [das Strandrecht] nicht schlechterdings vernunftwidrig ist, oder die andere, welche nothwendig so viele Diener der evangelischen Religion einer schweren, verabscheuungswürdigen Sünde bezichtigen muß, da dieselben Gott bitten, er solle eine dem Naturrechte widerstreitende Sünde unterstützen? Mindestens findet es Thomasius bei der zurückgewiesenen Anschauung unbegreiflich, daß sich bislang kein Geistlicher erhoben habe, um seine Brüder eines so unchristlichen Gebetes halber zur Rede zu stellen. Man hat billig bezweifelt, ob der satirische Thomasius diese (letzten) Worte in vollem Ernste hat verstanden wissen wollen.

Aehnlich wie er äußert sich nachmals der preußische Berghauptmann v. Justi in seinem System des Finanzwesens (1766). Er spricht dort von dem Erwerb des Strandherrn an Schiffbruchsgütern, deren Interessenten nicht mehr zu ermitteln sind. Auf diesen Fall bezogen, findet er das Strandrecht nicht unbillig und daher auch das Gebet um den Strandsegen nicht so „ungereimt".

Des Weiteren soll auch Nikolaus Hieronymus Gundling, Thomasius' hervorragender Schüler, geschrieben haben, das Kirchengebet der Bornholmer enthalte die Bitte: daß Gott das Strandrecht segnen wolle. Der Hamburgische Syndikus Schubak, der mehrfach und trefflich vom Recht des Strandes gehandelt hat, will freilich nicht glauben, daß dieser Passus (den ich auch im Original nicht aufgefunden habe) von Gundlings eigener Hand geflossen ist.

Schubak selbst führt in seiner Abhandlung vom Strandrechte aus:

„ . . . Den Einwohnern dieser [nämlich einiger dänischer] Inseln legen es einige neuere Schriftsteller besonders zur Last, daß sie auf sehr auf die Schiff= bruchsvortheile erpicht seyn, ja, daß sie Gott bitten, daß er den Strand segnen, und alles mögliche, was von Schiffbrüchen übrig bleibt, in ihre Hände gerathen lassen möge. Allein, daß dergleichen Gebete entweder gar niemals geschehen, oder doch wenigstens nicht so abgefasset gewesen, wie es gemeiniglich erzehlet zu werden pfleget, solches habe ich aus dem Munde solcher Männer, denen ich allen Glauben schuldig bin, und es haben daher, meiner Meynung nach, alle diejenigen Schrift= steller, die bisher vom Strandrechte gehandelt haben, keine Ursache gehabt, wegen einer Erklärung und gelinderen Auslegung dieser Gebete sich so viele Mühe zu geben. . . . Gesetzt aber auch, es haben die Einwohner der Inseln die Gebetsformel gehabt: daß Gott den Strand segnen wolle, folgt denn daraus, daß selbige nothwendig vom Schiffbruchsvortheile zu verstehen sey? Ich halte vielmehr dafür, daß diese unglücklichen Leute in der That große Ursache haben, auf ihren Knien Gott anzurufen, und diese Worte öfters zu wiederholen, indem sie täglich zu be= fürchten haben, daß durch Sturm und Wellen ihre Dämme durchgebrochen, das Ufer abgerissen, ihre Häuser weggetrieben, und wenn sie ja noch ihr Leben davon bringen, sie alles desjenigen, was zur kümmerlichen Erhaltung desselben erforderlich ist, beraubet werden."

---

*) „Ut Deus benedicat iuri huic acquirendi" (sc. dem Strandrecht).

So schreibt Schuback um die Mitte des 18. Jahrhunderts, und Anfang der vierziger Jahre des folgenden weist der alte Kapitän Heikens auf Helgoland den Vorwurf, daß dort von der Kanzel gebetet werde, die Insel mit Strandungen zu segnen, entrüstet als eine Verleumdung zurück.*)

Aber noch 1867 stellt es ein verdienstlicher Schriftsteller**) als traurige, doch unwiderlegliche Thatsache hin, daß auf manchen Inseln sonntäglich in einem nichts weniger als christlichen Sinne um einen gesegneten Strand gebetet werde. Er wünscht sehnlichst, der „leidige Begriff" des Strandsegens möge endlich zu existiren aufhören.

Man mag über die Tragweite dieses Begriffes, der vielleicht bis auf heidnische Zeiten zurückgeht, in dem oder jenem Sinne urtheilen: Schon die Art, wie darum gestritten worden ist, würde den Verdacht einer noch lange geübten Strandräuberei nahe legen, wenn selbst die historischen Beweise in dieser Hinsicht nicht so bedauerlich zahlreich wären.   Dr. L. Perels.

---

*) In dem merkwürdigen Büchlein: Helgoland und die Helgolander. Memorabilien des alten Helgolander Schiffscapitains Hans Frank Heikens, herausgegeben von Adolf Stahr. Oldenburg 1844.
**) Anonym: Rettung von Menschen oder Bergung von Sachen? Ein Beitrag zur Kenntniß vom heutigen Strandrecht und dessen Einfluß auf die Rettung Schiffbrüchiger. In den „Grenzboten" von 1867, II. Semester, II. Bd., S. 405 bis 427; auch in der „Hansa", Jahrg. 1868, S. 950, 956, 963, 995; Jahrg. 1869, S. 1059, 1108.

Seemannsprüche.

II.

In den romanischen Sprachen.

Vorwort.

In dem Vorwort zur Sammlung der Sprichwörter vom Seewesen in den germanischen Sprachen habe ich dargestellt, wie ich stufenweise durch die einmal angefangene Arbeit selbst sowie durch das Interesse, welches dieselbe fand, weitergeführt wurde. Aehnliches kann ich nun von dieser zweiten Hauptabtheilung, der Sammlung von Sprichwörtern über Seewesen, Schiffer- und Fischerleben in den romanischen Sprachen, sagen. Zunächst war es der Herr Lootsenkommandeur Laarmann-Emden, der mich wiederholt veranlaßte, eine französische Sammlung zu veranstalten. Ihm selbst standen verschiedene französische Sprichwörter zur Verfügung. Die Hauptsache war dann aber weiterhin im Verfolg dieser Angelegenheit, daß ich auf der Norder Stadtbibliothek ein standard work mit reichem Material vorfand: „Sprichwörter der germanischen und romanischen Sprachen," vergleichend zusammengestellt von Ida v. Düringsfeld und Otto Freiherrn v. Reinsberg-Düringsfeld. Leipzig. Fries. 1872. „Seiner Majestät dem Deutschen Kaiser Wilhelm dem Siegreichen, ihrem Heldenkönige, in tiefster Ehrfurcht und Liebe gewidmet von den Herausgebern." Meine Hauptarbeit war nun, aus diesem 1160 Seiten Groß-Lexikon-Octav umfassenden, durchaus wissenschaftlich gehaltenen Werk die betreffenden Sprichwörter auszuwählen, wozu das ganze Buch durchgesehen werden mußte, was bei dem Dutzend Sprachen und den etwa 200 Dialekten nicht eben eine Kleinigkeit war. Indem ich dann das Gefundene ausschrieb und dem Plan meiner Sammlung entsprechend ordnete, glaube ich auch hinsichtlich der romanischen Sprachen einen Stamm von Marine-Sprichwörtern zu bieten, der einiger Beachtung werth sein dürfte. Es muß sich weiterhin zeigen, ob solche Beachtung auch im Auslande stattfindet, und dann etwa von daher Vervollständigungen eingehen oder doch in dortseitigen Zeitschriften veröffentlicht werden. Ist die See international, so haben meines Erachtens auch die Sprichwörter vom Seewesen mehr noch als alle andern internationale Bedeutung.

Bilden für die germanischen Sprichwörter die Nord- und Ostseeländer den Gesichtskreis, so für die romanischen die Länder und Inseln der westlichen Hälfte des Mittelmeeres, sowie für beide Gruppen die nordwestlichen Küstenländer des Atlantik; zugleich gleitet aber der Blick von da nach dem vorwiegend germanischen Nordamerika und dem vorwiegend romanischen Südamerika, die neben den Mutterländern selbständige Sprichwörterbildungen kaum aufzuweisen haben. Es kommt für die umfassende Bedeutung der germanischen und romanischen Sprichwörter vom Seeleben noch hinzu, daß der große Weltverkehr auf der völkerverbindenden See in den Händen eben der germanischen und romanischen Völker ruht in einem Maße, daß damit nichts auch nur entfernt den Vergleich aushält. Möge die internationale Kenntniß der Marine-Sprichwörter ein Verbindungsglied werden, wie wenn Kabelstränge über Land und Meer hinüber und herüber gespannt werden und an ihrem Theile dem verkehrspolitischen Zusammenhang einen idealen Hintergrund geben!

Sprichwörter und sprichwörtliche Redensarten über Seewesen, Schiffer- und Fischerleben in den romanischen Sprachen.

I. Lateinische.

(mlt. = Mittellateinisch oder Lateinisch des Mittelalters.)

1. Ancoris duabus niti bonum est.
Es ist gut, auf zwei Ankern zu ruhen.
2. Anguillam (Delphinum) cauda tenet (ligas).
Er hält (du bindest) einen Aal (Delphin) beim Schwanz.
3. Non habet anguillam, per caudam qui tenet illam. (mlt.)
Nicht hat den Aal (sicher), wer ihn beim Schwanz hält (zu fassen hat).
4. In turbida aqua optima est anguillae captura.
Im trüben Wasser ist der beste Aalfang.
5. Aquam cribro infundere.
Wasser in ein Sieb gießen.
6. Cribro aquam haurire.
Wasser mit einem Sieb schöpfen.
7. Aquae furtivae dulciores.
Gestohlenes Wasser ist süßer.
8. Cave tibi a silente aqua et muto cane.
Hüte dich vor stillem Wasser und schweigendem Hund.
9. Aquam in aquis quaeris.
Du suchst nach Wasser mitten im Wasser.
10. In mari aquam quaeris.
Du suchst im Meere nach Wasser.
11. In aqua scribis.
Du schreibst im Wasser, auf das Wasser.
12. Aquam in mortario tundere.
Wasser im Mörser stoßen.

13. Ardea culpat aquas, quia (cum) nescit nare per illas (ipsa natare). (mlt.)
Der Reiher beschuldigt (schilt auf) das Wasser, weil er nicht hindurchschwimmen (selbst nicht schwimmen) kann.
14. Ardea culpavit undas, male quando natavit. (mlt.)
Der Reiher schalt auf die Wellen, als er übel schwamm.
15. Cetum iunctiva fugat halecum comitiva. (mlt.)
Versammelt jaget ein Häringszug auch einen Wal.
16. Evitata Charybdi in Scyllam incidi. (Oder: Incidit in Sc. qui vult vitare Ch.).
Die Charybbis vermeiden und in die Scylla fallen (gerathen).
17. Delphinum silvis appingit.
Er malt neben einem Walde einen Delphin.
18. Quo flumen placidum est, forsan latet altius unda.
Wo der Fluß still ist, ist vielleicht tiefer die Welle (Strömung) verborgen.
19. Altissima quaeque flumina minimo labuntur sono.
Die tiefsten Flüsse gleiten mit dem mindesten Geräusch dahin.
20. Amnem parvorum facit unda frequens fluviorum. (mlt.)
Das Wasser kleiner Flüsse macht zuhauf einen Strom.
21. In tranquillo quilibet est gubernator.
Bei Stille (stillem Wetter, Wasser) ist Jedermann (Jedweder) Steuermann.
22. Aureo hamo piscari.
Mit goldener Angel fischen.
23. Exiguum munus majoris est muneris hamus.
Ein kleines Geschenk ist eine Angel eines größeren Geschenkes (für ein größeres Geschenk).
24. Anguibus est furnus quandoque latex taciturnus. (mlt.)
Stilles Wasser ist oft voll Schlangen (Gewürm).
25. Lympham cribro infundere.
Wasser in ein Sieb (durch ein Sieb) gießen.
26. In limpha tacita truciora latent aconita. (mlt.)
In stillem Wasser sind um so schlimmere Giftkräuter verborgen.
27. Stagnum litus edit: torrens properando recedit.
Stehendes Gewässer frißt (am) Ufer: ein Gießbach tritt im Dahineilen zurück.
28. Qui nescit orare, pergat ad mare.
Wer nicht beten kann, gehe zur See fort.
29. Orco sive mari mens aequiparatur avari.
Dem Höllenschlund oder dem Meere gleicht der Sinn des Habsüchtigen.
30. Exurere mare.
Das Meer verbrennen (austrocknen).
31. In mare aquam defert.
Er trägt Wasser ins Meer hinab.
32. Mari aquam addere.
Dem Meere noch Wasser hinzugeben.

I. Lateinische.

33. In mare venari.
Ins Meer auf Jagd gehen.

34. Delphinum natare doces.
Du lehrst einen Delphin noch schwimmen. (Der Delphin, wie die Raubfische überhaupt, schwimmt besonders schnell.)

35. Alter maxillae cui substat, nat levis ille. (mlt.)
Wem ein Anderer das Kinn stützt (hält), der kann leicht schwimmen.

36. Saepe natores submerguntur meliores,
Sic et scansores collum frangunt meliores.
Die besten Schwimmer sinken (ertrinken) oft, und die besten Klimmer brechen den Hals.

36a. Navibus et quadrigis = Unitis viribus.
Aus allen Kräften.

36b. Navigare necesse est, vivere non.
Schifffahren ist nothwendig, leben nicht. (Inschrift auf dem alten Hause „Schifffahrt") in Bremen.)
Plutarch, Pompeius Cap. 50: πλεῖν ἀνάγκη, ζῆν οὐκ ἀνάγκη. Näheres siehe Reichsbote 1900, Nr. 174, 2. Beilage, nach Prof. Kieffer-Bensheim.

37. Nebulas diverberare.
Die Nebel auseinanderschlagen.

38. Felix quem faciunt aliena pericula cautum.
Glücklich, wen fremde Gefahren (fremder Schaden) vorsichtig machen.
Ein Wrack in See ist eine Bake für einen Andern.

39. Piscis primum a capite foetet.
Der Fisch stinkt zuerst am Kopf.

40. Caro roborat, pisces vero parvi alimenti. (mlt.)
Fleisch macht stark (kräftig), Fisch aber ist von geringem Nährwerth.

41. Post tres saepe dies vilescit piscis et hospes.
Oft wird Fisch und Gast nach drei Tagen feil (gering an Werth, Ansehen).

42. Pisces magni parvulos comedunt.
Die großen Fische fressen die kleinen.

43. Magnus piscis minutos comest.
Der große Fisch frißt die kleinen.

44. Felis amat pisces, sed aquas intrare recusat.
Die Katze mag gern Fisch, scheut sich aber, ins Wasser zu gehen.

45. Catus amat piscem, sed non vult tangere flumen.
Die Katze liebt Fisch, aber will den Fluß (das Wasser) nicht berühren.

46. Pisci cattus (catus) hiat, non (nec) vult quod pes madefiat. (mlt.)
Nach Fisch verlangt die Katze, aber sie mag nicht, daß die Pfote naß wird.

47. Si quis amat piscem, debet sua crura madere. (mlt.)
Wer Fisch liebt, muß sich die Beine naß machen.

48. Quo minime quaeris gurgite piscis erit.
Im Strudel (Wasser), wo du's am wenigsten suchst (und erwartest) wird Fisch sein.

49. Carnibus abstentum pia placat pisce parapsis. (mlt.)
Den, der sich des Fleisches enthält (Fastenden), befriedigt (stillt) eine fromme Nebenschüssel mit Fisch.

Parapsis ist eigentlich ein griechisches Wort (παραψίς, παροψίς, — ίδος) und bedeutet eine Nebenschüssel mit einer ausgesuchteren Speise, die mehr eine Leckerei enthält als zur Sättigung dient.

49a. Magis mutus quam pisces.
Stummer als die Fische. (Erasmus Abagia.)
Vergl. Horaz, Od. IV, 3: O mutis quoque piscibus Donatura cygni si libeat sonum.
O, die du (Melpomene) auch stummen Fischen, wenn's dir beliebte, Schwanenton verleihen würdest.

49b. Piscis nisi recens nequam est.
Wenn der Fisch nicht frisch, taugt er nichts. (Plautus, Asin. I, 3, 26.)

49c. Neque caro, neque piscis.
Erasmus: de homine, qui sibi vivit nec ullarum est partium. Weder Fleisch noch Fisch — von einem unentschiedenen Menschen. In der Zimmerschen Chronik III, 370 wird eine lateinische Rede „weder Fisch noch Fleisch" genannt.

50. Piscari in turbido.
Im Trüben fischen.

51. In aëre piscari.
In der Luft fischen.

52. Contra aquam remigare.
Gegen das Wasser (gegen den Strom) rudern.

52a. Nunc, nunc insurgite remis!
Vergil, Aeneis V, 189. Alle Mann an die Riemen (Ruder)! Mit alle Mann toglief!

53. Rete ventos venaris.
Du machst mit dem Netz Jagd auf Wind.

54. Quod corvis natum est, non submergitur aquis.
Was für die Raben (am Galgen) geboren ist, versinkt nicht im Wasser.

54a. Sepiam ne edito.
Iß niemals Tintenfisch! Grundsatz der Pythagoräer.

55. Qui procul est Scyllae, fatue di-(sub-)mergitur ille. (mlt.)
Wer fern von der Scylla ist, ist thöricht, wenn er ertrinkt.

56. Se fatue (sub-)mergit, qui tempe per arida pergit. (mlt.)
Thöricht ist, wer ertrinkt, wenn er bei guter Zeit über die Haide fährt.

57. Contra fluminis tractum niti difficile.
Es ist schwer, gegen den Strom anstreben.

58. Quisque suae trieri solet apta profunda tueri. (mlt.)
Jeder sucht für sein Schiff die geeignete Tiefe zu schützen (sicherzustellen).

59. Contra torrentem niti.
Gegen den Gießbach anstreben.

60. Non credas undam placidam non esse profundam.
Meine nicht, stilles Wasser sei nicht tief.

61. Vela contrahere.
Die Segel (vor Jemand) streichen.

II. Französische.

(afz. = altfranzöfisch; — nf. = nordfranzösisch: nrm. = Normandie, pic. = Picardie, Chmp. = Champagne, w. = Wallonisch [M. = Mons] in Lüttich; — sf. = südfranzösisch: Béarn, Gsc. = Gascogne, nprv. = Neuprovençalisch, Lgd. = Langued'oc, Pat. s. = Patois der französischen Schweiz.

1. Deux ancres sont bons au navire.
Zwei Anker sind gut für das Schiff.
2. Qui tient l'anguille par la cue il ne l'a mie. (afz.)
Wer den Aal beim Schwanz hält, hat ihn noch nicht.
3. Qui tien l'anyèle per la coude et la hemne per la fè,
Que pot dise que non tien arrè. (Béarn.)
Wer den Aal beim Schwanz hält (nimmt) und die Frau beim Wort,
Der kann sagen, daß er nichts hält.
4. Ecorcher l'anguille par la queue.
Den Aal beim Schwanz abhäuten.
4a. En aygo troublo tendé l'aret. (sf., nprv.)
In trübem Wasser spannt das Netz.
5. N'nin trover d' l'aiwe ès Moûse. (nf., w.)
Kein Wasser in der Maas finden.
6. D'aiwe vint, d'aiwe riva. (nf., w.)
Zu Wasser kommts, zu Wasser gehts.
7. A la frêmo coum' à la bârco toujhour i-a à fâirë câouco rën. (sf., Lgd.)
An der Frau wie an der Barke giebt es immer etwas zu thun.
8. En aygo puro barquo seguro. (sf., nprv.)
In klarem Wasser sichere Barke.
9. Haut bateau, hautes voiles. (nf., nrm.)
Hoher Kahn, hohe Segel.
10. Les femmes et les vius batés, | Y a tudis à y cafader. (nf., pic.)
An Frauen und alten Kähnen ist immer was zu kalfatern, „basteln", auszubessern.
11. A batelier et voiturier ne s'y faut jamais fier.
Auf Fährmann und Fuhrmann muß man sich nie verlassen.
12. Non te hidez au mensongé n'au bent,
Car hol és plan aquet qui si attent. (sf., Gsc.)
Vertraue dich nicht der Lüge noch dem Winde,
Denn sehr thöricht ist, wer sich darauf verläßt.
13. S'embarquer sans biscuit.
Sich ohne (Schiffs-) Zwieback einschiffen.
14. Non faut pas s'embarquer senço bescueth. (sf., nprv.)
Man muß sich nicht ohne (Schiffs-) Zwieback (Hartbrod) einschiffen.
15. Donner un chabot pour avoir un gardon.
Einen Großkopf (Kaulkopf) geben, um ein Rothauge (Plötze) zu haben (bekommen).
16. Qui a de l'argent a des coquilles (pirouettes).
Wer Geld hat, hat Muscheln (Pirouetten).

17. Les p'titès corottes fet les grandès aiwes. (nf., w.)
Die kleinen Rinnsale machen die großen Wasser.
18. Il ne faut pas aller contre le courant.
Man muß nicht gegen den Strom an gehen (fahren, schwimmen).
19. Aller aux congres sans crochet.
Nach Meeraalen gehen ohne Haken.
20. Se cacher dans l'eau de peur de pluie.
Sich aus Furcht vor Regen im Wasser verbergen.
21. Il ne faut pas dire: Fontaine, de ton eau, je ne boirai pas.
Man muß nicht sagen: Brunnen, von deinem Wasser werde ich nicht trinken.
Man muß nie etwas verschmähen; denn später kann man es vielleicht gebrauchen.
22. C'est folie puiser l'eau dans un cribleau.
Es ist Thorheit, Wasser in einem Sieb zu schöpfen.
23. En eau quoye tu ne doibs mettre pied, main ne doigts.
In stilles Wasser sollst du weder Fuß, Hand noch Finger stecken.
24. Eau quoye jour et nuit,
 Noye, submerge et nuit.
Stilles Wasser ertränkt, überschwemmt und schadet Tag und Nacht.
25. En eau endormie
 Point ne te fie (Nul ne se fie).
Dem schlafenden Wasser traue nicht (Keiner).
26. Il n'est pire eau que celle qui dort (auch nf., w.).
Es giebt kein schlimmeres Wasser als das, welches schläft.
27. L'eau dormant vaut pis que l'eau courant.
Das Wasser im Schlaf ist schlimmer als das im Lauf.
28. Il n'est si perillouse yaue que la coye. (afz.)
Kein so gefährlich Wasser giebts als das stille.
29. Aigue coïe ne la croye. (afz. — Auch nf., w.)
Stillem Wasser glaube (traue) nicht.
30. Pire est coie yawe que la rade. (afz.)
Schlimmer ist stilles Wasser als das rasche.
31. A l'aygue douce nou — b'hidet,
 A la bribente que — b'vedet. (Béarn.)
Dem stillen Wasser traut nicht, — Auf das reißende seht ihr.
32. Hol es qui se hide
 En aigue endromide. (Gsc.)
Thöricht ist, wer schlafendem Wasser traut.
33. Il ne saurait trouver de l'eau à la rivière.
Er würde nicht Wasser im Fluß zu finden wissen.
34. Battre l'eau (avec un bâton).
Das Wasser (mit einem Stock) schlagen.
35. Autant vaudroit battre l'eau de la rivière.
Das wäre soviel, wie ins Wasser des Flusses schlagen.

II. Französische.

36. Donner un coup de sabre (d'épée) dans l'eau. (Auch sfz.)
Einen Schlag mit dem Säbel (Degen) gegen das Wasser führen.

37. Dans un mortier de l'eau ne pile.
In einem Mörser stampfe nicht Wasser.

38. Es pa tou dë vêirë l'escârpo, për l'avêdrë fâou bagna l'ârpo. (sf. Lgd.)
Es genügt nicht, den Karpfen zu sehen; um ihn zu haben, muß man die Kralle naß machen.

39. Il vaut mieux boire à la fontaine que au ruisseau. (afz.)
Es ist besser, an der Quelle als am Bach zu trinken.

40. L'eau en fontaine est doulce et clere, et puis devient trouble et sallée.
Das Wasser in der Quelle ist süß und klar, und hernach wird es trübe und salzig.

41. Ce qui vient de flot, s'en retourne de marée. (nrm.)
Was mit der Fluth kommt, geht mit der Ebbe wieder fort.

42. Tout ce qui vient d'ebbe, s'en retournera de flot. (nrm.)
Was mit der Ebbe kommt, wird mit der Fluth wieder weggehen.

43. Puerto l'aygo à la fouent. (sf., nprv.)
Wasser in den Brunnen tragen.

44. Les voleurs privés sont aux galères et les voleurs publics dans des palais.
Die heimlichen Diebe sind auf den Galeeren und die öffentlichen Diebe in Palästen.

45. Petit don est le hain du plus grand don.
Ein kleines Geschenk ist die Angel des größeren Geschenks.

46. Oncques tripière n'aima harangère.
Nie liebte (eine) Kaldaunen-Frau (eine) Härings-Frau.

47. La caque sent toujours le hareng.

48. L'caque all seint toujours l'hereing. (nf., pic.)

49. Li tonnai sint todi l'haring. (nf., w.)
Nr. 47 bis 49. Die Tonne riecht immer nach dem Häring.

50. A ped eyssuch, non s'y prenon langoustos. (sf., nprv.)
Trocknen Fußes fängt man keine Langusten (eine Art großer Seekrebse).

51. En tens calmé cadun es marinié. (sf., nprv.)
Bei ruhigem Wetter ist Jeder Seemann.

52. Les rivières retournent à la mer.
Die Flüsse laufen ins Meer zurück.
In Gestalt der Dünste und meteorologischen Niederschläge entstehen sie auch aus dem Meerwasser. Goethe sagt nach anderer Betrachtungsweise über das Wasser: Vom Himmel kommt es, zum Himmel steigt es und wieder nieder zur Erde muß es.

53. Qui veut apprendre à prier, aille souvent sur la mer.
Wer beten lernen will, gehe oft aufs Meer.

54. Qui n'a passat ni port, ni maá,
    Non sab pas qu'ey que Diú prega. (sf., Béarn.)
Wer weder Hafen noch Meer passirt hat, weiß nicht, was zu Gott beten heißt.

168 Sprichwörter und sprichwörtliche Redensarten über Seewesen, Schiffer- und Fischerleben.

55. Që Dîou vôou bë prëga, à la mer dêou ana. (sf., Lgd.)
Wer recht zu Gott beten will, muß aufs Meer gehen.

56. Blanc corbel trouveras avant, | Et la mer partie par mi
Et un asne cornu devant | Que tu trouves un bon ami.
(nf., Chmp.)
Du wirfst eher einen weißen Raben finden | Und das Meer mittendurch getheilt,
Und eher einen gehörnten Esel | Als daß du findest einen guten Freund.

57. Il faut louer la mer
Et se tenir en terre.
Man muß das Meer loben und sich zu Lande halten.

58. Laude la máa — estat à terre. (sf., Béarn.)
Lobe das Meer — bleibe an Land!

59. Lauzo la mar et ten te en terro. (sf., nprv.)
Lobe das Meer und halte dich an Land.

60. Porter (de) l'eau à (en) la mer (rivière).
Wasser ins Meer (in den Fluß) tragen.

61. Dedans la mer de l'eau ne porte.
Trage nicht Wasser ins Meer.

62. Porter (Taper) d'laiwe ès Moûse. (nf., w.)
Wasser in die Maas tragen (schütten).

63. Faute de poisson, on mange des moules.
In Ermangelung von Fisch ißt man Muscheln.

64. Il ne faut pas enseigner les poissons à nager.
Man braucht die Fische nicht schwimmen lehren.

65. Nu cau pas amucha a hilh de guite de nata. (sf., Béarn.)
Man muß nicht Entenkind schwimmen lehren.

66. Le monde est rond: Qui ne sçait nager va au fond.
Die Welt ist rund: Wer nicht schwimmen kann, geht zu Grund.

67. Nager entre deux eaux.

68. Nayi inte deux aiwes. (nf., w.)
Nr. 67 und 68. Zwischen zwei Wassern schwimmen. Unentschieden sein. Zwischen zwei Parteien hin- und herlaviren.

69. Bon nageur de n'estre noyé n'est pas seur. (afz.)
Guter Schwimmer ist nicht sicher, daß er nicht ertrinkt.

70. Bons nageurs sont à la fin noyez. (afz.)
Gute Schwimmer ertrinken am Ende.

71. Un bon nadairë à la fi, së nêgo. (sf., Lgd.)

72. Un bouen nédayre es à la fin negat. (sf., nprv.)
Nr. 71 und 72. Ein guter Schwimmer ertrinkt zuletzt.

73. Nau et fremo l'y a toujour à refayre. (sf., nprv.)
An Schiff und Frau giebts immer auszubessern.

74. Un noyé s'accroche à un brin de paille.
Ein Ertrinkender hält sich an einem Strohhalm.

II. Französische.

75. Un homme qui se noie (Un homme en danger de se noyer) s'attache à un brin d'herbe.
Ein Ertrinkender (Ein Mensch in Gefahr zu ertrinken) hält sich an einem Grashalm.

76. Homme qui se noie, s'accroche à toute branche.
Ein Ertrinkender klammert sich an jeden Zweig.

77. Qui est né (destiné) pour le (au) gibet (à être pendu), ne se noyera jamais dans l'eau (n'est jamais noyé, ne se noye pas).
Wer für den Galgen (gehängt zu werden) geboren (bestimmt) ist, wird niemals im Wasser ertrinken (ist niemals ertrunken, ertrinkt nicht).

78. Ne puet noier qui doit pendre. (afz.)
Wer hängen muß, kann nicht ertrinken.

79. Qui a à pendre n'a à noyer. (afz.)
Wer hängen soll, braucht nicht zu ertrinken.

80. Escrimer contre les ondes avec une épée de bois.
Mit einem hölzernen Degen gegen die Wogen fechten.

81. Qwand on z'a passé l'aiwe, on n'a d'keure de passeu. (nf., w.)
Wenn man übers Wasser ist, kümmert man sich nicht um den Fährmann.

82. Ce sont les fous qui troublent l'eau, et ce sont les sages, qui pêchent.
Es sind die Narren, welche das Wasser trüben, und es sind die Klugen, welche fischen.

83. Il n'est que pescher en grand vivier.
Kein Fischen gleich dem in großem Weiher.

84. Il faut beau pescher en eau large.
In großem Wasser läßt sich gut fischen.

85. Sept Cassaires, sept Pescaires et sept Teisserans sont vingt-un paures Artisans. (sf.)
Sieben Jäger, sieben Fischer, sieben Weber sind einundzwanzig arme Handwerker.

86. Cacheux, pékeux, tendeux: Trois métiers de gueux. (nf., pic.)
Jäger, Fischer, Vogelsteller: Drei Bettlerhandwerke.

87. Noble de drete ligne, soun pay qu'ère pescadou. (sf., Béarn.)
Adlig von gerader Linie: sein Vater war Fischer.

88. Pêcher en eau trouble.
In trübem Wasser fischen.

89. Pchî ès l'mâcîte aiwe. (nf., w.)
Fischen in dem besudelten Wasser.

90. Pêcher à l'ieau trouble. (nf, w., M.)
Im trüben Wasser fischen.

91. Il n'est que pêcher en eau trouble.

92. Il n'y a pesche qu'en eau trouble.
Nr. 91 und 92. Kein Fischen (so gut) wie in trübem Wasser.

93. On pêche bien en eau trouble.
Man fischt sehr gut in trübem Wasser.

94. Eau trouble: gain du pescheur (est le gain du pêcheur).
Trübes Wasser ist des Fischers Gewinn.

95. Pesqua en laiguete trouble
   Es guasayn triblé ou double. (sf., Gsc.)
   In trübem Wasser fischen, ist drei= oder zweifacher Gewinn.
96. Qui arré non risque,
   Arré non pisque. (sf., Béarn.)
   Wer nichts wagt, fischt nichts.
97. Le sauce vaut mieux que le poisson.
   Die Sauce gilt mehr als der Fisch.
98. Chair fait chair et poisson poisson.
   Fleisch macht Fleisch und Fisch: Fisch.
99. L'hôte et le poisson àprès trois jours puent.
   Der Gast und der Fisch stinken nach drei Tagen.
100. L'hôte et le poisson
    En trois jours sont poison.
101. L'hostau com lou peissoun
    En tres dies es pousoun. (sf., Gsc.)
    Nr. 100 und 101. Der Gast und der Fisch sind in drei Tagen Gift.
102. Les gros poissons mangent les petits. (Auch mundartlich.)
    Die großen (eigentlich dicken) Fische fressen die kleinen.
103. C'est todi l'gros péhon qui magne li p'tit. (nf.)
    Es ist immer der große Fisch, welcher den kleinen frißt.
104. Lou gros peys manjo lou pichon. (sf., nprv.)
    Der große Fisch frißt den kleinen.
105. Le chat aime le poisson, mais il n'aime pas à mouiller les pattes.
    Die Katze liebt Fisch, aber sie liebt nicht, die Pfoten naß zu machen.
106. A bon pêcheur échappe anguille. (Auch mundartlich.)
    Einem guten Fischer entschlüpft (auch wohl einmal) ein Aal.
107. Që vôou pêissons, së bâgnë los oûnglos. (sf., Lgd.)
    Wer Fisch will, mache sich die Nägel naß.
108. Kan on vau dau pesson, sé fo molli, et cé ka fauta dé fu, ke lo tsertse. (sf., Pat., s.)
    Wenn man Fisch will, muß man sich naß machen, und wer Feuer braucht, muß es suchen.
109. Il faut savoir hasarder un petit poisson, pour en avoir un grand.
    Man muß einen kleinen Fisch zu wagen wissen, um einen großen zu haben (zu bekommen, fangen, gewinnen).
110. Donner un petit poisson pour en avoir un gros.
    Einen kleinen Fisch geben, um einen dicken zu bekommen.
111. On ne sait, s'il est chair ou poisson.
    Man weiß nicht, ob er Fleisch oder Fisch ist.
112. Il n'est ni chair, ni poisson.
    Er ist weder Fisch noch Fleisch.
113. N'es ni cat ni pey. (sf., nprv.)
    Er ist weder Katze noch Fisch.

114. Fo djamé dere hu, k'on n'osse passa le rio. (sf., Pat., s.)
Man muß nie Hui! sagen, ehe man über den Bach ist.
115. Pichôto ribêiro fâi lous grans gours. (sf., Lgd.)
Kleiner Fluß macht die großen Ströme.
116. Pichonnos ribieros fan ley gros gours. (sf., nprv.)
Kleine Flüsse machen die großen Ströme.
117. Les petits ruisseaux font les grandes rivières.
Die kleinen Bäche machen die großen Ströme.
118. La rivière étant passée
Le saint est oublié.
Wenn der Strom überschritten ist, ist der Heilige vergessen.
119. Il faut perdre un veron pour pêcher un saulmon.
Man muß eine Elritze preisgeben, um einen Lachs zu fangen.
120. Për prênë un toun azârdo uno mëlêto. (sf., Lgd.)
Um einen Thunfisch zu fangen, wagt er einen Aehrenfisch.
121. Per prendre un ton, hazardo uno sardino. (sf., nprv.)
Um einen Thunfisch zu fangen, wagt er eine Sardine.
122. Arisquo uno sardino per aver un ton. (sf., nprv.)
Wage eine Sardine, um einen Thunfisch zu fangen.
123. Toujhour dûro pa lou mâou-tën. (sf., Lgd.)
124. Lou mau-tens duro pas toujour. (sf., nprv.)
Nr. 123 und 124. Nicht immer währt das schlimme Wetter.
125. I gn'a nou timpesse qui n'vinse à pont. (nf., w.)
Es giebt kein Unwetter, das nicht zur rechten Zeit käme.
126. Temps, vent, femmes et fortune
Se (tournent et) changent comme lune.
Wetter, Wind, Frauen und Glück ändern sich wie der Mond.

III. Italienische.

1. mi. = Mittelitalienisch: crs. = Corsisch, m. im Dialetto meridionale, rom. = Dialekt der Romagna, t. = Toskanisch (Luc. = Lucca).
2. ni. = Norditalienisch: em. = Emilianisch (B. = Bologna, P. = Parma, Piac. = Piacenza, R. = Reggio), gen. = Genuesisch, lig. = Ligurisch, l. = Lombardisch (b. = Bergamo, m. = Mailand, V.-C. = Val Camonica am Tonale, brs. = Brescia), piem. = Piemontesisch, v. = Venetianisch (trst. = Triest).
3. si. = Südialienisch: ap. = Apulisch, s. = Sicilianisch (L. = Dialetto Logudorese), cal. = Calabrisch, sa. = Sardinisch, npl. = Neapolitanisch.

---

1. Fuggir l'acqua sotto le grondaje.
Vor dem Regen unter die Dachtraufe fliehen.
2. Chi è portato giú dall' acqua, s'attacca a ogni spino. (mi., t.)
Was vom Wasser fortgetragen wird, hält sich an jedem Dorn fest.

3. In cento anni e cento mesi l'acqua torno á suoi paesi. (Auch in Dialektformen.)
In hundert Jahren und hundert Monden kehrt das Wasser an seine Orte zurück. Alles gleicht dem Heute über hundert Jahr.

4. Un dì: funtana un bieragghiu mai di a to acqua. (mi., crs., m.)
Sage nicht: Quelle (Brunnen), ich werde nie von deinem Wasser trinken.

5. Andar per acqua col vaglio.
Mit dem Siebe nach Wasser gehen.

6. Tirà seu l'aqua con d'euna segia senza fond. (ni., l., b.)
Wasser mit einem Eimer ohne Boden schöpfen.

7. Acqua che non si muove, marcisce.
Wasser, welches sich nicht bewegt, fault.

8. L'aqua che core no fa lea. (ni., v.)
Das Wasser, welches läuft, setzt keinen Schlamm an.

9. Aqua che corre non porta veleno.
Wasser, welches läuft, führt kein Gift mit sich.

10. Le acque quete rovinano i ponti. Oder: ni. (lig., gen.): Aegua queta derrûa i ponti.

11. Acqua cheta rovina i ponti. (mi., t.)
Nr. 10 und 11. Die stillen Wasser zerstören die Brücken.

12. Acqua cheta sfonda ripe (muri). (mi., crs.)
Stilles Wasser unterwühlt Ufer (Mauern).

13. L'acque chete son quelle che immollano. (mi., t.)
Die stillen Wasser sind's, die erweichen.

14. L'aegua morta fa i baggioeu. (ni., lig., gen.)
Das todte Wasser erzeugt die Kröten.

15. Dall' acqua cheta bisogna guardasi (oder: ti guarda).
Vor stillem Wasser muß man sich hüten (hüte dich).

16. Seblene e' fa la gazza morta, da queste acque chete ti guarda.
Obwohl er die todte Elster spielt, hüte dich vor diesen stillen Wassern.

17. Guardati da acqua chi dorme e da fiume chi camina. (mi., crs.)
Hüte dich vor schlafendem Wasser und raschem Strom.

18. A gli e agli acqv quedi ch ingana. (mi., rom.)
Die stillen Wasser sind's, die täuschen.

19. Acque quete fau le cose e stansi chete. (mi., t.)
Stille Wasser thun's und schweigen.

20. Acqua cheta vermini mena. (mi., t.)
Stilles Wasser führt Gewürm.

21. Acqua cheta vermini cotani. (mi., t., luc.)
Stilles Wasser führt Felsstücke (mit sich fort).

22. Bisogna ardas da l'aqua morta. (ni., l., b. u. s. w.)
Man muß sich hüten vor dem todten Wasser.

23. Ov' è l'acqua più cheta, quivi è maggior fondo.
Wo das Wasser am ruhigsten ist, ist der tieffte Grund.

III. Italienische.

24. Andê contr' acqua. (mi., rom.)
Gegen das Wasser fahren.

25. S'à mai d'andà contr' acqua. (ni., l.)
Man muß niemals gegen das Wasser fahren.

26. La morte e l'acqua vengono presto. (t.)
Der Tod und das Wasser kommen schnell.

27. L'acqua e la morte stan dietro le porte. (si., npl.)
Das Wasser und der Tod stehen hinter den Thüren.

28. Ove meno si crede, l'acqua rompe.
Wo man es am wenigsten glaubt, springt (reißt, theilt sich) das Wasser. Unverhofft kommt oft.

29. Lasciar andar l'acqua alla bassa (und ähnliche).
Das Wasser abwärts gehen lassen.

30. Lasciâ andâ l'aegua in zù e o vento in sciù. (ni., lig.)
Das Wasser nach unten und den Wind nach oben gehen lassen.

31. Lassé andé (core) l'aqua per el pi bass. (ni., piem.)
Das Wasser gehen (laufen) lassen, wo es am niedrigsten ist.

32. Pestare (Batter) l'acqua nel mortaio.
Das Wasser im Mörser stampfen.

33. Far un buco nell' acqua.
Ein Loch im Wasser machen.

34. Pesta l'acqua in lu murtaru. (mi., crs.)
Stampfe das Wasser im Mörser.

35. E quant' e sulcà sull' acqua. (mi., crs.)
Es ist soviel, wie Furchen auf dem Wasser ziehen.

36. Fêr un bus int l'acqua. (mi.)
Ein Loch ins Wasser machen.

37. Tu dibatti l'acqua nel mortaio. (mi., t.)
Du stampfest das Wasser im Mörser.

38. Forèr un bus int l'acqua. (ni., em., R.)
Ein Loch ins Wasser bohren.

39. Dâ de bacchae inte l'aegua. (ni., lig.)
Stockschläge ins Wasser thun.

40. Azzappa all' acqua e simina a lu ventu. (si., s.)
Er hackt ins Wasser und säet in den Wind.

41. Abba in su pistone pista, abba est et abba s'istat. (si., sa., L.)
Wasser, im Mörser gestampft, ist Wasser und bleibt Wasser.

42. Esse fra dóe aque. (ni., piem.)
Zwischen zwei Wassern sein.

43. Chi s'affoga, s'attacherebbe a rasoji.
Wer ertrinkt, würde sich am Scheermesser halten.

44. Chi s'affoga, s'impicherebbe alle funi del cielo. (mi., t.)
Wer ertrinkt, würde sich an ein Seil vom Himmel anklammern.

45. O bere o affogare. (mi.)
Entweder trinken oder ersaufen.

46. Pescare coll' amo d'argento.
Mit silberner Angel fischen.

47. L'è mej anghà in dal mâr che in d'una pôccia. (ni., em., Piac.)
Es ist besser ertrinken im Meer als in einem Brunnen.

48. Chi piglia l'anguilla per la coda e la donna per la parola, puo ben dir che non tien miente (oder mi., t.: può dire di non tener nulla).
Wer den Aal beim Schwanz faßt und das Weib beim Wort, kann wohl sagen, daß er nichts hält.

49. Piglia l'anguilla per la coda.
Den Aal beim Schwanz fassen.

50. Bole piglià l'anguilla pe a coda. (mi., crs.)
Er will den Aal beim Schwanz fassen.

51. Scappar d'in man cmè n'inguílla. (ni., em., P.)
Aus der Hand schlüpfen wie ein Aal.

52. Dare a tenner sa coa de s'ambidda. (si., sa., L.)
Den Aal beim Schwanz zu halten geben.

53. A l'è mej esse testa d'anguila che còa d'sturion. (ni., piem.)
Es ist besser, Kopf des Aals zu sein als der Schwanz des Störs.

54. Un o tïa sciú a ciappa e l'atro o piggia l'anchilla. (ni., lig.)
Einer zieht das Netz heraus und ein anderer greift den Aal.

55. Si annigherebbe in un bicchier d'acqua. (mi., crs.)
Er würde in einem Glase Wasser ertrinken.

56. Esse macià tuti dl'istess apeis. (ni., piem.)
Alle mit demselben Pech befleckt sein.

57. È come cercar de' funghi in Arno (de pesci in monte Morello).
Es ist, wie Pilze im Arno (Fische auf dem Berg Morello) suchen.

58. Chi non unze, non avvâa. (ni., lig., gen.)
Wer nicht schmiert, läßt nicht vom Stapel laufen.

59. Duve si ha da beie un ci si sputa. (mi., crs.)
Wo man trinken muß, spuckt man nicht hinein.

60. Quanto più si beve, tanto più cresce la sete.
Je mehr man trinkt, besto mehr wächst der Durst (in Dialektiform: — die Luft zu trinken).

61. L'è mèi esser patrú d'öna barca che capitane d'öna naf. (ni., lombard.)
Es ist besser, Herr (Selbsteigenthümer) einer Barke als Kapitän eines (größeren) Schiffes zu sein.

62. La barca di più padroni va a naufragarsi. (mi., crs.)
Die Barke von mehreren Herren leidet Schiffbruch.

63. Donna, cavallo e barca
   Son di chi i cavarca. (ni., gen., lig.)
Frau, Pferd und Barke gehören dem, der sie besteigt.

64. Quando la barca va, ogni mincion la para. (ni., v.)
Wenn die Barke geht, leitet sie jeder Tölpel.

III. Italienische.

65. Le done, i cani e' l bacalá,
Perchè i sia boni i ghe vol ben pestà. (ni., v.)
Die Frauen, die Hunde und der Stockfisch müssen gut geklopft werden, damit sie gut seien.

66. Mezus est su tentu qui non su bentu. (si., sa., L.)
Besser ist der Besitz als der Wind (oder: was man hofft).

67. Laxa su bentu et lea su tentu. (si., sa., L.)
Laß den Wind und nimm den Besitz.
(Nr. 66 und 67 gehören eng zusammen.)

68. Quando benit su bentu si leat. (si., sa.)
Wenn der Wind kommt, nimmt man.

69. Se quando benit su bentu non si leat, male si faghet. (si., sa.)
Wenn man nicht nimmt, wenn der Wind kommt, thut man unrecht (handelt man verkehrt).

70. Non entrar in mar senza biscotto.
Geh nicht zur See ohne (Schiffs-) Zwieback.

71. Imbarca senza biscotto.
Er schifft sich ohne (Schiffs-) Zwieback ein.

72. Non t'imbarcar senza biscotto. (mi., crs.)
Schiffe dich nicht ohne Zwieback ein.

73. Chi s'imbarca senza biscotto, ritorno senza denti. (mi., crs.)
Wer sich einschifft ohne Zwieback, kehrt wieder ohne Zähne.

74. A la fame è prestu ridottu, chi s'imbarca senza biscottu. (mi., crs., s.)
Dem Hunger ist rasch verfallen, wer sich ohne Zwieback einschifft.

75. Entrare in barca senza biscotto. (mi., t.)
Ins Schiff treten (An Bord gehen) ohne Zwieback.

76. Non bisogna imbarcarsi senza biscotto. (mi., t.)
Man muß sich nicht einschiffen ohne Zwieback.

77. Anbarchesse sensa el necessari. (ni., piem.)
Sich ohne das Nöthige (die Nothdurft) einschiffen.

78. (No bezeugna) Imbarcâse senza bescheutto. (ni., lig.)
(Man muß sich nicht) einschiffen ohne Zwieback.

79. Nvarcarese senza vascuotto. (si., npl.)
Sich ohne Zwieback einschiffen.

80. La bonnaccia burrasca minaccia. (mi., t.)
Die Meeresstille deutet auf Sturm.

81. Amici de bonazza, in te le burasche i te nega. (ni., v.)
Gutwetterfreunde ertränken dich im Sturm (indem sie dich dann im Stich lassen).

82. L'è passè l'acqua al bôt. (mi., rom.)
Das Wasser ist in die Schleuse geflossen.
Vergl. holländisch: Met verloopen water maalt geen molen; englisch: Can a mill go with the water that's past?

83. Mi livai di li stizzi e mi misi a li canali. (si., s.)
Ich entfernte mich vom Feuer und gerieth in den Kanal.

84. Lassèr andèr l'acquá prì sóó canèè. (mi., em., R.)
Das Wasser in seinen Kanälen gehen lassen.

85. Lassar ch' l'aqua côra al sò canêl. (ni., em., B.)
Das Wasser in seinen Kanälen gehen lassen.
86. Le lagrime del coccodrillo che uccide l'uomo e poi lo piange.
Die Thränen des Krokodils, welches den Menschen tödtet und ihn dann beweint.
87. Amazza l'omum e po u pianghie cumme i cuccudrilli. (mi., crs.)
Er schlägt den Menschen todt und beweint ihn dann wie die Krokobile.
88. Il coccodrillo mangia l'uomo, e poi lo piange. (mi., t.)
Das Krokobil frißt den Menschen und beweint ihn dann.
89. Le lacrime del cocodrilo, ch'amassa l'om e peui a lo piora. (ni., piem.)
Die Thränen des Krokobils, welches den Menschen tödtet und ihn dann beweint.
90. È un cattivo andare contro la corrente (il vento). (mi., t.)
Es ist ein übel Fahren gegen die Strömung (den Wind).
91. L'e cattivo navegâ contra al corrente.
Es ist übel schiffen gegen die Strömung.
92. Vä ciù unn' êuggiâ che çento pàgai. (ni., lig.)
Besser ist ein Schwarzschwanz als hundert Rothschuppen.
93. Chi ha da morir di forca, puó ballar sul fiume. (mi., t.)
Wer am Galgen sterben soll, kann auf dem Flusse tanzen.
94. Tacito fiume — non ci passere. (si., ap.)
Ueber schweigenden Fluß fahre nicht.
95. A jumi cittu nu jiri a piscari. (si., cal.)
In stillen Fluß gehe nicht fischen.
96. Da fiume ammutito fuggi. (mi., t.)
Vor stumm gewordenem Fluß fliehe.
97. Di fiume sordo, d'uomo che non parla e di cane che non baja non ti fidare. (si., npl.)
Stummem Fluß, einem Menschen, der nicht spricht und einem Hunde, der nicht bellt, traue nicht.
98. Dove il fiume ha più fondo, fa minor strepito.
Wo der Fluß am tiefsten ist, macht er am wenigsten Geräusch.
99. Aggiunger acqua al fiume.
Wasser in den Fluß zuschütten.
100. Si conoscono le buone fonti nella siccità.
Man erkennt die guten Quellen (Brunnen) in der Dürre.
Freunde lernt man bei Unglücksfällen (in der Noth) kennen. (Vergl. Nr. 81.)
101. Chi tira troppo la fune, si spezza.
Wer das Seil zu sehr zieht, zerreißt es.
102. Sa fune meda tirada ad s'ultimu s'iscordat. (si., sa., L.)
Das zu straff gespannte Seil zerreißt zuletzt.
103. Qui tirat troppu sa fune, ad s'ultimu si segat. (si., sa., L.)
Wer das Seil zu sehr zieht, zerreißt es zuletzt.
104. Leva e nun metti, nun è funtana chi surgi. (si., s.)
Nimm und thu nicht zu: das giebt keine Quelle her. (Vergl. Nr. 139.)

III. Italienische.

105. A robà poch se va in galera, a robà tant se va in carozza (se fa carriera). (ni., l.)
Stiehlt man wenig, kommt man auf die Galeere, stiehlt man viel, fährt man im Wagen (macht man Karriere).

106. L'è mei un gamber en del piat, che des en del fosat. (ni., lomb., bresc.)
Besser ist ein Krebs in der Schüssel als zehn im Graben.

107. Dov' è la buca, è il granchio. (mi., t.)
Wo das Loch ist, ist der Krebs.

108. Chi ha imbarcato col diavolo, bisogna che lo meni.
Wer den Teufel eingeschifft hat, muß ihn fahren.

109. Chi è imbarcato col diavolo ha a passare in sua compagnia. (mi., t.)
Wer sich mit dem Teufel eingeschifft hat, muß in seiner Gesellschaft überfahren.

110. È meglio essere capo di luccio che coda di sturione.

111. Xe megio esser testa de luzzo che coa de sturion. (ni., v.)
Nr. 110 und 111. Es ist besser, Kopf des Hechts zu sein, als Schwanz des Störs.

112. Trar una scardona per pigliar un luccio.
Eine Brachse auswerfen, um den Hecht zu fangen.

113. Butta sardelle, per prendar lucci. (mi., t.)
Wirf Sardellen aus, um Hechte zu fangen.

114. Si porge la scardona per avere il luccio. (mi., t.)
Man bietet die Brachse dar, um den Hecht zu bekommen.

115. Ogni acqua va al mare.
Alles Wasser läuft zum Meer.

116. Ogni funtana scende a u mare. (mi., crs.)
Jede Quelle läuft ins Meer hinab.

117. L'acqua sende au mare. (mi., crs.)
Dies Wasser läuft zum Meer hinab.

118. Tutti i fiumi vanno al mare. (mi., t.)
Alle Flüsse laufen ins Meer.

119. Tute le rôse van a caschè in tel mar. (ni., piem.)
Alle Gewässer (Bäche) gehen ins Meer (zu) fallen.

120. Ogni riu torrat a mare. (si., sa.)
Jeder Fluß läuft ins Meer zurück.

121. Chi non sa orare vadi in mare.
Wer nicht zu beten versteht, gehe zur See.

122. Chi non sa orare vada in mare a navigare. (mi., t.)
Wer nicht zu beten versteht, gehe aufs Meer schiffen.

123. Chi no va per mar, | Dio no sa pregar. (ni., v.)
Wer nicht zur See geht, | Gott nicht zu bitten versteht.

124. Qui non ischit pregare, | Qui andet a mare. (si., sa., L.)
Wer nicht beten kann, der fahre zur See.

125. Chi ha paura dell' onda, non navighi il mare.
Wer Furcht vor dem Wasser (der Welle) hat, beschiffe nicht das Meer.
126. Non vada in mar chi d'acqua ha paura.
Nicht gehe zur See, wer Furcht vor dem Wasser hat.
127. Chi teme acqua e vento, non si metta in mare. (mi., t.)
Wer Wasser und Wind fürchtet, begebe sich nicht aufs Meer.
128. S'avaru est uno mare senza fundu, qui sinde salvet unu est casu raru. (si., sa.)
Der Habgierige (Geizige) ist ein Meer ohne Grund: daß sich einer daraus rettet, ist ein seltener Fall.
129. Dammi sorti e jattami a mari. (si., s.)
Gieb mir Glück und wirf mich ins Meer.
Englisch: Give a man luck and throw him into the sea.
130. Piglia più mosche una goccia di mide che un mare d'aceto. (mi., crs.)
Ein Tropfen Honig fängt mehr Fliegen als ein Meer von Essig.
131. S'io andassi al mar, il troverei secco.
Wenn ich ans Meer ginge, ich fände es trocken. (Vom Pechvogel.)
132. Loda 'l mar e tègnet a la tèra. (ni., l.)
Lobe das Meer und halte dich ans Land!
133. Loda el mar e tente a la tera. (ni., piem.)
Wie Nr. 132 — auch in anderen Mundarten.
134. Mi lodo 'l mar, ma me tègno a la tera. (ni., v.)
Ich lobe das Meer, aber (ich) bleibe auf dem Lande.
135. Ama llo mare e tienete alla taverna. (si., npl.)
Liebe das Meer und bleibe in der Schenke.
136. Guarda (Godi) lu mari e teniti a la terra. (si., s.)
Siehe auf (genieße) das Meer und bleibe auf dem Lande.
137. Chi ba au mare, si bagna. (mi., crs.)
Wer ans Meer geht, macht sich naß.
138. Non mettere e cavare | Disseccherebbe il mare.
139. Non mettere e cavare | Si seccherebbe il mare. (mi., t.)
Nr. 138 und 139. Nicht hinzuthun und wegnehmen, würde das Meer versiegen machen. Vergl. Nr. 104.
140. Portar acqua al mare.
141. Purtè l'acqua a e mêr (molino, Arno). (mi., rom. — t.-flor.)
Das Wasser ins Meer (zur Mühle, in den Arno) tragen.
142. Azzunze dell' aegua a-o mâ. (ni., lig.)
Wasser ins Meer zuschütten.
143. Êsser l'istès che purtar aqua al mar. (ni.)
Es ist dasselbe, wie Wasser ins Meer tragen.
144. Aggiungher abba ad su mare. (si., sa., L.)
Wasser in das Meer hinzuthun.
145. Si andas a mare non incontras abba. (si., sa., L.)
Wenn du ans Meer gehst, triffst du kein Wasser.

III. Italienische.

146. Pigliare ad ammattonare il mare. (mi., t.)
Das Meer pflastern wollen.
147. Dove gh' è mar, gh' è pesse. (ni.)
Wo das Meer ist, ist Fisch.
148. È in le tempeste, chi si cunnoscenu i marinari. (mi., crs.)
In dem Sturme ist es, daß man die Seeleute erkennt.
149. Il buon marinaro si conosce al cattivo tempo. (mi., t.)
Den guten Seemann erkennt man beim schlechten Wetter.
150. Su marineri si bidet in sa burrasca. (si., sa.)
Die Seeleute erkennt man im Sturm.
151. O principe, o marinaro. (mi., t.)
Entweder Fürst, oder Matrose! Entweder — oder! Sink or swim! Friß Vogel, oder stirb! Sein oder nicht sein!
152. A i gattivi marinari tutti i venti so cuntrarj. (mi., crs.)
Den schlechten Seeleuten sind alle Winde Gegenwinde.
153. El ga la coscienza fata a magia. (ni., v.)
Er hat das Gewissen mit Maschen.
154. Mercanzia non vuol amici.
Handel will keine Freunde.
155. Accussì va lu munnu, cui nata e cui va 'n funnu. (ni., s.)
So geht die Welt: der schwimmt und der sinkt auf den Grund.
156. Xe megio esser paroni d'una sessola, che servitori d'una nave. (ni., v.)
Es ist besser, Herr einer Schaufel als Diener eines Schiffes zu sein.
157. Quantu l'omu porta cu la navi, la donna lu sfa cu la scorcia di la nucidda. (si., s.)
So viel der Mann mit dem Schiffe anbringt, trägt die Frau mit der Nußschale fort.
158. Gran nave, gran pensiero. (mi., t.)
Großes Schiff, große Sorge.
159. Gran nave vuol grand' acqua. (mi., t.)
Großes Schiff will (verlangt) großes (tiefes) Wasser.
Englisch: A great ship asks deep waters. — Vergl. To a great light a great lanthorn: Für ein großes Licht eine große Laterne (z. B. auf dem Leuchtthurm).
160. Ha la coscienza come una nave di sughero.
Er hat das Gewissen wie ein Schiff aus Kork.
161. Molti hanno la coscienza sì larga che avanza una navé (di chiesa). (mi., t.)
Viele haben das Gewissen so weit, daß es ein (Kirchen-)Schiff übertrifft.
162. Ognuno sa navigare, quando è buon vento.
Jeder kann schiffen, wenn guter Wind ist.
163. Töc i sa naigà quand gh'è 'l bu vent. (ni., l., b.)
Alle wissen zu schiffen, wenn guter Wind ist.
164. Col bon vento tuti sa navigar. (ni., v., trst.)
Mit gutem Winde wissen Alle zu schiffen.

165. Ognum sa navigare col buon vento. (si., npl.)
Jeder weiß bei gutem Winde zu schiffen.
166. Ognunu sa navigari cu bon ventu. (si., s.)
Jeder weiß mit gutem Winde zu schiffen.
167. A bentu in favore, ognunu ischit navigare. (si., sa.)
Bei günstigem Winde weiß Jeder zu schiffen.
168. E. mond l'è satt in tond, e chi ch' an sa navghê, va prest a e fond. (mi., rom.)
168a. El mond l'e rotond, chi non sa naviga, 'l va in fond. (ni., l., m.)
168b. U mondo u l'e riondo, chi nò sa navega, va au fondo. (ni., lig., gen.)
Die Welt ist rund (gemacht), und wer nicht schiffen kann, geht rasch zu Grunde.
169. Chi nega, s'ataca a töt. (ni., l., b.)
Wer ertrinkt, hält sich an Allem fest.
170. Co se xe per negarse se se ciapa anca a un branco di spini. (ni., v.)
Wenn man am Ertrinken ist, greift man auch nach einem Dornenzweig.
171. Quando se s'ha da negar, negarse in mar. (ni., v.)
Wenn man ertrinken muß, so ertrinke man im Meer.
172. L'e mêgio negâr int'un pozzo grando. (ni.)
Es ist besser, in einem großen Brunnen zu ertrinken.
173. Chi è nato per la forca, non si annega nell' acqua. (si., npl.)
Wer zum Galgen geboren ist, ertrinkt nicht im Wasser.
174. Insegnar notare ai pesci. (mi., t.)
175. Insignar ai pèss a nodàr. (mi., em., P.)
Nr. 174 und 175. Die Fische schwimmen lehren.
176. Così va questo mondo,
Si nuota e si va a fondo. (si., npl.)
So geht die Welt: dieser schwimmt und dieser geht zu Grund.
177. El megio pesse l' è 'l pesse go. (ni., v.)
Der beste Fisch ist der Fisch Go („hab' ich").
„Go", ein Seefisch; toskanisch: cobio, brocciolo.
178. Esse pì la saossa ch' el pess. (ni., piem.)
179. Est plus sa salza chi non su pische. (s., i.)
Nr. 178 und 179. Die Brühe ist mehr als der Fisch.
180. Non gridar pesci prima di avergli presi.
Oder: Non gridar di pesci fritti prima di esser presi.
Rufe nicht: Fische (gebratene Fische)! ehe du sie gefangen hast (bevor sie gefangen sind). Vergl. Nr. 177.
181. Il pesce comincia a puzzar dal capo.
182. Il pesce comincia a putir dal capo. (mi., t.)
Nr. 181 und 182. Der Fisch fängt am Kopf an zu stinken.
183. Da la testa spössa 'l pèss. (ni., l., b.)
Vom Kopf an stinkt der Fisch.

III. Italienische.

184. Da la testa spuzza 'l pesse. (ni., v.)
Vom Kopf an stinkt der Fisch.
185. U pescio comensa a spussâ dâ testa. (ni., lig., gen.)
Der Fisch fängt an zu stinken am Kopf.
186. Lu pisci feti di la testa. (si., s.)
Der Fisch stinkt vom Kopf an.
187. Carne fa carne, pesce fa vesce.
Fleisch macht Fleisch, Fisch macht einen Imbiß. Auch in allerlei Dialekten.
188. Carni metti carni, pisci ti nutrisci. (si., s.)
Fleisch setzt Fleisch an, Fisch ernährt dich.
189. Vanne (Vai) al mare, se vuoi ben (ben vuoi) pescare. (mi., t.)
Geh aufs Meer, wenn du gut fischen willst.
190. Quand s'à de pescà se va al mar. (ni., l.)
Wenn gefischt werden soll, geht man aufs Meer.
191. L'ospite è come il pesce: in capo a tre giorni puzza.
Der Gast ist wie der Fisch: am Ende von drei Tagen stinkt er.
192. L'ospite e il pesce: in tre giorni puzza. (mi., t.)
Der Gast und der Fisch stinken in drei Tagen.
193. L'ospite ed il pesce | Dopo tre dì rincresce.
Der Gast und der Fisch widerstehen nach drei Tagen.
194. Del pesse scampà no se ghe n'ha mai magnà. (ni., v.)
Vom entwischten Fisch hat man nie gegessen.
195. Il pesce grosso mangia il piccolo (minuto). Auch mundartlich.
Der große Fisch frißt den kleinen.
196. I pesci grossi ingoiano i minuti. (mi.)
Die großen Fische verschlucken die kleinen.
197. La gatta vorrebbe mangiar pesci, ma non pescare.
Die Katze möchte gern Fisch essen, aber nicht fischen.
198. E cumme a gatta ai pesci. (mi., crs.)
Es ist wie die Katze mit den Fischen.
199. Un c'è pesciu senza lische. (mi., crs.)
Es giebt keinen Fisch ohne Gräten.
200. No ghe xe pesse senza la so scagia. (ni., v.)
Es giebt keinen Fisch ohne seine Schuppen.
201. Chi dorme non piglia pesci.
202. Chi dorme, un piglia pesci. (mi.) (In vielen Mundarten.)
Nr. 201 und 202. Wer schläft, fängt keine Fische.
203. Chi dorma tard, nó ciapparà mai pess. (ni., l., m.)
Wer spät schläft, wird nie Fisch fangen.
204. Chi va dietro a pesce e penne,
    In questo mondo mal ci venne. (mi., t.)
Wer hinter Fischen und Federn hergeht, kommt in dieser Welt schlecht an.
205. Pessèt e üselèt fa l'òm poarèt. (ni., l., b.)
Fischlein und Böglein machen den Mann arm.

206. Scae de pessèt e ale de uselèt fa l'om poarèt. (ni., l., b.)
Schuppen vom Fischlein und Flügel von Vögelchen machen den Mann arm.
207. Chi tira de mira, | Chi pesca co l'am,
Chi suna de lira, | J mör de la fam. (ni., l., V.-C.)
Wer schießt, die Leier spielt und fischt mit der Angel, stirbt Hungers.
208. Pesseto e oseleto | Fa l'omo povereto. (ni., v.)
Fischlein und Vögelein machen den Mann arm.
209. Scagie de pesseto
E pena de oseleto
Fa l'omo povereto. (ni., v.)
Schuppen von Fischlein und Federn von Vögelchen machen den Mann arm.
210. Ala de oselim
Coa de pessatim
Far l'om poverim. (ni., v., trst.)
Flügel von Vögeln, Schwanz von Fischen machen den Mann arm.
211. Se n'accorziemo a-u frizze,
Se saan pesci o anghille. (ni., lig., gen.)
Beim Röften wird man's gewahr, ob's (Schuppen-) Fische oder Aale sein werden.
212. Fiume torbo, guadagno de' pescatori. Oder:
A fiume torbido, guadagno di pescatore. (mi., t.)
Trüber Fluß: der Fischer Gewinn. Oder:
Im trüben Fluß: des Fischers Gewinn.
213. Inturbia l'acqua se te vo pescà. (ni., l., b.)
Trübe das Wasser, wenn du fischen willst.
214. Aqua trubbia, pes en giro. (ni., l., brs.)
Trübes Wasser: Fisch in Bewegung.
215. Aqua turbia, vadagno de pescaori. (ni., v.)
Trübes Wasser: Gewinn der Fischer.
216. A riu buluzadu balanzu (allegria) de piscadore. (si., sa.)
In trübem Strom Gewinn (Freude) des Fischers.
217. Qui non arriscat, non piscat. (si., sa.)
Wer nicht wagt, fischt nicht.
218. Lasciâ corrî o pescio. (ni, lig.)
Den Fisch laufen lassen.
219. Non essere nè carne, nè pesce. (Auch mundartlich.)
Weder Fleisch noch Fisch sein.
220. Non sapere se è carne o pesce.
Nicht wissen, ob er Fleisch oder Fisch ist.
221. El becher l'è nemis del pecscadur. (ni., l., b.)
Der Fleischer ist des Fischers Feind.
Neid herrscht unter Gleichesgleichen.
222. Qui queret piscadu, su culu s'isfundet. (si., sa., L.)
Wer fischen will, macht sich den Hintern naß.
223. Regalà se ciama pescà. (ni., l.)
Schenken heißt fischen.

III. Italienische.

224. Chi dorme, non pesca.
Wer schläft, fischt nicht.

225. Qui dormit, non piscat. (si., sa., l.)
Wer schläft, fischt nicht.

226. Pescare nel torbido.
Im Trüben fischen.

227. Peschè ant el torbid. (ni., piem.)
Im Trüben fischen.

228. Dove non n'è, non ne toglie ne anche la piêna. (mi., t.)

229. Dove no ghe n'è, no ghe ne tol gnanca la piona. (ni., v.)
Nr. 228 und 229. Wo nichts ist, nimmt selbst die Hochfluth nichts weg.

230. Verssè (Butè) d'aqua ant el Po. (ni, piem.)
Wasser in den Po gießen.

231. Al nemico, che fugge, il ponte d'oro.
Dem Feinde, welcher flieht, die Brücke von Gold!

232. Passat el punt, gabat el sant. (ni., l., b.)

233. Passato lo punto, gabato lo santo. (ni., v.)
Nr. 232 und 233. Ist die Brücke passirt, wird der Heilige verspottet.

234. A barca disperà Dio trova 'l porto. (ni., v.)
Für verzweifelte Barke findet Gott den Hafen.

235. A barca desperata Dio le retrova puorto. (si., npl.)
Für verzweifelte Barke findet Gott den Hafen wieder.

236. È più la spesa che la presa.
Die Ausgabe ist größer als der Fang.

237. Dove ghe xe rane, ghe xe aqua. (ni., v.)
Wo Frösche sind, ist Wasser.

237a. Morte ha teso la rete a tutti i varchi. (mi., t.)
Der Tod hat das Netz an allen Ausgängen ausgespannt.

238. Riu mudu trazat s'homine (trazat pius). (si., sa., l.)
Stummer Fluß reißt den Menschen (am meisten) fort.

239. Riu mudu, bardadilu. (si., sa.)
Stummer Strom: hüte dich vor ihm!

240. Tota est adjungher abba ad su riu. (si.)
Alles ist Wasser in den Fluß schütten, hinzuthun.

241. È come voler legar il sabbion con le stroppe.
Es ist, als ob man den Seesand mit Stroh binden wollte.

242. Portar vasi in Samo.
Gefäße nach Samos tragen, bringen.
Die Töpferei (und ihr Erzeugniß, kunstvoll verzierte Vasen) auf der Insel Samos war im Alterthum berühmt.

243. Tra (Fra, Esser fra) Scilla e Cariddi.
Zwischen Scylla und Charybdis (sein).

244. Sciumi ca duna acqua a dui vadduni, O l'unu o l'antru a mancari uni veni. (si., s.)
Wenn ein Fluß zwei Thälern Wasser giebt, wird entweder das eine oder das andere Mangel daran haben.
Niemand kann zween Herren dienen.

245. Tüt i fiö in sponghe e g'àn la lingua longa. (ni., l., m.)
Alle Kinder sind Schwämme und haben eine lange Zunge.
Sie fangen Alles auf und schwatzen Alles aus.

246. Dopu a tempesta vene a bonaccia. (mi., crs.)
Nach dem Sturm kommt die Windstille.
Aehnlich: Nach der Bewölkung kommt das heitere Wetter.

247. Pustis de sa tempesta benit calma:
Abba et bentu benint a passare. (si., sa.)
Nach dem Unwetter kommt Stille:
Regen und Wind gehen vorüber.

248. Dòp 'l cativ temp ai ven peui 'l bon temp. (piem.) Oder:
Doppo u cattivo ven u bon. (lig., gen.)
Nach dem schlechten Wetter kommt dann das gute Wetter.

249. Bonu tempu e malu tempu nun dura tuttu tempu. (si., s.)
Gutes Wetter und schlechtes Wetter dauert nicht allzeit.

250. Nè tempus malu durat, nen tempus bonu. (si., sa)
Weder schlechtes noch gutes Wetter hält an.

251. La tempesta l'è mai in dagn de tucc. (ni., l., m.)
Das Unwetter ist nie zu Aller Schaden.

252. No tempesta minga per tüc. (ni., l , m.)
Es wettert niemals für Alle.

253. A tempesta mai a dan d' tuti. (ni., piem.)
Es wettert nie zum Schaden Aller.

254. No casca tempesta che no la sia bona per qualchedun. (ni., v.)
Es kommt kein Unwetter, ohne daß es für Jemand gut wäre.

255. Al buon tempo ognun sa ire. (mi., t.)
Bei gutem Wetter weiß Jeder zu gehen.

256. Come la triglia, non la mangia chi la piglia. (ni., v.)
Wie die Seebarbe: nicht ißt sie, wer sie fängt.

257. Chi bole fa barà prestu u vascellu, ungi i parati. (mi., crs.)
Wer das Schiff rasch vom Stapel lassen will, schmiere die Schwellen.

258. Nun si po contra ventu navigari. (si., s.)
Man kann nicht gegen den Wind (zu Schiff) fahren.

259. Pigliare il vento in reti. (mi., t.)
Den Wind in Netzen fangen.

260. In mancanza de gambari, xe bone anca le zate (anca le zate se magna). (ni., v.)
Bei Mangel von Krebsen sind auch die Scheren gut (ißt man auch die Scheren).

261. Co' no gh'è più gambari, anca le zate comoda. (ni., v.)
Wenn es keine Krebse mehr giebt, sind auch die Scheren gut.

IV. Spanische und Portugiesische.

(asp. = Altspanisch, astur. = Asturisch. — pt. = Portugiesisch, gal. = Mundart in Galizien. — lm. = Limousinisch oder Catalonisch, ncat. = Neucatalonisch, val. = Valencianisch).

1. No digas d'aquesta aigua no beuré per térbola que sia. (lm., ncat.)
Sage nicht: von diesem Wasser werde ich nicht trinken! so trübe es auch sein mag.

2. Não digas: deste agoa não beberei, nem deste pão comerei. (pt.)
Sage nicht: von diesem Wasser werde ich nicht trinken, noch von diesem Brote essen.

3. Ninguno puede dui*r*: *decir* de esta agua no beberé. Oder: Nadie diga No diga nadie): De esta agua no beberé. (sp.)
Niemand kann sagen (sage): von diesem Wasser werde ich nicht trinken.

4. Agua que curre nunca mal culle. (sp., astur.)
Fließendes Wasser saugt niemals Böses ein.

5. Guárdat' (Dèu nos guart) d'aigua que no corra y de gat que no miola. (lm., ncat.)
Hüte dich (Gott behüte uns) vor Wasser, welches nicht läuft, und vor der Katze, welche nicht miaut.

6. Dèu nos guart de laygua mansa, que la corrent ella passa. (lm., val.)
Gott behüte uns vor dem stillen Wasser, denn das fließende läuft vorüber.

7. Não ha agoa mais perigosa que a que não soa. (pt.)
Es giebt kein gefährlicheres Wasser als das, welches nicht rauscht.

8. D'a auga mansa nos libre Dios, que d'a braba librámonos nos. (pt., gal.)
Von dem stillen Wasser befreie uns Gott, denn von dem wilden befreien wir uns selbst.

9. Da agoa mansa te guarda, que da rija ella te apartará. (pt.)
Vor stillem Wasser hüte dich, denn das reißende wird dich (von sich) entfernen.

10. Del agua mansa te guarda (que la recia presto se pasa). (sp.)
Vor stillem Wasser hüte dich (denn das reißende zieht rasch vorüber).

11. Del agua mansa me libre Dios, que de la brava (recia) me guardaré yo. (sp.)
Vor dem stillen Wasser schütze mich Gott, denn vor dem wilden (reißenden) werde ich mich (von selbst) hüten.

12. Buscar agoa em fonte secca. (pt.)
Wasser im trockenen Brunnen suchen.

13. Nem te fies em villão,
Nem bebas agoa de charqueirão. (pt.)
Traue weder einem Bauern, noch trinke Sumpfwasser.

14. Jurado tem as agoas: das negras não fazerem alvas. (pt.)
Die Wasser haben's geschworen: Aus Negern werden wir nie Weiße machen.

15. Esse mal farás que andes e não comas. (pt.)
Daran wirst du übel thun, daß du gehest (bes. zu Schiff) und nicht issest.

16. Qui pre l'agila per la coa y la dona per la fe, be po dir, que res no tè. (lm., ncat.)

17. Quien prende el anguila por la coda y la muger por la palabra, bien puede dezir que no tiene nada. (sp.)

Nr. 16 und 17. Wer ben Aal beim Schwanz faßt und das Weib beim Wort, der kann sagen, daß er Nichts hält.

18. Mès val ser cap d*arengada que cua de pagell. (lm., ncat.)

Es ist besser, Sardinenkopf als Rothfederschwanz zu sein.

19. Jurado ha el baño de negro no hacer blanco. (sp.)

Geschworen hat das Bad, aus dem Neger keinen Weißen zu machen.

20. Para que va la negra al baño si blanca no puede ser? (sp.)

Warum geht die Negerin ins Bad, wenn sie nicht weiß werden kann?

21. Ha jurado el baño, del negro no hazer blanco. (asp.)

Wie Nr. 19.

22. Por velho que seja o barca sempre, passa a váo. (pt.)

So alt die Barke auch sei, immer fährt sie über die Furt.
Sinn: Nichts ist so schlecht, es ist zu etwas gut.

23. Por viejo que sea el barco, pasa una vez el vado. (sp.)

So alt die Barke auch sei, sie fährt einmal über die Furt.

24. Cando a fame pica, sabe ben a bica. (pt., gal.)

Wenn der Hunger sticht, schmeckt die Bica (eine Fischart) gut.

25. Guárte, moza, de promesa de hombre, que como cangrejo corre. (sp.)

Hüte dich, Mädchen, vor dem Versprechen eines Mannes, der wie ein Krebs läuft (von verliebt Schielenden, Schmeichlern).

26. A las veces do cazar pensamos, cazadas quedamos. (sp.)

Manchmal, wo wir zu fangen denken, werden wir gefangen.

27. Tant y tant se vol estirar la corda, que ve que s'trenca. (lm., ncat.)

So viel will man das Seil ausspannen, daß es reißt.

28. De cosario à cosario no se pierden sino los barriles. (sp.)

Zwischen Korsaren untereinander gehen nur die Fässer verloren.
Sinn: Eine Krähe hackt der anderen nicht die Augen aus.

29. Val mès ser cap de llus que cua d'avestrús. (lm., ncat.)

Es ist besser, Hechtkopf als Straußschwanz zu sein.

30. As agoas descem ao mar e todas as cousas ao sen natural. (pt.)

Die Wasser laufen hinab ins Meer und alle Dinge zu ihrem Ursprung.

31. No sab bè à Dèu pregar qui per mar no va. (lm., ncat.)

Nicht versteht, recht zu Gott zu beten, wer nicht zur See geht.

32. Si à Dèu vols pregàr, passat en lo Mar. (lm., val.)

Wenn du zu Gott beten (lernen) willst, gehe aufs Meer.

33. Se queres aprender a orar, entra no mar. (pt.)

34. Si quieres aprender à orar, entra en lo mar. (sp.)

Nr. 33 und 34. Wenn du beten lernen willst, gehe aufs Meer.

IV. Spanische und Portugiesische.

35. Tres cousas fazem ao homem medrar: sciencia e o mar e casa real. (pt.)

36. Tres cosas hacen al hombre medrar: ciencia, mar (¢¢ciencia y mar) y casa real. (sp.)
Nr. 35 und 36. Drei Dinge helfen dem Manne vorwärts: Wissenschaft, Meer und Königshaus.

37. Por ter a vista bella, olha o mar e mora na terra. (pt.)
Um schöne Aussicht zu haben, blicke aufs Meer und bleibe auf dem Lande.

38. Vê o mar e sê na terra. (pt.)
Sieh aufs Meer und sei auf dem Lande.

39. Hablar de la mar y estar en la tierra. (sp.)
Vom Meere sprich und auf dem Lande bleibe.

40. Levar agoa ao mar. (pt.)
Wasser ins Meer tragen.

41. Gota á gota la mër se apoca. (sp.)

42. Gotta e gotta o mar se esgota. (pt.)
Nr. 41 und 42. Tropfen auf Tropfen vermindert sich das Meer.

43. El mejor nadador es del agua.
Der beste Schwimmer ist des Wassers. D. i.: gehört dem Wasser, ist dem Wasser verfallen.

44. Este mundo es golfo redondo, quien no sabe nadar, vase al hondo. (sp.)
Diese Welt ist ein rundes Meer, wer nicht schwimmen kann, geht zu Grunde.

45. Mundo redondo, quien no sabe nadar, vase à lo•hondo. (asp.)
Die Welt ist rund, wer nicht schwimmen kann, kommt auf den Grund (geht zu Grunde).

46. Mais valem dous bocados de vacca, que sete de pata. (pt.)
Mehr werth sind zwei Bissen Fleisch der Kuh (Rindfleisch) als sieben von der Ente.

47. Carne carne cria y peces agua fria. (sp.)
Fleisch macht Fleisch und Fisch kalt Wasser.

48. Ao peixe fresco, gasta o cedo, e havendo tua filha crescido, dá — lhe marido (pt.)
Den frischen Fisch verzehre bald, und deiner Tochter, wenn sie herangewachsen, gieb einen Mann.

49. El pece fresco gástale presto, y habiendo crescido tu hija con marida. (sp.)
Den frischen Fisch verzehre bald, und deine Tochter, wenn sie herangewachsen, verheirathe.

50. Inda è mais cara a salsa c'o peixe. (pt., gal.)
Noch theurer als der Fisch ist die Sauce.

51. L'hoste, com lo peix, menut al cab de tres dies put. (lm., val.)
Der Gast wie der kleine Fisch stinkt am Ende von drei Tagen.

52. O hospede e o peixe a os tres dias fede. (pt.)

53. El huésped y el pece à tres dias hiede. (sp.)
Nr. 52 und 53. Der Gast und der Fisch stinken nach drei Tagen.

54. Los pexos grans se menjan als petits. (lm., ncat.)
Die großen Fische fressen die kleinen.
55. Los peix gros se mentja al flaquet. (lm., val.)
Die großen Fische nähren sich von den kleinen.
56. Não he peixe, nem carne. (pt.)
Er ist weder Fisch noch Fleisch.
57. Qui no (s')arrisca, no pisca. (lm., ncat., val)
58. Quien no risca, no pisca. (sp)
Nr. 57 und 58. Wer nicht wagt, fischt nicht.
59. Qui peixèts vol pecxcàr, sa de banyàr. (lm., val)
60. Quem quer pescar, ha — se — de molhar. (pt.)
Nr. 59 und 60. Wer fischen will, muß sich naß machen.
61. A rìu rebolt, ganancia de Peixcadors. (lm., val.)
In aufgerührtem (trübem) Strom: Gewinn der Fischer.
62. Na agoa envolta pesca o pescador. (pt.)
In trübem Wasser fischt der Fischer (am besten).
63. Rio avolto, ganancia de pescadores. (pt.)
Wie Nr. 61: Trüber Strom u. s. w.
64. En el agua turbia haze buen pescar. (sp.)
In trübem Wasser ist gut fischen.
65. A rio revuelto ganancia de pescadores.
Wie Nr. 61.
66. Ao inimigo que te vira a espalda, ponte de prata. (pt.)
Dem Feinde, der dir den Rücken dreht, eine Brücke von Silber.
67. Al enemigo, si vuelve la espalda, la puente de plata. (sp.)
Dem Feinde, wenn er den Rücken dreht, die Brücke von Silber!
68. O rio passado, o Santo não lembrado. (pt.)
Ist der Fluß überschritten, wird des Heiligen nicht gedacht.
69. El rio passado, el santo olivado. (sp)
Ist der Fluß überschritten, ist des Heiligen vergessen.
70. Nem rio sem váo. (pt.)
71. Ni rio sin vado. (sp.)
Nr. 70 und 71. Kein Fluß ohne Furt.
72. Em rio quedo, não mettas teu dedo. (pt.)
In stillen Fluß stecke nicht beinen Finger.
73. En rio manso, no metas tu mano. (sp.)
In stillen Fluß stecke nicht beine Hand.
74. En rio quedo, no metas tu dedo. (sp.)
Wie Nr. 72.
75. Onde vai mas fundo o rio, ahi faz menos ruido. (pt.)
76. Do va mas hondo el rio, hace menos ruido. (sp.)
Nr. 75 und 76. Wo der Fluß am tiefsten geht, da macht er am wenigsten Geräusch.

77. Sardineta de Blanes fugint del fog se posà á las brasas. (lm., ncat.)
Die Sardine von Blanes fiel, dem Feuer entfliehend, in die Kohlen.
78. La sardina de Blanes: que saltando del fuego dio en las brasas. (asp.)
Die Sardine von Blanes, welche, aus dem Feuer springend, in die Kohlen gerieth.
79. Mes val ser cap de sardina que coa de pagell. (lm., val.)
Es ist besser, Sardinenkopf als Rothfederschwanz zu sein.
80. Cada hum chega a braza à sua sardinha. (pt.)
Jeder bringt die Kohle an seine Sardelle. Jeder ist sich selbst der Nächste.
81. Cada un arrima a brasa pr' a sua sardiña. (pt., gal.)
Jeder legt die glühende Kohle an seine Sardelle.
82. Com huma sardinha comprar huma truta. (pt.)
Mit einer Sardelle eine Forelle erkaufen.
83. Con una sardina pescar una trucha. (sp.)
Mit einer Sardelle eine Forelle fischen (fangen).
84. Tempo e hora não se ata com soga. (pt.)
85. Tiempo ni hora no se ata con soga. (sp.)
Nr. 84 und 85. (Ge=)Zeit und Stunde bindet man nicht mit dem Seil fest.
86. Mas tira moça que soga. (sp.)
Mehr zieht (ein) Mädchen als (ein) Seil.
87. Amigo de bom tempo mudase come o vento. (pt.)
88. Amigo de buen tiempo mùdase con (mit) el viento. (sp.)
Nr. 87 und 88. Gutwetterfreund wechselt wie der Wind.
89. Qui truitas vol agafar, lo cul s'ha de remullar. (lm., ncat.)
Wer Forellen fangen will, muß sich den Hintern naß machen.
90. No se toman truchas á bragas enkutas. (sp.)
91. Não se tomão trutas a bragas enxutas. (pt.)
92. Non se collen troitas con bragas enxoitas. (pt., gal.)
Nr. 90, 91 und 92. Man fängt nicht Forellen mit trockenen Hosen.

V. **Sprichwörter in den weniger verbreiteten romanischen Sprachen.**

1. **Walachisch oder Rumänisch.**

1. Apa lină e adduncă.
Sanft Wasser ist grundlos.
2. Nu cărâ apă la fontană.
Trage nicht Wasser in den Brunnen.

3. Unde e lacu, a collo suntu și brósce.
Wo ein Teich ist, da sind auch Frösche.
4. Nu şedea cu currulu în doue lountri.
Sitze nicht mit dem Hintern in zwei Kähnen! Vergl. „Zwischen zwei Stühlen sitzen".
5. Pescele de la capu se impute.
Fisch verfault (zuerst) am Kopfe.

2. Churwälsch oder Rhätoromanisch.

1. Aua tgeua cava riva.
Stilles Wasser höhlt (das) Ufer.
2. En aua turbla ei bien pescar.
In trübem Wasser ist gut fischen.
3. Curu Pescs pigliar, Utschels tschappar,
Han Juvens bers sa mess a pers.
Mit Fischfangen und Vogelstellen,
Verderbten sich manche junge Gesellen.

Schlußwort.

Es war ursprünglich meine — in den Vorarbeiten auch schon ziemlich durchgeführte — Absicht, eine wechselseitige Vergleichung der Sprichwörter der verschiedenen Sprachen untereinander anzustellen. Das ist in der That höchst interessant. Wie viel Verwandtschaft zeigt sich auf Schritt und Tritt! Dabei wollen die feinen Nüancirungen, die zum Theil in der eigenthümlichen Natur und Scenerie der Küsten sowie der Eigenart des Seelebens der betreffenden Völker ihren Grund haben, wohl beachtet sein. Auch wirft manchmal irgend ein erklärender Zusatz in einer Sprache ein helles Licht auf ein an sich schwer verständliches Sprichwort oder sprichwörtliche Redensart in einer anderen Sprache. Manches trägt ein rein lokales Gepräge, manches allgemein Gehaltene kehrt in allen Sprachen gleichmäßig wieder. Warum ich schließlich die Vergleichungen nicht ausdrücklich angeführt habe? Aus dem einfachen Grunde, weil bei der Anordnung nach Stichwörtern aus dem Seewesen, Schiffer- und Fischerleben nach dem Alphabet ein Jeder diese Vergleichung selbst ohne Mühe anstellen kann. Zumal bei dem heftweisen Erscheinen würde sich ein Hinweis auf die betreffenden Sprichwörter, die erst später einmal erscheinen, eigenthümlich genug ausnehmen. Gelegentlich, wo es zur sachlichen Aufhellung diente und sich besonders aufdrängte, ist doch auf verwandte Sprichwörter in den anderen Sprachen verwiesen. Alles gelehrt scheinende Beiwerk im Citiren jeder einzelnen Quelle habe ich weggelassen. Es kam mir immer nur auf die Sache selber an; aber hier will ich im Allgemeinen zum Schluß gestehen, daß ich fast Alles meinen Freunden und Büchern verdanke. Meine dringende und herzliche Schlußbitte ist nur noch, daß alle Diejenigen, denen die Sammlung zu Gesicht kommt, falls sie Anlaß haben und in der Lage sind, mir Berichtigungen und Ergänzungen zugehen lassen mögen. Die Bearbeitung des reichhaltigen, interessanten Stoffes, der sich mir darbot, hat mir bei aller Mühe manche genußreiche Stunde bereitet. Möge nun auch den Marine- und seemännischen Kreisen die Sammlung einen Genuß gewähren, weiterhin aber auch allen Freunden der auf das Seewesen, Schiffer- und Fischerleben gerichteten Bestrebungen.

Ich denke, die Seemannsmission nimmt manches Sprichwort gern an zu ihren besonderen Zielen. He that will learn to pray let him but go to sea — Once on shore we pray no more und viele, viele andere führen uns direkt auf das religiöse Gebiet. Aber der Seemannsmissionar muß überhaupt die Sprech- und Denkweise der Seeleute in Etwas kennen, wenn er wirklich tiefer auf sie einwirken will. Mein letztes Ziel ist ein Volksbüchlein für den deutschen Seemann auf den Kriegs-, Handels- und Fischereischiffen mit Bildern und Geschichten zu manchen hauptsächlichen Sprichwörtern. Aber darüber muß noch allerlei Wasser ins Meer fließen, bis wir so weit sind. Die Bilder und Geschichten sollen wahr sein und nicht wie die vielen landläufigen erdichteten, wenn auch gutgemeinten. Die Deutsche Gesellschaft zur Rettung Schiffbrüchiger könnte aus ihren Annalen Manches von Interesse beibringen an ergreifenden Geschichten, die sich wirklich zugetragen haben. Aber auch sonst, z. B. in den Zeitschriften der Fischerei-Vereine, liegen noch ungehobene Schätze — wer hilft sie ans Tageslicht bringen und sammeln aus älterer und neuerer Zeit? Jedenfalls soll vorliegende Arbeit nur einen ersten schüchternen Versuch darstellen. In diesem Sinne möge sie aufgenommen und milde beurtheilt werden.